LOS INGREDIENTES PARA EL ÉXITO

LA FÓRMULA, LOS INGREDIENTES Y EL INSTRUCTIVO

+ Para desarrollar tu mentalidad ganadora
+ Detectar y eliminar tus vicios de fracaso
+ Adquirir hábitos constructivos
+ *Y ASEGURAR EL ÉXITO* en el área que más te guste

Por: Bruno Caballero

Haz click y descarga GRATIS mi libro
NEGOCIO EXITOSO EN 3 PASOS
https://bit.ly/2uaSbxr

© Bruno Edgar Caballero Chávez 2018 Todos los derechos reservados.

Queda estrictamente prohibida la reproducción total o parcial de esta obra, ni su incorporación a un sistema informático, ni su transmisión en cualquier forma o por cualquier medio (electrónico, mecánico, fotocopia, grabación u otros) sin autorización previa y por escrito de los titulares del copyright. La infracción de dichos derechos puede constituir un delito contra la propiedad intelectual.

Colaboración de historias: Leonardo Caballero

INTRODUCCIÓN

Imagina tener una súper mente.
Unos súper hábitos constructivos y beneficiosos.
Una súper concentración.
Y una súper habilidad para hacer algo mejor que nadie en todo el mundo.
Estos ingredientes te harían casi invencible.
Hace mucho publiqué en mi cuenta de Instagram:

> *"El superhéroe más sorprendente, grandioso y poderoso que existe*
> *Es tu niño interior.*
> *Solamente hay una cosa que lo puede matar*
> *Y ese eres tú mismo".*
> https://bit.ly/2Lnt0Pj

Como su título lo menciona, en este libro encontrarás diferentes aspectos de tu persona que pueden ayudarte a lograr metas más grandes, estos son elementos internos y externos que ya tienes justo ahora; estos "ingredientes" harán que mejores tus habilidades y desarrolles nuevos hábitos constructivos que te pueden beneficiar para siempre.

Cada uno de los "ingredientes" son como "esteroides mentales" que te darán una fuerza increíble que no sabías que tenías, pero esto sucederá solamente si los usas de manera correcta.
El dinero necesario para hacer funcionar una empresa se le denomina "capital", pues bien, a lo largo de mi vida profesional y personal me di cuenta de que el capital no solamente es el dinero, de hecho ese es el menos

importante de todos; lo mejor de este asunto es que estos capitales son gratuitos, son los "ingredientes" que te voy a mostrar a lo largo de este libro.

Pero así como hay cosas buenas, también tienes aspectos oscuros que te han impedido sobresalir, también entraremos en esas cuevas para que te des cuenta de cómo te estás saboteando para lograr tus metas, limpiaremos todo eso y podrás mantener el control de ahora en adelante si así lo deseas.
Estos aspectos oscuros son los anti capitales y su función principal es absorber la energía, ideas, voluntad y optimismo para cambiar tu vida.
Son como un hoyo negro que se traga todo lo que hay alrededor.

Estás a punto de leer un libro acerca de tu persona, puede ser fascinante o desagradable, pero debo hacer una advertencia.

Cuando hayas leído, sabrás de lo que se trata tu éxito o fracaso y no podrás decir que no sabes.
Serás responsable de ti mismo y de tu destino.
Si no estás dispuesto a asumir esa responsabilidad, te sugiero que no lo leas y sigas tu camino, continúa en tu "sueño".

Pero si deseas conocer lo que aquí escribo, acompáñame a lo largo de este recorrido.

¿Listo para descubrir cosas que no te imaginabas de tí mismo?

Toma mi mano y veamos qué tan hondo llega el hoyo del conejo.

ÍNDICE

- LOS INGREDIENTES SON CAPITALES.
- EL HECHICERO.
- EL EMPLEO VS. UN NEGOCIO.
- UN NEGOCIO.
- ¿QUÉ SON LOS CAPITALES Y COMO PUEDEN SER USADOS A TU FAVOR?
- ¿QUÉ SON LOS CAPITALES?
- EL ÁNGEL Y EL DEMONIO
- CAPITAL LOS PENSAMIENTOS
- PENSAR EN NEGRO Y PENSAR EN BLANCO
- LAS DOS PELOTAS
- LA TRAMPA DEL PENSAMIENTO
- CREAR GRILLETES MENTALES
- PERCEPCIÓN
- TODO ES UNA REPRESENTACIÓN MENTAL
- PERSPECTIVA
- EL CUBO
- MINDSET / ESTILO DE PENSAMIENTO
- ANTI CAPITAL LÍNEA DE PENSAMIENTO
- PENSAMIENTO "DE AGUA" O FLUJO DE PENSAMIENTO
- PENSAMIENTO LINEAL / PENSAMIENTO EN LOTE
- LA NUEZ Y EL COCO
- LA ABUNDANCIA Y EL ENFOQUE DE ABUNDANCIA
- ¿QUE REPRESENTA EL TIEMPO PARA MÍ?
- CAPITAL #1 EL TIEMPO / LA CAPITALIZACIÓN DEL TIEMPO
- ¿CÓMO PODÍA DEPURAR Y APROVECHAR AÚN MÁS MI TIEMPO?
- IMPORTANCIA / URGENCIA / HORNEO

- **LAS PRIORIDADES DE TIEMPO**
- CAPITAL #3 EL CONOCIMIENTO
- **CONOCIMIENTO ÚTIL VS. CONOCIMIENTO BASURA**
- **CONOCIMIENTO ÚTIL**
- **CONOCIMIENTO BASURA**
- **EL SÍNDROME DE "YO LO PUEDO HACER", HAY TUTORIALES PARA TODO.**
- **CAPITAL MENTAL / CAPITAL MONETARIO**
- **EL DINERO ES COMO EL CHOCOLATE**
- **EL JARDINERO**
- **DIFERENTES HABILIDADES EQUIVALEN A DIFERENTES NIVELES DE INGRESO**
- **INFORMACIÓN ¿CAPITAL O ANTI CAPITAL?**
- **INFOTAINMENT**
- **TUS AMIGOS ¿CAPITAL O ANTI CAPITAL?**
- **CORTAR AMISTADES**
- **CONOCIMIENTO DE TI MISMO**
- **COHERENCIA**
- **PENSAR, HACER Y DECIR LO MISMO.**
- **COHERENCIA CONTIGO MISMO**
- **SALIR DEL CLOSET**
- ANTI CAPITAL INCOHERENCIA
- **SER UN DON NADIE Y SER ALGUIEN**
- **CONOCIMIENTO DE TUS VICIOS OCULTOS**
- **RECONOCIMIENTO CAPITAL / ANTICAPITAL**
- EL RECONOCIMIENTO COMO ANTI CAPITAL
- **¿QUÉ ES LO QUE QUIERES, PERO LO QUE REALMENTE QUIERES?.**
- **EL VALOR, TU VALOR**
- ANTI CAPITAL LA SOBERBIA (EL EGO Y EL SABIO)
- **DIRECTITIS**
- ANTI CAPITAL VISIÓN DE TALLER

- ANTI CAPITAL DERROTISMO PRETEXTISMO
- ANTI CAPITAL FATALISMO
- CAPITAL EL MOVIMIENTO / LA ACCIÓN
- **MOVERTE TODOS LOS DÍAS**
- **LA CULPA BUENA**
- ANTI CAPITAL NO MOVERSE
- CAPITAL TENER UN ÍDOLO
- **CONFIANZA**
- **LA DECISIÓN**
- **EL CAMBIO ES SOLAMENTE UNA DECISIÓN TUYA**
- **PENSAR, PLANEAR Y ACTUAR**
- **INICIAR**
- **EL PUNTO DE QUIEBRE**
- **EL MOMENTO DEL CAMBIO**
- **ORDEN / ORGANIZACIÓN / CALENDARIZACIÓN / SISTEMATIZACIÓN**
- **COMERSE UN ELEFANTE**
- **EL MAPA MENTAL**
- ANTI CAPITAL LA INDECISIÓN
- ANTI CAPITAL LA PEREZA
- CAPITAL DESEO
- **PASIÓN**
- **VOLUNTAD**
- **DETERMINACIÓN**
- **CORAJE Y VALENTÍA**
- **COMPROMISO**
- **EL CABALLERO Y EL REY**
- **DISCIPLINA**
- **EL EMPLEO SOÑADO**
- **UNA ADICCIÓN QUÉ PUEDES CONVERTIR EN UNA BENDICIÓN.**
- **SATISFACCIÓN NOCTURNA**
- ANTI CAPITAL #1 EL MIEDO

- ANTI CAPITAL LAS DUDAS
- ANTI CAPITAL LA RIGIDEZ,
- ANTI CAPITAL LA VERGÜENZA
- ANTI CAPITAL ZONA SEGURA
- ANTI CAPITAL CONFORMISMO (ADAPTARSE LENTAMENTE A LA MEDIOCRIDAD)
- ANTI CAPITAL PROCRASTINAR
- ANTI CAPITAL LA SOBREPROTECCIÓN
- **SOBREPROTECCIÓN POR EGO**
- **SOBREPROTECCIÓN POR EXCESO DE CONTROL**
- **EL EXTRACTO DEL TRABAJO.**
- **TRABAJO ESENCIAL / TRABAJO MEDULAR = (EXTRACT WORK / CORE WORK)**
- **TRABAJO PERIFÉRICO / TRABAJO PAJA = (STRAW WORK)**
- **EL TIEMPO Y EL TRABAJO**
- **HACER SÓLO TRABAJO PAJA**
- **HACER TRABAJO LINEAL**
- **LOS BOMBEROS**
- **LOS PROCRASTINADORES**
- **TRABAJO MULTI PRODUCTIVO**
- **VALOR**
- **TRABAJAR UNA VEZ GANAR SIEMPRE**
- **SENTIDO DE LA URGENCIA**
- **LA LEY DEL TRABAJO ACUMULADO**
- **NO PENSAR... HACER**
- ANTI CAPITAL TUS VICIOS
- **LAS VIRTUDES COMO UNA DROGA**
- ANTI CAPITAL EL PERFECCIONISMO
- ESTRATEGIAS PARA SABOTEARTE / ESTRATEGIAS PARA GANAR
- CAPITAL OBJETIVO
- **LA INCERTIDUMBRE COMO ALIADO**

- CORREGIR EL RUMBO MANEJAR EL TIMÓN Y LAS VELAS
- ES DE SABIOS CAMBIAR DE OPINIÓN
- CAMBIAR PARÁMETROS Y ASPIRACIONES
- EL ENFOQUE
- CHUNKING
- MULTI TASKING
- HACER UNA SOLA TAREA HASTA EL FINAL
- NO CONFUNDIRSE CON LAS ACTIVIDADES DE HORNEO Y LAS PRIORIDADES
- ANTI CAPITAL RUIDO MENTAL
- ¿CÓMO SABER QUÉ ES RUIDO MENTAL Y QUE NO?
- VISIÓN
- LA BEBIDA NEGRA
- ASPIRACIONES
- LAS EMOCIONES
- MOTIVACIÓN: LA ALEGRÍA, LA NECESIDAD O LA DESESPERACIÓN
- CAPITAL TALENTO
- CAPITAL CREATIVIDAD
- CRISIS CAPITAL O ANTICAPITAL
- RESIGNIFICANDO LAS CRISIS
- CAPITAL DINERO
- APALANCAMIENTO
- CREAR UN PROYECTO
- PENSAR EN EL DINERO DE MANERA DISTINTA
- EL DINERO VS EL VALOR
- DEJAR DE PENSAR QUE SOLAMENTE TRABAJANDO SE OBTIENE DINERO.
- UNA DE LAS PEORES FORMAS DE GANAR DINERO.
- AUTOEMPLEO / TENER UN NEGOCIO / INVERSIONES E INGRESOS PASIVOS

- **HACER NEGOCIOS EN LA ERA DE INTERNET**
- **LA TECNOLOGÍA Y LA MOVILIDAD**
- CAPITAL #2 PERSEVERANCIA / PERSISTENCIA / CONSTANCIA / INSISTENCIA
- ANTI CAPITAL LA NECEDAD
- **FRACASO** CAPITAL O ANTI CAPITAL
- ANTI CAPITAL #2 LA ESTUPIDEZ
- **RECOMPENSA INMEDIATA**
- **DECISIONES VISCERALES O PRECIPITADAS**
- **TOMAR UNA DECISIÓN O HACER ALGO POR CONSEJO DE ALGUIEN**
- **PENSAR QUE "NO VA A OCURRIR NADA"**
- CAPITAL CREER EN TI MISMO

Leonardo:

Gracias
Por ser mí gran maestro, mi luz y mi guía.
Porque sin palabras me das lecciones tan grandes.
Por venir a enseñarme el verdadero sentido de la vida.
Porque me has enseñado lo que es el amor incondicional.
Por haberme elegido para guiar tus pasos por un tiempo.
Por ser cómplices y amigos.
Por esa mirada y esa risa que llenan mi vida desde que eras un bebé.
Por escuchar y comprender.
Por esos abrazos y besos llenos de tanto amor.
Porque cuando jugamos, el mundo es perfecto.

Porque sé que hemos estado y estaremos juntos por mucho, mucho tiempo, aún después de que todo haya terminado.

Te amo.

Bruno.

Mauricio:

Te admiro por tu madurez, porque a pesar de todas las dificultades has sabido salir adelante, porque desde pequeño has tenido retos muy difíciles que has podido superar.
Tienes un futuro brillante y eres un buen muchacho.
Eres una persona admirable, tienes un gran talento y estoy muy orgulloso de ti.

Hay tanto que ha quedado pendiente, tanto que aprender, tanto que decir y tanto que hacer.
Este es sólo el principio de una vida maravillosa, espero poder transmitir todo lo que he aprendido y sigo aprendiendo, hay tanto que compartir.
A pesar de la distancia siempre estás en mi pensamiento y mi corazón.

Te amo.

Nono

LOS INGREDIENTES SON CAPITALES

¿Alguna vez has tenido la idea de tener un negocio propio o has escuchado a alguien más decir que le gustaría montar uno?

¿Piensas que para eso se necesita mucho dinero?

¿Cuando has tenido la idea de iniciar un negocio te han dicho que es muy difícil, que hay que saber muchas cosas o tú mismo te has dado cuenta de que no sabes cómo iniciar?

¿Tienes la vaga idea de hacer un negocio pero por el momento estás bien en tu empleo? y piensas, eso lo haré después.

Es muy curioso porque como te dije al principio, estás a punto de leer un libro que trata de cosas que ya tienes dentro, en cada palabra de todo este texto, no existe nada que no tengas ahora mismo, solo que no lo sabías.
Tampoco sabes cómo hacer uso de todas esas herramientas para sacar provecho de ellas, por eso mismo te llevo de la mano para que sepas cómo manejarlas de manera magistral, como si se tratara de una espada láser o la armadura de Iron Man.

También te mostraré que llevas cargando un enorme costal de basura que sin darte cuenta te ha impedido progresar y llegar a donde has pensado alguna vez, no te habías dado cuenta de esto, pero te mostraré las piedras que llevas en tu espalda y las cadenas que aprisionan tus pies y ahora podrás deshacerte de ellos si así lo deseas.

Este libro se trata de ver las cosas desde una perspectiva diferente; la mayoría de las personas piensan que para tener un negocio es necesario contar con el capital; es decir tener el dinero necesario para comprar mercancías, tener un local y pagar empleados.
Yo tuve la enorme fortuna de contar con un negocio de esas características y ahí aprendí los preceptos que presento en este libro; mi experiencia al correr un negocio tradicional y parte de los conceptos que pude aprender mientras lo hacía, los concentré en este texto; conocimientos que viví, deduje, desarrollé y aprendí; cosas que de otra manera jamás los hubiera podido comprender.

Si en verdad es tu deseo iniciar con un negocio y tener un estilo de vida diferente, este libro es indispensable para que tengas una visión distinta de lo que hasta ahora te han presentado o tú mismo te has figurado en tu mente de lo que es necesario para tener uno.

Me he dado cuenta de que poner las ideas en papel es solo una parte de todo un proceso mucho más complejo, y que si en verdad es mi deseo ayudar a las personas a mejorar sus vidas, es necesario hacer mucho más que un libro... llevarlos de la mano a darse cuenta de que hay una forma distinta, que pueden acceder a ella, de que la rutina es una obra de teatro, una mascarada, y que en realidad es una trampa, una prisión, una ratonera, y que pueden tener una vida de ensueño, y para ello el libro es parte de esa travesía, es como la llave de una caja de herramientas mágicas.

Créeme cuando te digo esto; yo he pasado por mucho, he fracasado mucho, en mayor medida y cantidad que la gente promedio, pero tuve la enorme fortuna de darme cuenta, observar y aprender de mis errores y porque razón los cometía.

Este es solo un libro de una serie de documentos y cursos que si es tu decisión te llevarán a ver la vida desde un aspecto totalmente distinto, para saber que hay otro camino, el camino que más te guste, que te lleve exactamente a donde tus deseos y anhelos dicten.

Espero te guste mi relato.

EL HECHICERO.

Hace muchos años, en un país lejano vivía un niño, como tú o como yo fuimos alguna vez; este pequeño iba a la escuela todas las mañanas para aprender "cosas" que le parecían aburridas y sin sentido, como todos los niños, le dejaban tareas que tenía que hacer bajo la amenaza de su madre que cuando llegara su padre de trabajar ella le tenía que contar acerca de su desempeño.

Así, con gran dificultad, el niño hacía todos los días sus tareas antes de poder salir a jugar con sus amigos.

Dentro de su corazón, él quería ser hechicero como los de los cuentos que leía y se había fabricado una túnica y un sombrero; todas las noches, al regresar de jugar, se metía en su personaje fantástico y tomaba un libro, que en su imaginación tenía toda clase de conjuros y fórmulas para hacer cualquier cosa; su mayor ilusión era llegar a ser reconocido como un gran maestro de las pócimas.

Un día escuchó por ahí decir a alguien mayor que la magia no existe, que son solo trucos para engañar a la gente, quitarle su dinero, y que los hechiceros eran solo personajes fantásticos.

Al escuchar estas palabras, el niño sintió una profunda desilusión al saber que sus anhelos de ser hechicero solo existían en los cuentos y que nada de eso podría ser verdad jamás, y él no quería ser un mentiroso, aprovecharse de la gente o robarles su dinero.

Con gran tristeza en su corazón, decidió guardar en un baúl su disfraz de hechicero y su libro, para dedicarse a estudiar y poder ser alguien.

Así transcurrieron todos los años de su infancia y adolescencia, hasta que finalmente fue tiempo de trabajar.
Obtuvo su empleo en el mercado más grande de la ciudad donde miles de personas iban y venían todos los días y se comerciaba con toda clase de objetos: había animales, hierbas curativas, pescado, frutas, ropa, calzado, etc. y también había gente que ofrecía sus servicios, como médicos, curanderos, gitanas que adivinaban la suerte, encantadores de serpientes, malabaristas, grupos de actores, músicos, etc.
Las oleadas de personas se daban cita todos los días en ese lugar para intercambiar todo tipo de bienes y servicios.

Él trabajaba en uno de los locales de mediano tamaño ofreciendo los productos de su patrón junto con otros empleados a la gente que pasaba.
Llevaba algunos años ahí y aunque la paga no era extraordinaria le daba lo suficiente para vivir.
Dentro de su corazón, él tenía la esperanza de mejorar un día y llegar a tener un local en ese mercado; él se daba cuenta de que su patrón ganaba muy buen dinero y solo estaba ahí sentado observando que todos ellos hicieran su trabajo, nunca los felicitaba pero si los reprendía cuando algo no salía bien.

También se dio cuenta de que existían diferentes niveles de negociantes; los más desamparados pedían limosna en el suelo, luego estaban los artistas callejeros, que deambulaban haciendo sus actos y pidiendo dinero a los que pasaban cerca, más arriba se colocaban los pequeños puestos que eran solamente una mesa con mercancía, luego los medianos como en el que nuestro amigo trabajaba; estos negocios tenían varias mesas y una carpa, y después los grandes establecimientos en construcciones de piedra con mostradores y estantes; así iba creciendo la escala hasta llegar al rey del país, quien era dueño de todo y de todos; cualquiera que viviera ahí tenía que rendirle tributo y honrarlo, así que él recibía dinero de todos los habitantes simplemente por ser el rey.

Al pensar esto solamente suspiraba sabiendo que todo eso era muy complicado y que no tenía el dinero ni los medios para comprar aunque quisiera un puesto callejero y tener mercancía que vender; así que se olvidaba de eso y regresaba a sus labores cotidianas.

Por esos años nuestro amigo conoció a una linda muchacha; quedó prendado de su belleza y al ser correspondido, él se sentía la persona más dichosa y asistía contento a su empleo, lo hacía con más esmero y gusto, ya que tenía planes de casarse con ella.
El patrón al ver su buena disposición, decidió ponerlo a cargo de los empleados y esto lo alentó más aún, como ya contaba con más ingresos, decidió casarse

con la chica de sus sueños y así lo hicieron; en pocos años tuvieron a su primer hijo, que los llenó de alegría pero también les trajo más responsabilidad y gastos.

Poco a poco empezó a percibir su empleo de una manera distinta; con la llegada de este nuevo integrante, el dinero que antes podía solventar los gastos y cumplir pequeños caprichos, ahora no alcanzaba y esto preocupaba a nuestro amigo porque lo más importante era proveer a su familia con lo necesario.

Cada vez se sentía más frustrado, más presionado por los gastos y su patrón le exigía más ya que el negocio había prosperado mucho y ahora en lugar de ser pocos empleados eran bastantes y nuestro amigo tenía la responsabilidad de ver por cada uno de ellos, las mercancías, las ventas y el dinero que entraba todos los días.

Hay que decir que si bien el patrón le daba un incentivo económico honroso, las presiones, las responsabilidades y los gastos hacían que fuera apenas lo suficiente para compensar las horas de trabajo, desgaste y las responsabilidades que tenía con su familia y el empleo.

Pasados unos años, el negocio prosperó tanto que ya eran varios locales medianos y grandes, en otras ciudades y nuestro amigo se la pasaba visitando cada uno de los lugares constantemente y nunca podía ver a su familia y a sus hijos, llegaba sumamente cansado a su hogar y solamente quería dormir.

Algunos años más tarde el patrón decidió contratar un joven asistente para nuestro amigo que le ayudaba en todo, y poco a poco fue quitando presión y haciéndose cargo de las cosas y le daba un poco de aire bajando la tensión.

Al poco tiempo, el patrón solicitó hablar con nuestro amigo y en esa charla, le comentó que había estado mucho tiempo con él pero que el joven asistente hacía todas sus funciones y solamente le pagaba una cuarta parte, no tenía hijos y tenía mucha más energía, así que sin más lo despidió.

Habían pasado más de 30 años en los que nuestro amigo dió sangre sudor y lágrimas para hacer que el negocio del patrón funcionara y al final solamente le dió una bolsa con monedas y le deseó suerte.

Con este evento se sintió robado, frustrado, engañado, utilizado, y lo peor de todo es que ni siquiera tenía algo más que su empleo para sostener a su familia.

No había hecho otra cosa en su vida y no tenía un plan para esta situación porque nunca se imaginó llegar a este punto.

La vida en el trabajo había pasado muy rápido, habían sido más de 30 años de hacer lo que sabía y esto lo tomó por sorpresa; viejo y cansado buscaba empleo pero solo le daban puestos de asistente, con sueldos que nunca le iban a dar lo que él estaba acostumbrado a ganar, y peor aún, que no darían solución a los compromisos económicos que había adquirido gracias al salario que antes tenía.

En su desesperación, empezó a vender de todo, hablaba con los dueños de negocios haciendo tratos y buscando clientes para los productos que ellos vendían, eso era lo que sabía hacer y pensó que era una manera de sobrevivir en lo que conseguía un mejor empleo.

Pasaron un par de años y se dio cuenta de que no iba a llegar ese empleo que lo hiciera recuperarse; todos los patrones cuidaban tanto su dinero que empleaban a muchachos con una paga mísera pero que estaban dispuestos a vender su vida por unas cuantas monedas, justo como él lo hizo tiempo atrás.

De pronto recordó que en sus años de aprendiz en la tienda se dio cuenta de que habían diferentes niveles de negocios y no se explicaba en ese entonces como habían llegado a ser tan grandes.

Y al ver su propia historia en la tienda, comprendió que los negocios prosperaban a base de esfuerzo y trabajo; que entre más personas hubiera trabajando y empujando hacia el mismo sentido, más grande sería el negocio.

Por ese tiempo, su padre que ya era una persona mayor, cayó enfermo de un raro padecimiento para el cual las medicinas eran muy costosas y finalmente murió.

Esto entristeció mucho al hombre que no pudo siquiera pagar un entierro digno.

Al limpiar la casa de su padre, nuestro amigo se topó con un baúl y al abrirlo, descubrió en su interior una túnica de hechicero y su libro, esto pegó como un puñetazo en su cara haciéndole recordar los sueños que un niño guardó en ese baúl hace tantos años.

El hombre abrazó su túnica y lloró por mucho tiempo al comprender que había matado a ese niño y que ahora aparecía de nuevo como un rayo de luz enmedio de la oscuridad.

El hombre comprendió que había errado el camino y que si de todos modos estaba arruinado, en una situación muy precaria, por lo menos iba a retomar sus sueños de niño y hacer lo que siempre había querido.

Poco después, dentro de su búsqueda por vender todo tipo de artículos, se topó con un libro antiguo, un libro que trataba de infusiones y remedios para curar enfermedades, en el cual hablaba del mal que había padecido su padre y el remedio para curarlo, esto le pareció una revelación; así que le dijo al vendedor que lo pagaría en plazos, con este trato se llevó el libro y lo empezó a leer; le parecía fascinante todo el conocimiento que contenía y sin pensarlo comenzó a experimentar las fórmulas del libro.

Al ver que daban resultados, comenzó a invertir su dinero en comprar las hierbas y sustancias necesarias para fabricarlas y darlas a sus familiares y amigos.
Estos al ver que tenían buenos resultados, comenzaron a recomendarlo con las personas que sabían enfermas y el hombre empezó a tener clientes para sus infusiones y preparados.
Su fama empezó a crecer cada vez más y gente de lugares lejanos venía para buscar una cura a sus males; al poco tiempo tenía filas de personas desde la noche anterior esperando a que abriera su puerta para comprar sus remedios.

Al paso del tiempo, se dio cuenta de que el dinero ya no era problema, el problema ahora era mucho más preocupante; la responsabilidad que ya tenía de que cada día habría gente en su puerta esperando una cura para su enfermedad.

Al poco tiempo ya no dormía más que un par de horas al día, su esposa y sus hijos le ayudaban en todo lo que podían en el negocio, pero ya era imposible tratar de dar respuesta a todos los consultantes que se contaban por cientos en un día, así que decidió comprar una propiedad únicamente para fabricar las infusiones y contratar gente que hiciera cada paso del proceso.

Como venía gente de lugares lejanos, empezó a tener personas que compraban sus productos para revenderlos, y así abrió sucursales en muchos lugares lejanos, al paso de los años contó con miles de empleados y cientos de locales en muchos países.

Al final de sus días, en su gran mansión el hombre abrió un armario y acarició una túnica que guardaba como el mayor de sus tesoros y dio gracias porque al final, los sueños que tenía de niño se cumplieron y tuvo el valor de llevarlos a cabo; sí se convirtió en un hechicero reconocido y tuvo su libro de magia; estos junto con la desesperación, el deseo y mucho trabajo lo llevaron a vivir una vida maravillosa.

Bonita historia, ¿cierto?
Este relato puede ser ficticio, pero refleja la vida real de cientos de millones de personas alrededor del mundo que por generaciones y generaciones han vivido esta misma historia, con personajes y épocas diferentes, pero al fin y al cabo se repite una y otra vez, solo que no tiene un final feliz, para la mayoría de las personas se termina en la parte del despido laboral sin que llegue nunca la segunda parte, la de la prosperidad y la magia.

Este libro es la fórmula de lo que sucedió con esa persona después de ser despedido de su empleo, existieron muchos factores que no se mencionan en la historia y que lo llevaron al éxito, en el relato únicamente se muestra el resultado de esas acciones, "la obra de teatro terminada" pero lo que sucedió "detrás del telón" es lo que te cuento en cada parte del libro, espero que tu puedas escribir tu propia historia de éxito con los conocimientos y conceptos que te quiero compartir.

Acompáñame y escribamos tu propia historia, ¿de acuerdo?

Bruno.

EL EMPLEO VS. UN NEGOCIO.

Creo que el primer concepto del cual se tiene que hablar es acerca del empleo y esto es porque la gran mayoría de la gente se encuentra sumergida en una relación laboral; esto no es malo desde un cierto punto de vista ya que le da seguridad a las personas al contar con un ingreso determinado en un lapso de tiempo cíclico.

Si lo vemos desde la seguridad, esto es muy bueno porque las cosas nunca cambian, tanto el lapso de tiempo en el que se percibe el ingreso como el monto de dinero que se recibe.

Esto, tiene sus ventajas y sus desventajas y como todo ciclo, éste invariablemente tendrá sus periodos de alta y de baja.

De tal modo que si tú te encuentras en una relación laboral debes tomar en cuenta dos aspectos:

El primero es que eres parte de un sistema en el cual cumples funciones determinadas y labores bien definidas; no hay mucha libertad para proponer o decidir.

El segundo es que dentro de una relación laboral el progreso se da de manera muy lenta, ya que depende de muchos aspectos y personas que tú logres escalar en la organización.

En algún momento de mi vida yo gozaba de una buena relación laboral en la cual fui despedido y en la sala de juntas dije estas mismas palabras *"hoy soy yo el que se va, pero todos los que estamos aquí sentados en algún momento saldremos por esa misma puerta".*

Al momento en que dije esto, la mayoría de las personas que se encontraban sentados ahí me miraron con cara de incredulidad y hasta cierto grado de burla, sin embargo estas palabras son ciertas y podemos salir de una relación laboral por muchos motivos; el primero y más común es por despido y en menor grado encontrar un mejor empleo, cambio de residencia, fusión de la compañía con alguna otra, cierre de operaciones por parte de la empresa, pero existen otros menos agradables como son enfermedades, vejez o muerte.

Algo que he aprendido en mi vida es que existe una ley universal del movimiento y que todo es cíclico, todo tiene un principio y un final y eso es natural en toda la creación.

Dicho esto, he aprendido también otras cosas, una de ellas es que si tú estás consciente de que todo cambia y todo llega a un final, debes de estar consciente de que este final llegará inevitablemente para ti y estar preparado para ello.

A los seres humanos no nos gustan los cambios, las personas gozamos con la supuesta estabilidad de la vida.

Nos gusta saber que las cosas que vamos construyendo estarán ahí todo el tiempo para nosotros; nuestro ingreso, nuestra casa, nuestra pareja, nuestros hijos, el coche, el trabajo, las

personas que nos rodean, como nuestros padres, familiares y amigos etc. Y sin embargo la ley dicta que cada una de estas cosas cambiará y desaparecerá de nuestra vida en algún momento trayendo con esto sufrimiento porque ya no las tenemos.
¿Pero qué quiero decir con todo esto?
Simple, el que comprendas que si tú ahora mismo, mientras lees este texto te encuentras sumergido en una relación laboral sepas que eso va a terminar un día sí o sí.
Y si estás desempleado, eso puede terminar en el momento que tú decidas.
Si... como leíste; en el momento que tú decidas, porque parte de este libro se trata de tomar el control de las cosas y dejar de ver la vida como algo que sucede y saber que es algo que tú generas.

Toda tu vida presente es resultado de las decisiones que has tomado en el pasado; tu trabajo tus amigos tu pareja y tus hijos, todo ha sido producto de una decisión que en su momento tomaste, gracias a esto te encuentras leyendo este libro ahora mismo.

Tal vez muchos de los conceptos que te presentaré resulten un tanto confusos, difíciles de entender o que tu subconsciente no esté dispuesto a aceptarlos tan fácilmente.
Esto es perfectamente comprensible; lo único que te sugiero es que trates de ver las cosas de una manera vacía, ¿qué es esto? sin prejuicios, las cosas pueden ser o pueden no ser, para mí han funcionado, por eso

es que escribo este libro, tal vez para ti podrían funcionar, no podemos saber hasta no probarlas, si te encuentras con un concepto que no te queda claro o no es momento de comprender, déjalo descansar porque más adelante puede ser que lo veas desde una perspectiva distinta.

UN NEGOCIO

Casi todas las personas que he conocido tienen la vaga intención de tener un negocio en algún momento de su vida; muchos de ellos no tienen idea ni siquiera de qué podrían vender, algunos otros (me incluyo en estos) ponemos un negocio de lo que se nos ocurre que podría generar dinero y en algunas ocasiones este negocio prospera y crece, pero en la gran mayoría de los casos no sucede eso.

Muchas personas podrán pensar que es cuestión de suerte que un negocio despegue, pero eso no es así; aun cuando los afortunados emprendedores de los negocios que crecen no supieron cómo, han intervenido algunos factores muy precisos que fortalecieron el negocio cada vez más, estos conceptos los encontrarás en este libro.

Existen otros casos en que la familia ha permanecido en un negocio por mucho tiempo y lo más natural es que si alguno de los integrantes abre una sucursal con la misma actividad, se cuente con todo el conocimiento y la experiencia de muchos años para que funcione y por lo tanto tiene éxito.

En cualquiera de los dos casos se dan variables que tienen como resultado el crecimiento de un negocio; en el primer ejemplo es la "suerte" la que reunió dichas variables, y en el segundo caso fue el conocimiento y la experiencia en el manejo de estas variables las que tienen como resultado el éxito y crecimiento de la empresa.

A lo largo de los años que he trabajado en emprendimiento y asesorado a distintos negocios, he podido darme cuenta de muchas cosas y muchos errores que la gente común comete por no tener idea de lo que están haciendo; yo lo comparo con subirse a un helicóptero y tratar de pilotar sin haber tenido conocimiento y experiencia previos.

Lo más seguro es que la aeronave acabe estrellada en el suelo.

Los negocios siempre serán superiores y mucho más rentables que un empleo cualquiera y por muy bueno que esté sea, ya que el empleo está sujeto a muchísimas variables que pueden y van a afectar al empleado en su vida personal y que en algún momento van a cambiar, esto es un hecho; es como tener un barquito de papel que se dirige hacia donde el viento y las aguas lo lleven sin control alguno de su ruta.

En los negocios existen también muchas variables, sin embargo estas, gracias al conocimiento y la experiencia, se van controlando para que haya un crecimiento, dándole mayor seguridad y estabilidad al emprendedor con el paso del tiempo.

Otra de las enormes ventajas que tiene un negocio sobre el empleo, es que el nivel de ingresos que puede llegar a generar no tiene límites, pudiendo ser tanto como el emprendedor desee, ya sea por su habilidad en los negocios o por el nivel de aceptación que tiene su producto o servicio.

Cuando eres dueño de un negocio puedes decidir hacia dónde quieres ir, qué tan lejos quieres llegar, y en cuanto tiempo; en un empleo por el otro lado, estás sujeto a las decisiones de muchas personas y el crecimiento regularmente es muy lento porque tienes un lugar dentro de la organización y para escalarla deben darse muchos factores que no están en tus manos, a diferencia de un emprendimiento propio.

Si eres poseedor de un negocio próspero tú puedes decidir si dejas a alguien al frente de las operaciones y tú te dedicas a disfrutar la vida solamente supervisando, dirigiendo y tomando decisiones importantes.

Lo hermoso de esto es que lo puedes hacer desde cualquier lugar del mundo, sin horarios e invirtiendo muy poco tiempo del día; algo que resulta impensable siendo empleado.

Muchas personas piensan que esto es imposible o bien está muy lejos de sus posibilidades actuales; sin embargo yo sostengo que el gozar de lo que dije en el párrafo anterior es solamente una simple decisión y que cualquiera, y créeme cuando digo esto *cualquiera* puede llegar a ese nivel.

¿Pero cómo digo que cualquiera puede tener la posibilidad de trabajar unas cuantas horas a la semana y tener un negocio próspero?

Pues bien, tú tienes en este mismo instante, dentro de tu piel, entre tus orejas, diferentes elementos y herramientas que ni siquiera sabes que existen y menos cómo usarlas.
En muchos años de errores y observación, me di cuenta de que yo tenía muchos aspectos internos de los que podía echar mano para hacer las cosas de una manera distinta; los fui clasificando y almacenando en mi mente, entonces empezaron a tener una cara y una personalidad propia.
Sin quererlo realmente, al paso del tiempo yo tenía una "familia de aliados" que despertaron y trabajaban para mí conforme yo necesitaba y lo pedía.

Estos elementos los he denominado *CAPITALES*; a lo largo de este libro iré describiendo cada uno de ellos y cómo funciona

¿QUÉ SON LOS CAPITALES Y COMO PUEDEN SER USADOS A TU FAVOR?

Cuando le preguntas a la gran mayoría de las personas el motivo por el cual no inician un negocio, la respuesta siempre gira en torno al dinero: "*no tengo el capital*" dicen, y esto es muy común y hasta cierto punto comprensible; ya que esto es lo que nos ha enseñado la sociedad, y en buena medida parece ser muy lógico; para montar un negocio como la mayoría de las personas lo conoce es necesario tener un espacio físico lleno de estantes y mercancía; además de empleados para operarlo y para ello por supuesto que se necesita dinero; yo fui uno de estos emprendedores apostando mi dinero en un negocio tradicional en el cual yo tenía ciertas habilidades; pero que definitivamente me enseñó mucho más y que es parte de lo que contiene este libro.
En la sociedad actual hay miles y tal vez cientos de miles de modelos de negocio y ya no es necesario contar con un espacio físico con mercancía real; el comercio electrónico ha venido a revolucionar la manera en que las personas habíamos intercambiado bienes y servicios hasta hace unos pocos años.

En la década de los 80's el mundo era distinto; el uso de internet como lo conocemos era algo impensable; las vídeo llamadas pertenecían a la ciencia ficción y la única persona que conocíamos que podía hablar por teléfono desde su auto era el agente 007.

A partir de esa época se ha dado una revolución tecnológica, informática y de participación social como nunca antes se había visto en la historia de la humanidad; esto ha afectado todos los niveles de interacción en la vida de los seres humanos; ahora todo mundo es capaz de comunicarse en tiempo real al otro lado del mundo desde la palma de su mano y esto ha venido a cambiar las reglas del juego, pero también ha traído la enorme ventaja de poder hacer negocios en una forma más equitativa para todas las personas.

Estas son herramientas que han surgido en muy poco tiempo y al igual que los dinosaurios la gente que no esté apta para vivir en este nuevo ecosistema desaparecerá; la premisa de estos tiempos es evolucionar o morir.

A lo largo de mi historia profesional me topado con muchas situaciones y he podido tener la suficiente inteligencia y discernimiento para comprender cómo he reaccionado ante cada una de ellas; debo mencionar que fui mi peor enemigo, yo mismo me metí el pie durante muchos años, esto me ha dado mucho conocimiento y experiencia acerca de la conducta humana autodestructiva; además he observado y estudiado a todas las personas cercanas a mí: compañeros de trabajo, mis jefes, los dueños de las empresas donde he trabajado, mis clientes, mis familiares, y a mi hijo, pero de todos yo mismo he sido mi mejor sujeto de estudio y analizando las cosas de una manera Imparcial he podido detectar algunas características de los seres humanos en mi persona y son las que forman parte del contenido de este texto.

Cómo he dicho antes, en algún punto de mi vida me encontré acorralado y sin opciones debido a la falta de oportunidades de empleo; entonces tuve la idea de emprender un negocio con algo que conocía muy bien y además era muy bueno en ello; la fotografía y la publicidad.
La historia de mi agencia y estudio fotográfico las compartiré en otra ocasión, aquí solamente diré que en ese negocio aprendí que existen muchos otros elementos necesarios para un negocio que solamente el dinero.

- Si tú eres una persona que jamás ha tenido la oportunidad de tener un negocio, pero tienes la idea rondando en tu cabeza.
- Si quieres iniciar un negocio, pero no sabes bien que hacer ni cómo.
- Si estás sumergido en una relación laboral insatisfactoria como en la mayoría de los casos.
- Si ya tienes un "negocio" que te tiene "esclavizado" de lunes a lunes.
- Si crees que no estás apto para tener un emprendimiento debido a tu edad, conocimiento o habilidades.

Este libro es para ti.

Si lo deseas acompáñame y a lo largo del camino te iré contando historias y mostrando ejemplos de cómo percibo el mundo y de cómo aplican las reglas que he podido deducir en los negocios.

"Los 3 capitales" fue el título que se me ocurrió al principio para este libro, pero muy pronto me dí cuenta de que es mucho, mucho más que eso y los he ordenado en bloques dentro de los cuales hay subtemas que pertenecen mayormente a ese bloque pero que también encajan en algunos otros.

También repetiré constantemente algunos conceptos porque son adecuados para explicar los temas que trato en diversos capítulos; así que te encontrarás con las mismas ideas explicadas con palabras o ejemplos distintos, esto es intencional.

La enorme ventaja es que todos los conceptos de este libro ya están dentro de ti, viven en tu cuerpo y en tu entorno ahora mismo, pero no lo sabías, porque tal vez nunca te hayas dado cuenta de ellos, pero para eso estoy yo, para guiarte en el proceso de descubrimiento.

A lo largo de este libro te explico en qué consiste cada uno y cómo puedes usarlo a tu favor; también encontrarás algunas otras cosas que haces de manera inconsciente y que limitan o sabotean tu crecimiento sin que tú te des cuenta.

Sabiendo cuáles son estas conductas nocivas las podrás detectar y eliminar como si se tratara de un antivirus informático.

¿QUÉ SON LOS CAPITALES?

Todo comenzó en una conversación que sostuve hace tiempo con una persona que argumentó inmediatamente la siguiente frase:

"Es que no tengo el capital necesario para montar un negocio"

Refiriéndose al dinero; fue entonces que con la experiencia que tenía de mi local, le dije que para hacer un negocio se necesita mucho más que solamente dinero y que la gran mayoría de esas cosas no costaban nada, pero si había que invertir en ellas; cuando vi que no pudo comprender lo que yo estaba diciendo, comencé a explicarme y de ahí surgieron los primeros conceptos aquí escritos.

Estos capitales, como dije antes ya los tienes en tu vida, sin embargo no sabes siquiera que existen y mucho menos qué forma tienen; así que empezaré por explicar cada uno y que contiene dentro, mientras tanto tú harás un análisis de tu vida y tu conducta; si los has usado de manera inteligente, estúpida o ni siquiera sabías que estaban ahí.
Debo decir que hay personas que de alguna manera hacen uso de alguno o varios de ellos y las cosas resultan favorables, sin embargo esto lo hacen de forma inconsciente.

Cuando tú tengas pleno conocimiento y conciencia de las acciones útiles que tienes, de las que te sabotean y cuáles debes desarrollar, las que debes llevar a cabo y las que debes suprimir o eliminar, entonces harás uso de todos los capitales para poder impulsar tu vida hacia un nuevo destino de forma inmediata.

EL ÁNGEL Y EL DEMONIO

¿Recuerdas una caricatura donde tú hayas visto un pequeño ángel y un pequeño demonio sentados en los hombros de un personaje?

Personalmente creo que esto es una representación muy acertada de cómo pensamos los seres humanos, a veces tenemos ideas brillantes pero inmediatamente después surge ese demonio diciéndonos que no podemos hacer tal o cual cosa por los motivos que sea. Este es un concepto importante, ya que deberás detectar cuando tu ángel te dicta algo que potencialmente puede ser muy bueno y cuando tú eliges escuchar a tu demonio para darle entrada a pensamientos negativos o limitantes.

Este punto es crucial para tener el "valor" de iniciar un emprendimiento.

Aprender a detectar controlar y dominar nuestros pensamientos valiosos y de auto sabotaje no es una tarea sencilla; pero entre más Imparcial seas contigo mismo y los detectes, te será mucho más fácil manejarlos.

Cada vez que se activen los mecanismos de sabotaje, más fácil será empezar a controlarlos y finalmente dominarlos sin que haya oportunidad que se disparen nuevamente.

CAPITAL
LOS PENSAMIENTOS

Este capital es uno de los más importantes porque de aquí se deriva todo lo que vas a hacer después; como mejor ejemplo tienes tu vida actual, la situación en la que te encuentras en estos mismos momentos es un producto de las decisiones que has tomado en el pasado; tus hijos, las personas con las que has mantenido una relación sentimental, los empleos que has tenido, los amigos que en el pasado te han acompañado y los que ahora tienes, tu estado físico y tu apariencia. Todo, absolutamente todo ha sido determinado y es producto de un pensamiento, mismo que se transformó en una decisión, que te llevó a una acción y dicha acción tuvo un resultado.

Digamos que alguien tiene sobrepeso igual que más del 50% de la gente en México; esto es debido a un pensamiento que se ha incrustado en la mente de esta persona; en el que los alimentos predilectos son: pizzas, hamburguesas, tacos, tortas, tamales, el pan, las sodas o refrescos, helados, caramelos, malteadas o cualquier tipo de alimento que tiene como resultado un aumento de peso.
Aquí vemos como un pensamiento; el sabor, las sensaciones y sentimientos, en una palabra, la experiencia que traen esos alimentos favoritos se transforman en una decisión de buscarlos y luego en

una acción concreta de ir a comprarlos y después consumirlos.

Cuando hacemos esto en forma continua se transforma en un hábito y este hábito forma parte de nuestra conducta, la cual tendrá una consecuencia en el largo plazo, que junto con la vida sedentaria y la falta de ejercicio tiene como resultado la obesidad.

Hablemos ahora de otra persona; este individuo, ya sea hombre o mujer fue producto de un pensamiento de sus padres.

1. En algún momento uno de los dos tuvo la idea de que deseaba tener intimidad con el otro, después esta idea se transformó en una decisión. (pensamiento)
2. Esto hizo que tuviera ciertas conductas y acciones para expresar y convencer a la otra persona de ir a la cama. (acción)
3. En el momento en que las dos personas se encontraron físicamente tuvieron relaciones sexuales (acción)
4. Y aquí se concibió un nuevo ser humano (consecuencia) y se manifestó en el plano material.

Digamos que esa persona que nació, crece y en algún momento de su vida decide que le gusta la medicina; *esto es un pensamiento*, posteriormente entra a una escuela para estudiar medicina; *esto es la acción* y termina la universidad convirtiéndose en un médico, *esto es la consecuencia* de haber asistido a la escuela regularmente.

Y así toda nuestra vida parte de un pensamiento que detona una acción y esta acción repetida suficientemente acaba siendo un hábito, que tendrá una consecuencia.

- Pensamiento
- Acción
- Repetición
- Consecuencias.

Detectar lo que piensas de forma regular y constante te llevará a identificar cuál es tu modelo de pensamiento y en qué está fija tu mente la mayor parte del tiempo.

¿Porque digo que el pensamiento es un capital? Porque es de donde parten todas las cosas que podemos apreciar en el mundo real; todo cuanto tus ojos ven alrededor inició como un pensamiento en la mente de alguien, esta persona puso manos a la obra (acción) y después lo pudo materializar (consecuencia) más adelante hablaremos de ello.

Por lo pronto haz un análisis e identifica cuáles son los pensamientos que aparecen de manera recurrente en tu mente y ahí te podrás dar cuenta de cómo es que estos pensamientos han ido moldeando tu realidad.

PENSAR EN NEGRO Y PENSAR EN BLANCO

A lo largo de mi vida me he podido dar cuenta de que los seres humanos tenemos una extraña tendencia, no sé en qué momento sucede pero es una característica muy común en la mayoría de las personas.

LAS DOS PELOTAS

Para explicar esto con un ejemplo te voy a pedir que te relajes y pienses en un lugar grande, vacío, y en medio imagines una pelota de color blanco.

Solamente obsérvala sin hacer ningún juicio ni calificación alguna.

Ahora te voy a pedir que cambies de color la pelota y la hagas negra.

¡Listo! es todo, hemos terminado.

Aquí viene la gran importancia que tiene este ejercicio.

¿Te fue más difícil imaginar una pelota que otra?
¿Te costó algún trabajo cambiar el color de la pelota hacia el negro?

Si la respuesta es que no fue difícil entonces el objetivo del ejercicio se ha cumplido.

Sin embargo, hay personas que han tenido algún grado de dificultad para cambiar el color de la pelota.

Si ese es el caso entonces estás pendiente de otros elementos periféricos y creencias que afectan al objetivo principal que solamente debería ser cambiar de color.

Estos pensamientos "contaminan" la simple acción de intercambio de color con otra información "basura" que afecta esto, por ejemplo si el negro representa x o y situación, que no te gusta el blanco porque es muy sucio, si el negro es el color "del mal", si era blanco un perro que atropellaron y tú amabas, por eso el blanco está bloqueado en tu mente etc. Todas estas son ideas que solamente afectan al objetivo inicial que es un simple cambio de color.

Si te cuesta cambiar de color entonces imagina una letra **K** y cámbiala por una letra **C**.

Es solamente un intercambio de imágenes mentales sin mayor complicación.

Cuando yo diseñé este breve ejercicio tuve la intención de demostrar que un pensamiento es solamente una imagen que fabricamos dentro de nuestra cabeza, y que no cuesta trabajo alguno cambiar el color blanco de la pelota por el color negro.

Sin embargo y para mi sorpresa me he encontrado con muchos clientes que presentan dificultad para hacer el cambio de color y reportan que es difícil imaginar el color negro o viceversa.

Y aquí empieza el problema, más adelante explicaré todo a detalle.

A continuación te voy a pedir que imagines la pluma de un ave, cuando ya la hayas visualizado intercambia esta pluma por un hermoso y enorme castillo.
Ahora piensa si este cambio de imagen te ha representado algún tipo de dificultad.

¿Porque algunas personas tenemos la falsa ilusión de que es más difícil pensar en algo debido a su tamaño o complejidad, si es solamente un pensamiento? Es decir… EN REALIDAD *NO EXISTE.*

Aquí entran en juego muchos elementos, pero lo que yo he podido deducir es que son nuestras creencias relacionadas con ese tema, acerca del mundo y la información que tenemos las que nos permiten o impiden imaginar alguna cosa en particular.

Algunas personas me han dicho que es muy fácil imaginar una pluma de ave, han visto una y han tenido alguna vez en sus manos este objeto, así que el cerebro lo tiene bien identificado, archivado y clasificado en peso, textura, tamaño y es muy fácil traer ese tipo de imagen a la mente.

Como sucedió con las pelotas, algunas personas les cuesta imaginar un castillo grande y hermoso, dentro de sus mentes hay un cierto tipo de imagen pero es más bien borrosa e incompleta.

¿Porque sucede esto? sinceramente creo que es porque a lo largo de la vida nos hemos acostumbrado a pensar en las cosas que podemos ver, tocar, oler y sentir, es decir RECORDAR más que IMAGINAR; y esto se basa en la experiencia previa, si no lo has vivido, no puedes traer esa imagen a tu mente, es decir, no la puedes "INVENTAR" o es difícil hacerlo.

La imaginación poco a poco la hemos ido apagando hasta finalmente dejarla tan débil que cuando deseamos hacer uso de ella, ésta no funciona de manera correcta, como si se tratara de una maquinaria oxidada.

Ahora quiero que vayas con algún niño pequeño y le pidas que te describa una pluma y luego que te diga como es el castillo que imagina; te sorprenderá ver la claridad, detalle y emoción de sus respuestas.

La lección dentro de este breve ejercicio es que te des cuenta de que un pensamiento no representa esfuerzo alguno en la mente; es solamente *imaginar* algo, *crear* la representación mental de un objeto, persona o situación y esto lo puedes hacer en un segundo sin que te represente ninguna dificultad, esto tómalo por cierto,

porque así es, NO LO CUESTIONES NI LO OBJETES, **_ASÍ ES._**
No dejes que tu verborrea mental empiece a argumentar cosas para justificar algo sin sentido.

El comprender está básica y simple idea es un gran paso hacia el logro de tus objetivos y es muy importante que te des cuenta de la simpleza de los pensamientos; cuando hayas podido aplicar este sencillísimo concepto las cosas a tu alrededor podrán empezar a cambiar.

Si no puedes con esto, entonces no tendrás la habilidad básica para cambiar lo que sea en la vida.

Ahora que sabes que un pensamiento no es más que un pensamiento que tiene estas características:

A) Tú mismo lo creaste.
B) Vive en tu mente nada más.
C) Es cierto *solamente para ti.*
D) El mundo exterior sigue exactamente igual con tu pensamiento o sin él.
E) Puedes cambiarlo en el preciso instante que tú desees.
F) El cambiar un pensamiento no representa *ningún esfuerzo.*
G) De hecho, lo que nos representa un reto mayor es cambiar la forma de pensar y las creencias alrededor que sostienen a nuestros pensamientos.

H) Esta forma de pensar y estas creencias curiosamente son a su vez pensamientos solamente.

Pensamientos = creencias
Creencias = pensamientos

Puedes elegir qué tipo de pensamientos alojar en tu mente.

Es muy importante que domines este simple ejercicio, pues es la base para comprender toda la información de este libro.
Es vital que puedas cambiar tus imágenes mentales sin que te represente dificultad alguna; pues gracias a ello podrás adoptar más fácilmente los conceptos que comparto a través de este texto.

"SI QUIERES CAMBIAR TU VIDA DEBES TENER LA DOCILIDAD, LA HUMILDAD, LA VOLUNTAD, EL CORAJE Y LA FORTALEZA PARA CAMBIAR".
Bruno Caballero

A lo largo de mi vida me he podido dar cuenta de un extraño fenómeno que aqueja a todas las personas y es que tendemos a pensar en negro, pero ¿qué quiero decir con esto? muy simple, cuando un evento se presenta en nuestra vida tenemos lo que yo diría un par de pelotas enfrente, éstas pelotas representan los posibles escenarios que podría tomar este evento.

Muchas personas cuando ven correr un niño pequeño inmediatamente exclaman la frase *¡No corras, porque te vas a caer!*

Yo llamo a esto pensar en negro, puesto que están viendo el más negro, sombrío y fatal de todos los escenarios posibles; yo mismo me he descubierto pensando así cuando mi hijo baja corriendo a toda velocidad una pendiente de pavimento.

Cuando me doy cuenta de que estoy haciendo esto, inmediatamente detengo ese pensamiento y cambio mi imagen mental por la sensación de velocidad, libertad y alegría que experimenta mi hijo al correr tan rápido; haciendo esto yo vivo esa sensación como si estuviera dentro de él y me llena de felicidad, volviéndome parte de eso sin realmente estar ahí; con esto intercambio la imagen de la pelota negra por la pelota blanca, es decir elijo pensar en blanco.

De ahora en adelante en cualquier situación de tu vida vas a saber que existen dos caminos; uno que lleva a un bosque terrorífico, oscuro y con fantasmas y otro que te lleva por un camino lleno de flores, árboles, sol y mariposas,
Ahora tu elige que vas a pensar con cada evento, si adoptas la pelota negra o la pelota blanca.

LA TRAMPA DEL PENSAMIENTO

¿Porque las personas tendemos a pensar en cosas trágicas y negras?

Este es un tema muy extenso y profundo, pero únicamente diré que nos programan desde pequeños para ello.

Nuestros padres dicen de manera automática y sin pensar cosas como:

- Te vas a caer.
- Seguro tiene malas intenciones.
- Todos los hombres mienten.
- Ese esconde algo.
- Piensa mal y acertarás
- Si se pueden aprovechar de ti seguro lo harán.
- Es demasiado bueno para ser cierto.
- No le creo
- Seguro hay algo oculto detrás de eso.

Esto y cientos de cosas más, son las que escuchamos desde que somos muy pequeños y va forjando nuestra manera de pensar, la misma que forma hábitos, los hábitos son acciones que llevamos a cabo de manera regular y esto genera las consecuencias que son la realidad que vivimos día con día.

Como lo he dicho anteriormente, el pensamiento es la fuente primaria de todo cuanto vemos a nuestro alrededor; es gracias a nuestros pensamientos que estamos en posibilidad de lograr algo o no.

Nosotros creamos historias de éxito o fracaso dentro de nuestras mentes y las tomamos como guía para la acción o no acción.

CREAR GRILLETES MENTALES

Yo llamo grilletes mentales a los pensamientos que surgen de la nada y que solamente sirven para detenernos o bien cambiar de parecer con respecto a algo, en una palabra esclavizarnos a nuestro propio calabozo mental.

Estos grilletes mentales pueden ir desde ideas muy simples hasta historia sumamente elaboradas y el único objetivo que persiguen estos grilletes mentales es detenernos en la acción o bien sabotear algo que se está dando favorablemente.

Es un misterio en qué momento surgen estas ideas dentro de la mente, pero de acuerdo a la información que he leído y lo que he podido observar, tienen que ver con una parte de nuestro cerebro antiguo en el que moverse hacia un lugar nuevo podría significar la muerte.

Por ejemplo si un hombre vivía en una cueva que lo resguardaba del frío y los animales salvajes, esto representaba una garantía de supervivencia, aunque afuera las cosas fueran difíciles.

Pero en algún momento, la situación podría cambiar, por ejemplo con la llegada del invierno y con esto el hombre primitivo podría verse obligado a moverse para buscar nuevas tierras, sin embargo, dejar la seguridad de la cueva representaba un riesgo real de morir en el intento.

Más adelante explico de manera muy detallada y extensa mis deducciones acerca de este tema.

Creo firmemente que ahí fue donde se originó el sentimiento tan fuerte de apego que desarrollamos los seres humanos hacia los objetos y posesiones.

Y porque nos cuesta tanto trabajo el movernos para dejar lo viejo e ir en busca de algo que ni siquiera tenemos la certeza de obtener.

Posteriormente retomaré este concepto de manera más detallada y extensa.

Esto es una deducción muy lógica, sin embargo me he dado cuenta que para la mayoría de los seres humanos incluyéndome, representa un reto muy grande por superar.

Esta es una de las tantas explicaciones por las cuales se da este fenómeno; cuando finalmente comprendemos que todos nuestros miedos y escenarios tétricos se encuentran en una región de nuestra imaginación y que solamente es la pelota negra, podremos cambiarla de color.

Es curioso cómo la mente fabrica ideas e historias para justificar esta acción y mantenernos en la cueva o zona conocida (más adelante hablaré de esto) lo importante es que detectes cuando te estás fabricando un grillete mental para evitar que llegues a un objetivo.

Cuando fabricamos una idea inexistente que justifique el *"no cambio"*, esta idea no está sustentada en la realidad, solamente existe en la mente, por ejemplo: "la gente habla de mí esto", cuando se logra una muy buena posición "todos piensan que soy incapaz" "En este lugar hay mala vibra", son trampas de la mente que nos alejan de aquello que es diferente y potencialmente bueno para nosotros.

PERCEPCIÓN

Todo cuanto vemos a nuestro alrededor es solamente una percepción de nuestra mente acerca de lo que existe en el mundo; es decir nuestra experiencia interna es la que define el valor que le damos a las cosas que nuestros ojos ven y nuestros oídos escuchan.

Dicho de otra manera, una palabra puede tener un significado muy profundo para alguien y para otra puede ser completamente insignificante.

Como ejemplo de esto tenemos el nombre del lugar donde nació una persona y vivió sus primeros años, esto traerá imágenes muy poderosas a la mente de este individuo, por el contrario, para alguien que nunca había escuchado hablar de ese lugar, no tendrá ningún tipo de referencia ni conexión con esa palabra.

Otro ejemplo más claro y sencillo es el nombre de tu persona amada, para ti encierra toda una serie de conceptos, y para tu compañero o compañera de trabajo seguramente no (si es así, entonces tienes que hacer algunas preguntas ;)

Esto muestra de manera muy práctica la forma en que nuestro cerebro hace representaciones internas de los estímulos del exterior que recogemos a través de nuestros sentidos.

Para un norteamericano la crema de cacahuate sobre un pedazo de pan representa muchas cosas; tiene un significado poderoso que mantiene una relación íntima con la familia y la niñez.

Por el contrario, para alguien que ha crecido en Sudamérica puede no tener el mismo efecto.

De igual manera, en nuestras mentes hacemos evaluaciones y juicios acerca de lo que se nos presenta cada día, esto depende de nuestra forma de pensar, la cual está moldeada por nuestra historia, la programación que hemos recibido de nuestros padres, profesores, compañeros de escuela, trabajo, los amigos, los medios de comunicación y lo que nuestras creencias nos dictan.

Como ya hemos visto anteriormente, nuestros pensamientos determinan nuestra realidad; las cosas que nosotros pensamos del mundo y de nosotros mismos, definen quiénes somos.

Si pensamos que el mundo es estático y que nosotros somos simples espectadores así será, pero si por el contrario en nuestras mentes instalamos la creencia de que nosotros podemos modificar y crear nuestra realidad, entonces esto será el eje sobre el que gire nuestra existencia.

Yo te invito a adoptar esta forma de pensar en la que tú eres capaz de modificar y crear la realidad en cualquier momento, es una habilidad extremadamente útil para entender los conceptos que comparto en este libro.

Sabiendo que tú tienes la elección de pensar en negro o pensar en blanco, yo te pido que analices cómo percibes los eventos que se presentan en tu vida y de dónde viene tal percepción, cuáles son los juicios y programación que te llevan a pensar de determinada manera, si son tuyos o no y si los deseas para tus nuevos objetivos.

Reflexiona de ahora en adelante si este tipo de pensamiento es de utilidad para ti; si es así entonces puedes mantenerlo, pero si te das cuenta de que estas creencias y percepciones ya no sirven para tus nuevos planes y proyectos, entonces puedes modificarlas en cualquier momento por algo que sí te ayude.

Un ejemplo de esto es el siguiente:

Muchas personas tienen la creencia de que los ricos son gente avariciosa y mala, porque lo han escuchado en el exterior, ya sea sus mayores, gente cercana a ellos o información en los medios de comunicación.
Sin embargo, yo he conocido a mucha gente rica y he podido constatar que son personas amables y alegres, creo que por algunos motivos principalmente:

1. Son felices porque viven una buena vida y se pueden dar los gustos que deseen.
2. En su mente no existen los pensamientos de carestía, limitación o pobreza que asaltan a la mayoría de las personas.

3. Saben que están en control de la vida y que los problemas se pueden resolver de una manera inteligente.

Su discurso siempre es interesante y se puede aprender mucho de sus experiencias simplemente hablando con ellos de cualquier tema, ya sea emprendimiento, finanzas, nuevas tecnologías, sistemas de producción, problemas que tuvieron en sus empresas y cómo los resolvieron, proyectos futuros, etc.

En cambio la gente pobre con la que he tenido oportunidad de hablar, generalmente tiene un discurso hueco y trivial a mi modo de ver; cosas como la crisis, religión, los políticos corruptos, programas y series de televisión, personajes de la farándula, partidos de fútbol o justas deportivas, reality shows etc.
Cosas que no los hacen pensar y que no aportan nada de valor desde mi muy humilde y particular punto de vista.

La próxima vez que hables con alguien, escucha y analiza el contenido de lo que dicen, ahí te podrás dar cuenta de qué tipo de persona se trata; no te sorprendas porque la mayoría de la gente abriga la segunda forma de pensar, esta es la que nos inyectan desde que nacemos en todos lados, nuestros padres, amigos, parientes, colegas de trabajo y medios de comunicación.

Si tú mismo presentas esta segunda forma de pensar, recuerda que puedes cambiarla en cualquier momento, pero solamente si lo deseas, es un intercambio de la pelota negra por la blanca.

TODO ES UNA REPRESENTACIÓN MENTAL

Así es como nuestra mente fabrica las representaciones del mundo, a través de las imágenes que nos formamos de acuerdo a nuestra información y experiencia previas.

Voy a retomar y extenderme en la importancia de las palabras.

Hablemos de "San José" y "San Juan"; estas dos palabras pueden significar todo y nada para dos personas que han nacido en Costa Rica y Puerto Rico respectivamente; ambas tienen un significado inherente y una representación mental para cada persona de acuerdo a la información y experiencias que ha tenido con relación a ellas.

Las cosas se presentan de una manera indefinida y depende de ti el darles un valor; este valor determinará la manera en que te relacionas con ese concepto; lo mejor de todo es que esa representación no es estática e inamovible, sino que la puedes cambiar en el momento en que tú lo decidas y tantas veces como desees; recuerda que *la percepción que tú tengas de la realidad es la que se convertirá en tu realidad.*

Por tanto yo te recomiendo que elijas tener representaciones útiles y constructivas de todo cuando te rodea.

PERSPECTIVA

Cuando hablo de perspectiva, me refiero a que los eventos en la vida se presentan de una manera determinada, es decir, los eventos no cambian, son estáticos.
Sin embargo lo que sí puede cambiar es la forma que tenemos de percibirlos e integrarlos.
Si los observamos imparcialmente y desde varios ángulos, sin favoritismos o intereses que intervengan con el análisis objetivo de la situación; podremos verlos en su verdadera esencia, es decir sin creencias ni juicios.

Esto se llama verlo desde el observador; es decir "salirnos de nosotros mismos" y mirarlos como si fuéramos un tercero que va pasando por la calle y simplemente contempla la escena.

Con esta perspectiva del observador tenemos la capacidad de entender un punto de vista distinto y ver las cosas de manera imparcial.
Hay otra manera de analizarlos y esto es poderlos ver como si fuéramos las otras personas involucradas en el evento.

Tratar de comprender sus puntos de vista y las creencias que influyeron en su conducta con respecto a la situación.

EL CUBO

En un libro que escribí hace mucho tiempo y que publicaré posterior a este, hablo de un cuadrado gris, casi negro; y si uno lo observa detenidamente se trata de una figura plana, lisa, estática y obscura sin mayor detalle.

Pero cuando se toma ese cuadro y se le da vueltas, podemos observar que en realidad es la base de un cubo hueco, el cual muestra un patrón de cuadros amarillos y rojos en una cara, otro de sus lados es metálico, la tercera superficie muestra un paisaje y la cuarta es blanca; además cada una tiene texturas diferentes.

Y por dentro tiene espejos; esto lo hace un caleidoscopio que refleja figuras distintas e irrepetibles de los objetos que se coloquen en su interior.

Este cubo que yo inventé es una herramienta muy útil para explicar cómo percibo cada situación de la vida; creo firmemente que vemos los eventos de acuerdo a nuestra forma de pensar, apreciamos una sola cara, pero si tenemos la habilidad de callar nuestro diálogo interno, tomar ese evento y girarlo, podremos ver que tiene muchos matices, colores y reflejos, que no es solamente una cara como pareció ser al principio.

Si hacemos esto con cada evento fuerte o desagradable, podemos comprender algo nuevo e integrarlo de manera positiva a nuestra persona.

La vida se presenta de manera "estática", no es blanca o negra, depende del punto de vista que elegimos; blanco o negro, lo que representa para nosotros y cómo le hacemos frente.

Depende mucho el ver un reto como insuperable o como algo que te llevará adquirir nuevas habilidades para poderlo conquistar.

Pensar en negro o pensar en blanco.

Pero para esto es necesario poder callar nuestro ego para tomar el evento y girarlo hasta encontrar algo positivo y constructivo.

"SI SE TE PRESENTA LA CARA GRIS, DALE VUELTA AL CUBO HASTA ENCONTRAR LA CARA BLANCA"

Bruno Caballero.

MINDSET / ESTILO DE PENSAMIENTO

Esta palabra proviene del idioma inglés y se refiere a los pensamientos que alojamos en nuestra mente, ellos definen la manera en que procedemos todos los días y ha sido determinado por muchos eventos que han ocurrido a lo largo de nuestra vida, incluso desde antes de nacer, ya que mucha de esa información la adquirimos desde pequeños por nuestros padres, quienes a su vez la obtuvieron de sus padres, así que estos preceptos se encuentran impresos en nuestra piel, sangre, huesos y nuestro propio ADN.

Es muy común ver que existen familias de comerciantes de ropa o tela, familias que han tenido restaurantes por generaciones o que han sido médicos, abogados, contadores, políticos, etcétera.

Cada una de estas formas de pensar son impresas en los niños desde pequeños y van formando una representación del mundo y de cómo hacer frente a él. Esto por supuesto no es una regla, ya que siempre hay casos en los que un integrante no sigue la línea familiar y toma un rumbo distinto; sin embargo hay mucha programación de nuestro entorno que nos indica qué es lo que debemos hacer y cómo debemos manejarnos en una sociedad productiva.

La gran mayoría de las personas fuimos programadas para asistir a la escuela, obtener buenas calificaciones y con ello poder aspirar a un trabajo en el mundo empresarial.

Pero esto ya no tiene que ser así y mucho menos en la era de la tecnología de la información que estamos viviendo; ahora existen cientos o tal vez miles de formas diferentes para ganar dinero y poder sobrevivir. Los seres humanos de la actualidad habitamos un mundo muy distinto al que conocieron nuestros padres, este planeta ha evolucionado y lo seguirá haciendo de una manera vertiginosa, por esto es tan importante hablar del mindset.

Las personas que tengan la habilidad de cambiar su forma de pensar serán las que estén más aptas para sobrevivir en el nuevo ecosistema digital.
Tu pensamiento determina tus decisiones y estas a su vez determinan tus acciones las que producen los resultados en tu vida real.

"SI CAMBIAS TU PERSPECTIVA Y TU MANERA DE PENSAR, ENTONCES PODRÁS EMPEZAR A GENERAR CAMBIOS EN TU VIDA".
Bruno Caballero

ANTI CAPITAL
LÍNEA DE PENSAMIENTO

Aquí te voy a pedir que tomes un lápiz y un pedazo de papel, ahora dibuja una simple línea recta; esta línea recta tiene básicamente una característica, *es recta*; es decir no tiene curvas ni cambios en su forma, es solamente una línea. Esto es importante porque a continuación voy hablar de la línea de pensamiento y dicho concepto se refiere a que la mayoría de las personas mantenemos ciertos puntos de vista con respecto a los eventos y personas de acuerdo a nuestras convicciones, creencias y forma de pensar.

¿Recuerdas a alguien que dijera?:

- Eso no me gusta y punto.
- Así soy y eso no va de acuerdo conmigo.
- Definitivamente es algo que no me interesa.

¿O cualquier otra cosa parecida? esto es a lo que yo llamo mantener una línea de pensamiento; es recta y no se deforma en ningún momento.

Para muchas personas esto es bueno y así manejan sus vidas; en efecto es bueno mantener una constante, un objetivo y una ruta trazada, pero yo sostengo que debemos tener la habilidad, inteligencia y humildad de poder escuchar otros puntos de vista y no caer en la trampa del pensamiento totalitario en la que solamente "lo que yo creo" es correcto.

Es correcto pero de acuerdo a tu situación, tus creencias y tus convicciones, esto solamente es válido para una sola persona en todo el planeta tierra y ese eres tú mismo; una línea de pensamiento es inamovible, inquebrantable y estática. En mis ponencias y asesorías les pido a las personas que me digan qué pasaría si alguien sube a un automóvil, con el destino que sea y se disponen a manejar en línea recta y con una velocidad constante; la respuesta es obvia y no se puede llegar a ningún destino bajo estas condiciones. La consecuencia lógica es que el vehículo termine chocando más pronto de lo que acabo de decir esto.

Al igual que este insignificante ejemplo en el que para llegar a un destino debes de tener en cuenta el entorno, los vehículos, los semáforos, las personas, la velocidad, las condiciones de tráfico, si hay un choque adelante y esto produce tráfico vehicular o si bien presencias un accidente justo frente a ti, si está lloviendo, es de noche, etcétera. Todas estas variables afectan un trayecto, incluso cuando sea la misma ruta todos los días cada vez será distinta, habrá que llevar a cabo miles de adaptaciones en tiempo real de acuerdo a las nuevas condiciones que se presentan a cada momento; es entonces iluso y hasta cierto punto estúpido, desde mi muy humilde punto de vista, tratar de vivir una vida entera manteniendo una línea de pensamiento, si ni siquiera aplica para ir al supermercado.

PENSAMIENTO "DE AGUA" O FLUJO DE PENSAMIENTO

El concepto personal que tengo de flujo de pensamiento y lo que comparto con las personas es el siguiente: El pensamiento y la forma de actuar no debe de ser lineal, por el contrario debe de ser más parecido a una tubería en la que el pensamiento que sería el líquido dentro, que puede fluir de una manera distinta de acuerdo a las condiciones que se le presentan y a la dirección a la que se desea llegar, se pueden agregar válvulas para moderar su velocidad o incluso detener el flujo totalmente en algún momento.
La tubería puede dar vuelta, hacerse más grande, más pequeña, puede cambiar el rumbo hacia arriba o hacia abajo, se pueden agregar bombas para darle mayor fuerza o incluso puede llegar a mover maquinaria; el flujo tiene infinitas posibilidades y es tan flexible como se requiera.

Además el líquido tiene una propiedad única y es que puede adaptarse a cualquier forma que lo contenga.

Bruce Lee, uno de los más grandes artistas marciales de todos los tiempos dijo:

"Vacía tu mente, se amorfo, moldeable, como el agua. Si pones agua en una taza, se convierte en la taza, si

pones agua en una botella se convierte en la botella, si la viertes en una tetera se convierte en la tetera. El agua puede fluir o puede aplastar. Sé cómo el agua amigo mío; el agua que corre nunca se estanca, así es que hay que seguir fluyendo".

El flujo de pensamiento es una forma más inteligente de funcionar, ya que ésta se basa en cambiar continuamente, adaptándonos en pensamiento y acción; al igual que una tubería, tu puedes hacer nuevos ductos, cambiar de dirección si es necesario, llenar distintos espacios y formas según lo requieras, puedes agregar bombas para darle más fuerza, subirlo, bajarlo, agrandar o achicar la tubería; mover maquinaria y hacer lo que tú quieras con el líquido.

PENSAMIENTO LINEAL
PENSAMIENTO EN LOTE

Hace unos días fui a la feria con mi hijo y a él le gusta especialmente la rueda de la fortuna; pues bien, subimos las escaleras y no había nadie delante de nosotros, éramos los primeros para subir a la rueda y el muchacho que atendía el juego nos pidió esperar unos momentos.

Aquí comparto un ejemplo perfecto de lo que yo llamo pensamiento lineal.

La rueda de la fortuna tenía 12 góndolas y había personas en las góndolas 1, 3, 5, 7, 9 y 11. Esto se hace con la intención de balancear el peso en el juego, dicho esto continuaremos con el ejemplo; el muchacho le dio dos vueltas a la rueda de la fortuna y después se dispuso a vaciarla; bajó a la gente de cada una de las góndolas y solamente cuando todas las góndolas estaban vacías, empezó a subir a los que esperaban en la fila.

Si hacemos un cálculo del tiempo que tomó esto, fueron alrededor de 2 minutos por cada par de góndolas; esto suma 12 minutos solamente para vaciar la rueda de la fortuna y otros 12 minutos para volverla a llenar; en ese lapso ya se había hecho una fila muy larga de gente.

Cuando mi hijo y yo estábamos esperando a subir, para mí fue muy evidente que esa no era la mejor forma de aprovechar los recursos y el tiempo porque yo hubiera hecho las cosas de otra manera, pero debo decir que la mayoría de las personas tienen esta forma de pensar, hacen una cosa, y si son lo suficientemente ordenados la terminan para luego pasar a otra y la hacen hasta que se termina para pasar a la siguiente. Realizan una tarea detrás de otra, todas formadas en una línea, pero se pueden hacer de una mejor forma, a continuación explico esto.

PENSAMIENTO EN LOTE

Creo que esa forma de operar la rueda de la fortuna no es la más adecuada pero si es la más obvia para alguien que no conoce este concepto; yo hubiera hecho esto:

La rueda de la fortuna tenía gente en las góndolas 1, 3, 5, 7, 9 y 11 y solamente había un par de personas esperando que éramos mi hijo y yo.
Para mí hubiera sido muy fácil hacer lo siguiente:

- Pasar a las personas que esperábamos (mi hijo y yo) y llenar la góndola número 2 y continuar con el ciclo de la rueda de la fortuna.
- Cuando llegaran las siguientes personas entonces llenar la góndola número 8, esto para mantener el peso balanceado, mientras corría el ciclo de las personas que ya se encontraban dentro del juego anteriormente.
- Cuando llegara el siguiente grupo de personas llenar la góndola número 4 y posteriormente la 10.

Haciendo esto, no se iba a hacer una fila de gente y las personas entrarían a la atracción a medida que fueran llegando, siempre cuidando el peso y balance; cuando se hubiera alcanzado el límite permitido, entonces y sólo entonces hacer esperar a las personas el tiempo necesario para que se cumpliera el ciclo de dos vueltas de los que ya estaban antes y comenzar a bajarlos, para subir a los que se mantuvieron en espera.

Con esto se le iba a dar continuidad de flujo y velocidad de acceso a las personas que iban llegando, no se iba a hacer una fila interminable y nadie tendría que esperar, sino que pasarían a ocupar una góndola vacía conforme fueran llegando.

El desarrollar un pensamiento en lote nos permite visualizar todos los elementos que hay en el entorno; cuáles son aquellos que se pueden adelantar mientras realizamos otros.

Debo mencionar que al principio podría resultar un poco confuso, pero con el concepto de actividades en horneo y prioridades de acuerdo a la importancia y tiempo que menciono más adelante en este libro; se desarrolla de manera paulatina esta habilidad y forma de pensar.

LA NUEZ Y EL COCO

Hace poco sostuve una conversación con una persona que me exponía una forma de pensar muy determinada y con un firme rechazo a priori acerca de un tema en particular.

En relación a esto, yo le pedí que se diera la oportunidad de conocer más acerca del asunto que estábamos discutiendo y que con toda la información podría hacerse una idea más clara y conocer otros aspectos del tema; mi intención era que se diera cuenta que no todo es como ella decía y que fuera más flexible en su posición, en otras palabras que empezara a tener pensamiento "de agua".

Sin embargo la resistencia era grande debido a sus propias convicciones.

La conversación terminó en que no sentía ánimos para explorar siquiera el tema que le sugerí debido a su línea de pensamiento.

Un pensamiento inflexible y totalitario.

Las nueces y los cocos comparten una característica muy particular y es que ambos tienen una superficie dura que los protege del medio ambiente, pero en su interior hay una pulpa de sabor exquisito; sin embargo para llegar a ella primero es necesario romper la cáscara y retirarla.

Esta analogía es muy útil cuando pensamos en nosotros y en la posición que tenemos con respecto a muchos de los eventos en la vida.

Somos como cocos o nueces, en la superficie no hay nada más que madera y una dura cáscara (creencias y ego) que es muy difícil de romper, pero si tomamos las herramientas (libros, cursos, asesorías) y hacemos uso de ellas correctamente, podemos romperla y entonces disfrutar de lo que hay adentro.
Yo te comparto esta reflexión y la próxima vez que rechaces una idea o posición debido a tus convicciones pregunta si dentro no hay algo valioso para ti; si decides romper la cáscara para investigar más a fondo será muy bueno ya que puedes descubrir algo distinto, pero si decides ver solamente la cáscara, entonces no podrás saber si dentro había algo útil para tu crecimiento.

LA ABUNDANCIA Y EL ENFOQUE DE ABUNDANCIA

Últimamente se habla mucho de la abundancia; es un concepto muy popular y la gente lo usa de manera muy extensa.
Pero ¿realmente saben a qué se refiere la abundancia?

Yo comprendí de qué se trataba la abundancia justo antes de navidad del 2011, cuando al salir de mi estudio fui a comprar algunas cosas a la tienda. Ahí me encontré con el completamente nuevo iPad 2, el cual no era barato, y al verlo pensé en adelantar el regalo de navidad a mi hijo que entonces tenía dos años aproximadamente.

Recuerdo perfectamente que me quedé sin dinero en la cartera, todo el efectivo lo entregué al pagar el iPad y otras dos o tres cosas; esta situación debo decir, me preocupó un poco por haber dado todo el dinero que cargaba conmigo en unas cuantas cosas.

Al día siguiente, abrí mi negocio y en ese mismo día ya tenía esa cantidad y algo más en mi cartera.

Comprendí entonces la esencia del concepto abundancia, está es como un río en el que siempre llega agua nueva; no importa que te "acabes" lo que hay, llegará más.

Es como un árbol que si lo plantas y lo haces crecer teniendo los cuidados necesarios, éste dará frutos por siempre, porque esa es su función.

La naturaleza es en sí misma abundante, no necesita de fertilizantes para que la hierba crezca en donde sea, incluso en el pavimento de una calle que no es transitada, en poco tiempo crecen plantas a mitad de ella.

la mentalidad de la abundancia es comprender dos cosas:

1.- La fuente de la abundancia eres tú mismo, no está en el exterior; no importa si lo llamas, empleo, autoempleo, negocio, inversiones, etc. Todo emana de la misma fuente y eres tú mismo y la actividad que realizas.

Este punto es muy interesante, ya que si tienes mucho o poco, si te falta o siempre tienes suficiente, es un resultado de tus procesos mentales y por eso estoy escribiendo este libro, para ayudar a las personas a descubrir nuevas opciones que *ya tienen* pero que ignoran y cómo aprovecharlas mejor.

2.- En tanto tú hagas algo y continúes haciéndolo vas a seguir obteniendo beneficios; es decir la abundancia continuará fluyendo hacia ti.

Debo mencionar que hay actividades que generan mucho más beneficios que otras, algunas de ellas de manera automática y continua sin que tengas que invertir tiempo o esfuerzo; pero de esto hablaré más adelante.

ENFOQUE DE LA ABUNDANCIA.

Centrar nuestros esfuerzos en la abundancia es pensar de qué manera podemos hacer que nuestra labor diaria produzca beneficios para siempre y no solamente para ese día o ese mes.

Alguien puede tener un empleo y gana 10000 monedas al mes, puede darse placeres y pagar sus cuentas; como la mayoría de las personas, sus gastos y compromisos completan esas 10000 monedas (aunque muchas personas rebasan la cantidad que ganan en sus empleos).
Este personaje tiene una linda casa por la que paga una suma considerable cada mes, tiene un par de autos seminuevos que también requieren de una parte de ese salario y le gusta vivir bien.

Este individuo no está pensando en la abundancia, solamente está pensando en ganarse la vida, cumplir sus compromisos, darse algunos gustos y vivir la vida sin preocuparse por el futuro.

Otra persona que gana las mismas 10000 monedas pero se enfoca en la abundancia, reduce sus gastos a la mínima expresión y lo demás lo ahorra para invertirlo en algo que le dé más en el futuro, puede ser una casa para rentar, un camión para hacer mudanzas o transporte de pasajeros, un negocio de comida, educación para sí mismo en el área de negocios, fundar una empresa en internet etc.
Este enfoque le permitirá tener un objetivo que le produzca más que su actual empleo.

Gracias a esta manera de pensar podrá conseguir un segundo y después un tercer negocio que le permita acceder a un ingreso mucho mayor en el largo plazo y para siempre.

La abundancia es como un árbol de mangos, si lo siembras y lo haces crecer, éste dará mangos por siempre, sin que tengas que hacer absolutamente nada para que esto suceda; simplemente porque *esa es su naturaleza*, dar muchos mangos durante largo tiempo.

¿QUE REPRESENTA EL TIEMPO PARA MÍ?

El tiempo es desde mi perspectiva y sin duda alguna el capital más importante de todos, ya que sin él, cualquiera de los otros capitales no se pueden concretar; si no cuentas con tiempo no puedes hacer nada, aun teniendo todo el dinero, determinación o conocimiento.

Si quisieras realizar cualquier cosa por pequeña que sea y tuvieras sólo un segundo para hacerlo, sería prácticamente imposible.

Así los proyectos más complicados y difíciles requieren de una cierta cantidad de tiempo para completarlos.

Desgraciadamente este capital es tan sutil que las personas no se dan cuenta de que existe, solamente lo tienen presente cuando se hace tarde para llegar a algún lugar, cuando desean que pase rápido para salir de sus trabajos y que llegue el fin de semana, es entonces que las personas ruegan para que pase muy lento y retrasar el regreso a la rutina.

En mi experiencia, me he podido dar cuenta de que las personas toman verdadera conciencia del tiempo y de su valor cuando están próximas a morir, pero aquí ya todo el tiempo se ha consumido y no queda mucho por hacer.

Este es el activo más importante de todos; las personas más ricas del mundo son maestros en el aprovechamiento del tiempo, saben que el dinero se puede generar y hacerlo crecer, pero el tiempo es como un reloj de arena que se va terminando inexorablemente.

A continuación expondré la manera que yo he desarrollado para multiplicar la cantidad de tiempo disponible en un día.

En alguna ocasión publiqué en mi cuenta de Instagram *(https://www.instagram.com/brunoccaballero/)* una fotografía de un reloj con un texto que dice:

"EL TIEMPO LO PUEDES CONVERTIR EN CUALQUIER COSA QUE TÚ QUIERAS"
Bruno Caballero

Esto es cierto ya que si eliges perderlo, aprender algo nuevo, hacer ejercicio, comer excesivamente, jugar con tus hijos, sentarte a ver la TV, asistir a un trabajo rutinario o cualquier otra cosa, eso traerá consecuencias a tu vida.

En este libro expongo lo que yo llamo los capitales necesarios para potenciar, multiplicar y catapultar tu vida a otro nivel; pero tendrás que conocerlos y ponerlos en acción de manera adecuada.

Yo tardé muchos años en darme cuenta de que existen diferentes capitales, ubicarlos perfectamente y después de esto, echarlos a andar de forma sincronizada.

Empecé a utilizar mi tiempo de una manera más inteligente; al principio tuve que invertir muchos años en observar y aprender de los eventos que ocurrieron en mi vida.
Ahora mismo invierto mi tiempo en escribir estas líneas que tú estás leyendo y tú estás invirtiendo un poco de tu tiempo en obtener el conocimiento que a mí me llevó muchos años descubrir.

Estás optimizando años en unos pocos días con conocimientos que tal vez nunca hubieras podido deducir por ti mismo.

Esto es invertir tu tiempo de una manera inteligente.

El secreto es que el tiempo que me tomé para escribir estas líneas me producirá beneficios para siempre, puesto que el libro continuará vendiéndose en todo el mundo por muchos años.

Y mi status como autoridad en este tema es indiscutible; ubicándome en una situación distinta de todos los demás profesionales.

Y el secreto para ti es que si comprendes este concepto, el tiempo que invertiste para leer mi libro continuará produciendo beneficios en tu vida para siempre.

Así es cómo empieza el aprovechamiento inteligente del tiempo, de forma más útil y productiva.
Tú puedes usarlo para hacer o aprender cualquier cosa; solamente tienes que definir qué es lo que deseas y enfocar tu tiempo coherentemente para alcanzarlo.

Invierte tiempo en leer e instruirte; entre más conozcas y estés dispuesto a aprender ahorrarás mucho tiempo, puesto que evitarás los errores que otras personas ya cometieron.

Si tienes algunas preguntas o comentarios al respecto de este o algún otro capítulo, por favor ve a http://www.brunocaballero.net/comentarios/ y escríbeme ahí.
Las solicitudes más frecuentes se concentrarán en un ebook próximo.

CAPITAL #1
EL TIEMPO

LA CAPITALIZACIÓN DEL TIEMPO

¿En qué estás gastando tu tiempo?

Esto es una pregunta que muchas personas ni siquiera contemplan, simplemente pasan sus días en la rutina haciendo las mismas cosas en automático, sin analizar a fondo en qué cosas están invirtiendo un activo del que cada día tienen menos.

Yo comparo el tiempo con una cuenta de banco con 29,200 monedas, ¿Porqué esta cantidad de monedas? Bueno es la cantidad de días que hay en 80 años, aquí debo mencionar que hay personas que tienen un poco más pero la gran mayoría tienen menos.
Cada día sacamos una moneda y la gastamos en lo que sea; comida, diversión, descanso, etcétera. Llega el momento en que ya no hay más que una moneda y cuando ésta se acabe tu vida llegará al final.

Existen algunas personas que pueden multiplicar varias veces su moneda y obtener muchos beneficios de ella; otros simplemente la tiran al viento sin haber obtenido nada.

La única diferencia es la manera en que manejan su tiempo.

El primer paso para la potencialización y el aprovechamiento inteligente del tiempo es darse cuenta de estos conceptos:

- El tiempo no se multiplica
- El tiempo va corriendo y se acaba
- Llegará un momento en que ya no tengas más tiempo.

A mí me da tristeza ver los memes que llegan a mi móvil los jueves viernes y domingos en los que veo claramente cómo la gente anhela que llegue un fin de semana y desean que los días laborales pasen muy rápido y los sábados y domingos nunca se acaben, sin darse cuenta de que al hacer esto están deseando que su vida pase más rápido y que su tiempo se termine más pronto.

Cada día tiene 24 horas incluso los sábados y los domingos y pueden ser tan provechosos como tú desees o tan desperdiciados como la mayoría de la gente lo hace.

Por esta razón hace mucho tiempo que apagué la radio y la TV en mi vida, creo firmemente que estos son medios para distraer a la gente de cosas muy valiosas que hay en su interior, pero que al estar sentados frente al televisor o escuchar la radio les "succionan" la inteligencia y sabiduría internas llenando sus cabezas con "gelatina de colores y chispas brillantes".

Veo a la gente como llega a su casa después de trabajar y "desconectarse" cuando prenden la TV mirando el mismo partido de fútbol cada vez con distintos actores, las mismas películas, series, reality shows y toda esa programación que les ponen enfrente para seguirlos controlando como marionetas, "compra el nuevo phone versión 37.7, viaja aquí, viste esta ropa, compra este auto" etc.

Esto programa a la mente para invertir el tiempo en obtener cosas triviales como: comprar un reloj inteligente, un teléfono caro, ropa de marca, calzado en exceso, visitar clubes nocturnos, restaurantes sofisticados y cientos de cosas más desviando la atención de las cosas realmente importantes.

Recuerda algo; todo depende de cómo aproveches las 24 horas que tiene tu día, ¿porque 24 horas? porque hay gente que también aprovecha el tiempo que pasa dormida para ganar dinero, ¿tú lo estás aprovechando o lo estas desperdiciando?.

Existen muchas personas que en un fin de semana ganan millones de dólares, tú los conoces, son los cantantes que escuchas en la radio, los actores de cine de tus películas favoritas, los dueños de Facebook o Google, o tu compañía de telefonía móvil por mencionar solamente algunos.

Ahora, ¿crees que solamente personas así de famosas o con ese nivel de compañías pueden ganar esa cantidad de dinero? esto no es así, no mires la pelota negra.

A continuación te explico cómo pude darme cuenta de estos conceptos y empecé a aprovechar mi tiempo de una manera más inteligente.

Primero me di cuenta de que el nuevo objetivo de vida que yo tenía en mente requería de una labor titánica y además de eso yo no contaba con muchos conocimientos para llevarlo a cabo; entonces tenía frente de mí dos grandes retos;

1. Levantar una compañía de nivel mundial prácticamente de la nada.
2. No tenía idea de cómo iba a hacerlo.

Empecé a buscar información en internet, fue entonces que sin querer invertí tiempo para lograr mis objetivos, luego me di cuenta de toda la información que tenía que aprender y dominar dentro de mi cabeza, pude ver que era una cantidad exorbitante de cosas, conceptos, procedimientos, herramientas y cambio de creencias; entonces supe que tenía frente de mí una decisión muy importante que era llevar a cabo esto hasta el final o desistir.

En aquel tiempo no tenía mucho que perder, así que pensé que si de todos modos iba a pasar mi vida haciendo algo, quemaría mis naves para lograr aquello que más anhelaba sobre todas las cosas; fue entonces que decidí tomar el reto: comprometerme conmigo mismo y levantar esa compañía.

Así que empecé a buscar información y meterla en mi cabeza, debo mencionar que fue un descubrimiento muy afortunado el darme cuenta de que no tenía tiempo para leer tanta información, entonces empecé a buscar soluciones para esto, una de ellas fue bajar libros a mi móvil para "leerlos" mientras estaba en el baño, tomaba una ducha o esperaba algo, en lugar de lo que la mayoría de la gente hace que es meterse a Facebook o WhatsApp, reenviar chistes, videos, revisar / subir fotos de lo que sea (lugares, mascotas o de sí mismos con poses sexys) o meter las narices en las vidas de otras personas (viendo sus fotos sexys).
Cosas que desde mi punto de vista solamente te hacen perder tiempo y no te llevan absolutamente a nada; la mayoría de la gente hace esto porque no creen que puedan usar esos periodos de ocio en algo más; piensan de forma lineal y no saben que ese tiempo lo pueden aprovechar de manera productiva.

Cuando me di cuenta de que el tiempo que pasaba sentado sin hacer nada era mínimo, y que además había demasiadas cosas por hacer, empecé a buscar opciones diferentes.
Fue entonces que decidí probar con audiolibros y me conseguí una tarjeta de memoria de 32 GB para mí celular, entonces podía guardar audios hasta de 9 horas de duración que escuchaba mientras manejaba, lavaba los platos, iba en el subterráneo, me bañaba o

cualquier otra cosa que requiriera de mi actividad física o me impidiera sostener un libro; además que sentía náuseas si leía dentro de un vehículo en movimiento.

Este descubrimiento me dio la opción de leer libros extensos de más de 1000 páginas varias veces para que yo comprendiera los conceptos perfectamente y los pudiera integrar a mi vida.

Ese fue el primer paso de la depuración y potencialización de mi tiempo, lo cual catapultó mi aprendizaje 10 veces, ya que desarrollé una extraordinaria habilidad de escuchar e imaginar los conceptos mientras mi cuerpo hacía cosas rutinarias sin importancia.

Así descubrí que también había muchas otras opciones y una de ellas fue un lector de PDF que instalé y entonces podía almacenar los libros que yo quisiera porque solo ocupaban unos cuantos megas, a diferencia de los audiolibros que ocupaban cientos de ellos.

También compraba ebooks publicados en Google que tiene la opción de lectura en voz alta.

Debo decir que al principio me fue un poco difícil escuchar y entender la lectura, perdía la concentración y olvidaba lo que estaba escuchando, pero como todo, al paso del tiempo aprendí a manejar este el proceso y ahora es de mucha utilidad.

El problema fue entonces la batería de mi celular, que se agotaba a una velocidad extraordinaria, afortunadamente encontré un viejo celular y le puse una memoria de 8 GB y como no tenía línea ni conexión a internet consumía muy poca batería, como era muy pequeño podía llevarlo en la bolsa de monedas del pantalón y esto me resultaba muy práctico.

Descubrí entonces que tenía un iPad de primera generación el cual estaba obsoleto, pero el navegador de internet se podía conectar y YouTube funcionaba, así que sustituí mi TV por ese aparato donde veía videos de conferencias, talleres y libros que me resultaban interesantes.

Fue de esa manera que finalmente me pude librar de sentarme a leer y hacer mi tiempo el doble de productivo; mientras escuchaba un libro podía realizar labores menores y aprovechar los tiempos muertos de transporte estudiando cualquier tema.

¿CÓMO PODÍA DEPURAR Y APROVECHAR AÚN MÁS MI TIEMPO?

Esta pregunta me llevó a imaginar cómo era posible llevar esto aún más lejos, entonces empecé a analizar las actividades, ordenarlas y clasificarlas para su ejecución según sus características.

Ordené las actividades por:

- Importancia
- Urgencia
- Horneo
- Tiempo de ejecución

IMPORTANCIA

Como su nombre lo dice, hay actividades que tienen mucho mayor peso que otras; por ejemplo, terminar con la presentación de una conferencia o preparar una clase que se va a dar al día siguiente es de suma importancia debido al tiempo de entrega y ejecución que tiene, por lo que se clasifica en primer lugar de prioridades.

Sin embargo, hay otros factores que deben tomarse en cuenta.

URGENCIA

Supongamos que estoy haciendo la presentación y en ese momento recibo una llamada en la que me solicitan envíe un correo, con un estimado, una cotización, un enlace o un documento previamente hecho, algo que no me requiera más de 3 minutos por ejemplo.
Esto, aunque no sea tan importante, si es más urgente que la presentación, entonces se dará solución lo más rápido posible para continuar con aquello que tiene mayor importancia.

Esto puede parecer muy lógico, sin embargo en el mundo corporativo, todas las urgencias se califican como importantes cuando en realidad no lo son; mientras que lo realmente importante se va postergando hasta que se transforma en una urgencia junto con todas las demás.

Los seres humanos tenemos una forma muy peculiar de actuar.

HORNEO

Yo llamo actividades de horneo a todas aquellas que tomarán algún tiempo en madurar, sin embargo se tienen que lanzar o meter al horno como yo digo para que se vaya cocinando y un día habrá que sacarlas.

Algunos ejemplos de esto son mandar presentaciones, cotizaciones propuestas, subir un anuncio a internet, alimentar el blog, escribir reseñas, iniciar la búsqueda de talento para un proyecto etcétera.

Aquellas cosas que se deben iniciar porque tardarán un tiempo en gestarse y deberán pasar varias etapas para que se puedan concretar; sin embargo en tanto más rápido se inicie con estas tareas, más tiempo pasará en el horno y obtendremos los resultados en menor tiempo.

Tomando estas consideraciones; voy a poner un ejemplo con mi persona para hacer muy claro este concepto.
Supongamos que en mi día tengo las siguientes actividades:

1. Hacer meditación.
2. Escribir parte de este libro.
3. Editar un vídeo.
4. Subir una galería de fotos a internet.
5. Subir 30 videos a YouTube.
6. Grabar una locución.
7. Escribir un post.
8. Recibo una llamada para informarme que hay una junta a las 12:00 pm con unos clientes al otro lado de la ciudad.
9. En medio de todo esto me piden una urgencia a las 10 am que es mandar una cotización a las 10:02 am.

10. Tengo que llevar a mi hijo a su clase de natación a las 3pm.
11. Y adelantar en la lectura de un libro.

Esto es lo que yo haría:

Me despierto a las 6:30 - 7 am para aprovechar el tiempo y ordeno mis actividades de la siguiente forma.

7 - 7:20 am despertar meditar y visualizar
7:20 9:00 am Escribir parte de este libro
9:00 - 10:00 Baño, desayuno, lavar platos y en ese lapso escuchar un libro / estudiar.
10:00 am Seleccionar las fotos de la librería y empezar a subirlas a internet (esto se queda subiendo y paso a otra cosa).
10:00 - 10:05 am Recibo la llamada y mando la cotización.
10:30 am Seleccionar los vídeos y los dejo subiendo a YouTube.
10:45 Iniciar la edición del video
12:00 pm hacer una pausa y conectarme a la junta vía Skype o llamada telefónica, esto para evitar la pérdida de tiempo en transporte de ida y regreso que puede extenderse hasta por 3 o más horas.
12:30 pm. Terminar la junta, regresar a la edición de vídeo.
2:00 pm Acabar de editar y empezar el render del video.
2:15 Subir al auto y ahí hacer la grabación de la locución en mi celular mientras conduzco.

2:30 Recoger a mi hijo.
3:00 pm Nadar con mi hijo en su clase
5:00 pm Comer con mi hijo
6:10 pm Jugar con mi hijo / salir / cenar etc.
10:30 pm Escribir el artículo del día y subirlo a internet (blog, Instagram, Facebook) a las 11 es una buena hora porque la gente está en su cama conectada en las redes sociales sin más que hacer.

De esta manera más o menos es como yo organizaría ese día en particular, todas las actividades se cubrieron de manera inteligente y todos los objetivos se cumplieron; se eliminaron viajes que no eran de utilidad y se priorizaron las actividades de acuerdo a su importancia, urgencia y algunas otras se adelantaron ya que se podían ir horneando por medio de las computadoras; también hice uso de la tecnología y con mi teléfono móvil pude cubrir actividades en los tiempos que tenía de trayecto.
Además de que tuve casi 7 horas para cultivar la relación con mi hijo.
Prácticamente todas las actividades estaban cubiertas a las 2 de la tarde.

Cuando yo era empleado de oficina, ordenaba mi día de una manera distinta.
En este caso el tiempo está comprometido con la compañía de 8:30 a 6 PM, pero aun así hay espacios de tiempo muy útiles.

6:00 AM Despertar y hacer visualizaciones.

6:10 AM Tomar un baño y mientras escuchar una conferencia.
6:20 - 7:30 AM Vestirme y desayunar mientras sigo con la conferencia.
7:30 - 8:15 AM Conducir al trabajo mientras escucho un libro.
8:30 - 6:00 PM Horario laboral (no excluye que en ese lapso de tiempo pueda tener ideas y apuntarlas en un documento electrónico o una libreta especial).
6:00 - 7:00 PM Regreso del trabajo mientras escucho el libro.
7:00 - 9:00 PM Pasar tiempo con mi hijo.
9:00 - 11:00 PM Trabajar en un proyecto (página web, libro, estudio) etc.

Y de todas maneras tenía tiempos muertos que los hice producir, el truco está en detectarlos y potenciarlos.

Esa es la manera en que yo priorizo, organizo y ejecuto actividades en un día; ahora bien, esto es solamente un ejemplo, cada día es distinto y cada persona tiene actividades diferentes, hay quienes deben de presentarse en una oficina o una línea de producción, y las actividades son muy demandantes; ahí también se puede aprovechar el tiempo, ya sea escuchando un libro o pensando acerca de nuevos productos o servicios; el poder del pensamiento es ilimitado y no requiere de estar en un lugar determinado; solamente de enfocarse en una idea.

El método para la optimización del tiempo está en proceso de revisión y lo podrás encontrar próximamente en:
www.brunocaballero.net/consultoria/cursos/

Dónde continuamente habrá nuevos cursos para enseñar a utilizar cada uno de los capitales de la manera más eficiente posible.

Las computadoras, teléfonos inteligentes e internet son grandes aliados para multiplicar tus habilidades; yo he cerrado tratos simplemente con mandar por el chat un enlace a un catálogo, o página de internet donde se encuentran productos o servicios, sin tener que ir a exponer o platicar nada acerca de ellos para cerrar la venta.

Yo uso continuamente dos computadoras para que realicen labores distintas en programas diferentes, mientras que escribo, tomo una ducha o estoy durmiendo; ellas están trabajando para adelantar los proyectos y utilizar todo ese tiempo de manera inteligente.
Así puedo avanzar aún más y multiplicarme con cada una de ellas.
Instalé en mi celular la aplicación de TeamViewer que me da la posibilidad de conectarme vía remota a mi computadora desde mi Smartphone para revisar su progreso o bien terminarlo y apagarla.

Constantemente me preocupo de investigar los nuevos adelantos tecnológicos y trato de integrarlos a mi labor, haciéndola aún más dinámica.

Si tomas en cuenta estos comentarios, puedes hacerte mucho más productivo.
Obviamente cada persona habrá de adaptar esta manera de trabajar a sus necesidades particulares.

Yo veo a las computadoras y aparatos como empleados fieles y trabajadores que realizan las tareas que yo les asigne sin protestar, sin cansarse y están dispuestos a trabajar 24/7 sin escatimar.

Con este sencillo enfoque, puedes optimizar tu tiempo y sacarle el mayor provecho posible a este que es el más importante de todos los capitales; a pesar de que el tiempo se acaba cada día, usando estas sencillas técnicas puedes multiplicarlo exponencialmente; los empresarios saben que los empleados maximizan las horas de la empresa, si bien no tienes empleados aún, esto es un buen principio, y si ya los tienes la productividad se va a los cielos, todo se basa en un cambio de paradigmas, detectar vicios y formar nuevos hábitos.

Continuamente doy asesoría a las empresas para ayudarles a incrementar varias veces la productividad, por medio del estudio de sus procesos, flujos de trabajo, empleados y funciones. Debo decir que existen muchos vicios que detienen a las corporaciones de ser más rentables que se solucionan con pequeños cambios en su manera de trabajar.

Los grandes hombres de negocios saben que el tiempo vale oro, por eso se ocupan de asuntos medulares y de suma importancia: revisión de resultados, estados financieros y creación de nuevos negocios (core work) nunca meten las manos en la operación, pues eso lo puede hacer cualquiera y por eso contratan personal calificado, **su atención se enfoca en las ganancias constantes** y no en el tiempo que invierten en producirlas; eso lo proveen los empleados. Su labor es crear nuevas líneas de negocio, conceptos diferentes, productos o servicios útiles y la manera de comercializarlos que potencialmente representen buenos ingresos, esto es el extracto del trabajo.

Este enfoque es distinto del ser humano promedio, en el que pasan la vida pensando en algo que emprender sin llegar a nada, y los que toman la decisión de llevarlo a cabo generalmente montan un negocio en el que saben la operación, tienen habilidad y experiencia en ese ramo pero trabajan ellos mismos e invierten su tiempo.
Esto los limita a lo que puedan hacer en las horas laborales; generalmente terminan siendo auto empleados y los peores jefes de sí mismos, se convierten en los empleados peor pagados, sin beneficios, sin seguridad social, sin vacaciones, fines de semana y sin sueldo asignado.

LAS PRIORIDADES DE TIEMPO

Las prioridades que tienen las distintas actividades siempre varían, dependiendo de las circunstancias por esto es necesario revisar continuamente el estatus de cada una.

Digamos que tienes tres actividades:
La primera es publicar un anuncio de tu negocio para una promoción que tendrás el siguiente fin de semana.
Tienes que enviar una cotización para un nuevo cliente potencial que te ha contactado hace unos minutos vía telefónica.
Debes recoger insumos para tu operación del día.

El orden por prioridades e importancia sería el siguiente:

1. Enviar la cotización cuanto antes. Aunque no tienes un tiempo determinado para enviar este documento, está probado que las cotizaciones que se envían durante los próximos 10 minutos a su solicitud tienen una probabilidad muy alta de que sean aceptadas y el servicio contratado.

2. Publicar el anuncio.- Aunque esta actividad entra en la modalidad "horneo" entre más tiempo esté al aire tendrá más difusión y más personas verán el anuncio y por tanto tendrás más clientes potenciales.

3. Recoger los insumos para tu operación diaria.- Aunque este rubro es de vital importancia ocupa un tercer lugar ya que las otras dos las puedes programar muy temprano, antes de que el lugar donde consigues tus insumos abra sus puertas, además estas dos tareas no llevan mucho tiempo así que por sus características será más productivo realizarlas antes de la compra de insumos.

Pero supongamos que el producto que tenías pensado para la promoción entra en desabasto, entonces el anuncio desaparece de la lista de tareas.

O bien el cliente potencial te llama y te dice que las cantidades o artículos que había solicitado van a cambiar pero que no sabe aún cuáles van a ser las condiciones.

Entonces la compra de insumos cambia de prioridad de acuerdo a las nuevas reglas del juego.

El objetivo es siempre ordenar las tareas de acuerdo a

- **Tiempo de entrega** que tan rápido hay que entregar la tarea.
- **Importancia** si es de importancia alta, media o baja.
- **Tiempo de horneo** ¿esta tarea se puede empezar a ejecutar mientras tú te puedes enfocar a otras cosas?
- **Tiempo de ejecución** ¿cuánto tiempo toma esta tarea en ejecutarse o para ser completada? (poco o mucho).

No importa si es delegada o no a terceros, siempre se deben observar estos factores para enfocar el tiempo a ser lo más productivo posible.

CAPITAL #3
EL CONOCIMIENTO

Más adelante en este libro te darás cuenta de la razón por la que determiné que el conocimiento es el tercer capital más importante, por lo pronto sigamos con el texto.

En muchas ocasiones le hago está pregunta a las personas:
¿Y por qué no inicias un negocio?
La respuesta casi siempre es la misma: "no tengo el capital" dicen, refiriéndose al dinero, como dije antes, en todas las ocasiones les mostraba a los clientes que existen muchas otras cosas más importantes que el dinero.
De hecho, el dinero es un aspecto muy ambiguo y los súper ricos tienen una percepción muy distinta y hacen uso de él de una manera totalmente diferente que las personas comunes.

El conocimiento es, a mi parecer un aspecto vital para asegurar el éxito en cualquier negocio; esto es la base para crear sistemas de operación, desarrollo de nuevos productos y la forma de comercializarlos.

El conocimiento se ha convertido en el nuevo petróleo en la era de la información, tanto que es la base de operación para empresas tan grandes como Google, con YouTube, Google Maps, el sistema operativo Android (que tiene el 86% de los teléfonos inteligentes del mundo) y todas sus aplicaciones gratuitas, con esto ellos saben actualmente en qué lugar físico nos encontramos, cuáles son nuestros intereses, qué artículos consumimos, a qué personas les enviamos correos electrónicos, qué información contienen etc.

Otro gran ejemplo de lo rentable que es el conocimiento es Facebook, con la ayuda de WhatsApp e Instagram.
Para dar un ejemplo del valor tan grande que tiene la información diré que WhatsApp fue adquirida en 2014 por un monto de 19,000 millones de dólares.

Instagram es otro de los grandes aliados de Facebook para obtener datos; estas empresas tienen como producto principal la recopilación y manejo de conocimiento, saben exactamente en dónde vives, cuál es tu empleo, dónde está ubicado, a qué hora entras, cuanto gastas, que compras, dónde pasas tus ratos de ocio, si tienes pareja o hijos, mascotas, dónde viajas o planeas hacerlo, cuál es tu número telefónico y el de todos tus amigos, compañeros de trabajo, si tienes un amante, cómo se llama tu mamá y el día de su cumpleaños.

Yo creo que el conocimiento es como el huevo del que nació la gansa de huevos de oro.
En sí mismo el huevo no hace nada, es inerte.

Pero dentro de él está la posibilidad de que nazca la gansa que dará riqueza infinita pero sólo si haces lo siguiente:

- La alimentas
- La cuidas
- TODOS LOS DÍAS

Crecerá y te podría dar un huevo de oro, luego otro y luego cientos de ellos, pero solamente si la

- Alimentas
- La cuidas
- TODOS LOS DÍAS

Google y Facebook clasifican y administran toda su información perfectamente bien y es ahí donde se encuentra su gran valor.
Hoy en día no hay nada tan valioso como el conocimiento, es el mejor activo del mundo.

El 2 de Febrero de 2016 Google con su holding Alphabet desplazó a Apple como la empresa de mayor valor en la historia con un valor estimado de más de 550 mil millones de dólares.

Ese es el valor que puede llegar a tener el conocimiento.

¿EL CONOCIMIENTO PUEDE SER UN ANTI CAPITAL?

El conocimiento es la base para el funcionamiento de cualquier empresa, ya sea grande o pequeña, por esa razón las grandes corporaciones emplean a gente calificada y con experiencia para ocupar una posición, debido a sus conocimientos.

Sin embargo, este puede funcionar como anti capital para un emprendedor y a continuación explico por qué.

CONOCIMIENTO ÚTIL VS. CONOCIMIENTO BASURA

Hemos hablado del conocimiento a nivel macro y cómo puede generar miles de millones de dólares en muy poco tiempo; pero ahora analicemos el nivel micro y las posibilidades que el conocimiento puede traer a nuestras vidas como individuos.

Hoy como nunca antes en la historia, las personas generamos cantidades increíbles de información, cada segundo se suben miles de blogs, podcasts, ebooks, fotos y videos a internet, y el acceso a la información está a un solo click de distancia.

En otro libro hablo de cómo esta revolución afectará cada aspecto de nuestras vidas, pero por el momento solo me enfocaré al conocimiento útil y el conocimiento basura.

CONOCIMIENTO ÚTIL

En la película Matrix, hay una escena en la que Trinity y Neo deben huir en un helicóptero, y ella dice que no sabe pilotar; entonces el operador asistente que se encuentra en el mundo real le "carga" el programa de un piloto experto en unos cuantos segundos; al terminar esto ella toma el mando de la aeronave y pueden huir.

Esto es un ejemplo perfecto para lo que voy a exponer a continuación y aunque todavía es ciencia ficción, muchas personas estamos haciendo algo parecido a eso cuando no sabemos cómo realizar alguna actividad y simplemente accedemos a YouTube, para ver uno o dos tutoriales que nos parezcan los más adecuados y obtener ese conocimiento (generalmente los más cortos aunque no sea lo más recomendable).

Es entonces cuando nos cargamos con el programa de un "experto" pudiendo replicar en muy buena medida sus habilidades.

Lo mismo para un caldo de pollo que para manejar programas de cómputo, reparar autos, plomería, electricidad, y para cualquier área del conocimiento humano existe un autoproclamado experto en internet que explica paso a paso cómo hacerlo (unos muy bien, otros muy mal) pero al igual que Trinity podemos hacer uso de ese conocimiento en el momento que sea necesario.

¿Esto es conocimiento útil?

SI Y NO

Si porque en mi caso me enseñó cómo hacer un caldo de pollo, cuando no sabía hacerlo con exactitud y no porque no pienso iniciar un restaurante especializado en caldos de pollo (en México existen).

Ese conocimiento solo me sacó del problema momentáneamente pero no es algo medular o vital para mí futuro y mi desempeño diario.

Para ello busco otro tipo de conocimiento, pues mi área de interés está enfocada hacia otras cosas y profundizar en este tipo de información solamente me consumirá tiempo, recursos y energía necesarios para aprender cosas más productivas que sirvan para mis propósitos

En mi caso, un ejemplo de conocimiento útil sería aprender nuevas formas y herramientas de coaching, aprendizaje acelerado, técnicas de enseñanza eficaz, leer acerca de los avances en neurociencias y conexiones cerebrales, temas relacionados con las representaciones mentales, mercadotecnia digital, negocios, emprendimiento, etc.

CONOCIMIENTO BASURA

Como mencioné anteriormente, el mundo está lleno de conocimiento que continuamente se está expandiendo; de hecho, en esta revolución de la información los seres humanos generamos más datos en unos meses que el total de información que se había producido en toda la historia de la humanidad desde sus inicios hasta el final del siglo XX.

Esto trae una enorme ventaja y es que podemos dirigir nuestro aprendizaje a cualquier cosa que se nos ocurra; desde aprender ballet hasta la construcción de viviendas, reparación de teléfonos inteligentes o mecánica automotriz, ahora no hay fronteras pero es muy fácil perderse en este mundo de opciones infinitas.

Supongamos que alguien tiene afición por la repostería y hace pastelillos deliciosos; tiene la idea de iniciar un negocio con su pasión y sabe que es fácil hacerlo por internet.
Entonces se da cuenta de que necesita una página web pero ella no sabe hacer esto.
Entonces se le ocurre aprender cómo hacerlas.
ESTO ES UN ERROR
El negocio se trata de vender pastelillos, no de hacer páginas web.
Para ello hay muchas opciones para inexpertos que cumplirán con esas funciones.

¿Es necesaria una página web? SI,
¿Es necesario saber cómo hacerlas? NO

Esta persona debe identificar cuál es el centro de su negocio y actuar en consecuencia sin desviarse con detalles laterales que surjan a lo largo del camino.

Es como un taxista, el negocio es llevar pasajeros, NO REPARAR AUTOS AVERIADOS, aunque en algunas ocasiones deba repararlo o darle mantenimiento.

"TODO EL CONOCIMIENTO ES ÚTIL Y TODO EL CONOCIMIENTO ES BASURA, DEPENDE DE TU OBJETIVO PRINCIPAL"
Bruno Caballero

Es útil cuando tiene que ver directamente con el centro de tu actividad.

Es basura cuando está relacionado con el pero no es indispensable para su desarrollo.
Por ejemplo un chef que quiere aprender fotografía profesional para plasmar sus platillos en un blog.
Son dos negocios completamente distintos y dos actividades que necesitan, tiempo de aprendizaje, inversión monetaria y mucho, mucho más tiempo, quizás miles de horas de práctica para llevarlas a la perfección.

¿Qué es lo que esta persona pretende?

¿Ser un chef o ser un fotógrafo profesional de comida?

Ninguna de las dos actividades está bien o mal; cualquiera de las dos son excelentes; solamente hay que saber diferenciar y separar qué es lo realmente importante de aquello que no lo es.

EL SÍNDROME DE "*YO LO PUEDO HACER*"
HAY TUTORIALES PARA TODO.

Claro que sí, y cualquiera puede hacer lo que sea, pero mi opinión acerca de esto es que las personas que piensan así lo hacen con una genuina intención de ahorrar dinero, puesto que no se encuentran en posibilidades de pagar por un servicio profesional y creen que esto es una buena opción; pero el resultado es que muchas personas se convierten en un "hombre orquesta" sin tener el tiempo, las habilidades o la experiencia necesaria para hacer algo bien y terminan haciendo todo mal hecho; yo considero que con la teoría, únicamente se llega a un desempeño del 10-20%, o sea menos que mediocre.
Y cuando las personas te perciben como mediocre eso es a lo que puedes aspirar a recibir de ellos, retribuciones mediocres.

Para aquellos que sigan pensando que no tienen los recursos económicos necesarios, les digo que se pueden llegar a acuerdos con profesionales en imagen, diseño o páginas web y cualquier otra cosa secundaria que necesite tu emprendimiento; incluso hay blogs y sitios donde se pueden hacer páginas web gratuitas, creo que para iniciar es una buena opción; no se tienen que gastar fortunas en ello y algo muy importante es que el tiempo, que es el capital más importante de todos, se estará optimizando enormemente al enfocar la energía, los recursos y la atención necesarias en lo que es realmente importante y no en cosas secundarias que es muy probable que hagamos de manera incorrecta.

Aquí hay que tener en cuenta un aspecto que la gente normal no considera:

"EL CAPITAL MÁS VALIOSO IMPORTANTE E IRREMPLAZABLE ES EL TIEMPO, PORQUE ESTE SE ACABA".

Esto aplica para Bill Gates, Warren Buffett y para ti por igual.

¿En qué quieres invertir tu tiempo?

¿Quieres gastarlo tratando de desarrollar una habilidad secundaria no indispensable para tu proyecto?
¿O quieres invertirlo en aquello que realmente vale la pena?

Aquí te comparto un pensamiento que forma parte de mi filosofía de vida.

Es estúpido iniciar un negocio sin conocerlo, si lo haces, hay una probabilidad del 99,99% de que en algún punto cometas uno o muchos errores que te podrían costar mucho dinero o perderlo eventualmente.

Si quieres iniciar algo nuevo documéntate, estudia, cuando tengas las habilidades básicas necesarias inicia y conviértete en un experto sobre la marcha; así tendrás mucha probabilidad de tener éxito.

CAPITAL MENTAL / CAPITAL MONETARIO

"No tengo el capital necesario para iniciar un negocio" refiriéndose al dinero.

Esto lo he escuchado cientos de veces.

Yo estoy completamente de acuerdo en que no tienen el capital financiero para iniciar por el momento, pero la diferencia es el concepto que yo tengo de capital y el concepto que ellos tienen de capital; para ellos el capital engloba generalmente una cantidad considerable de dinero; para mí el capital son de hecho muchos capitales de los cuales el dinero solo es uno y no es necesario para iniciar un gran negocio; en nuestros días se puede acceder a todo por internet y todo es gratis.

EL CAPITAL MENTAL

Esto es mil veces más valioso que el capital financiero, una prueba de ello es que si tú le das 1000 dólares a una persona común y corriente generalmente comprará:

- Ropa.
- Un bolso.
- Zapatos.
- Un smartphone de alta gama.
- Un smartwatch
- Un iPad.
- Productos fitness o para bajar de peso.
- Diversión (una salida a comer o cenar, cine, bares etc.)
- Suscripción a diversión por internet.
- Unas breves vacaciones.

Esto es la generalidad de lo que la gente normal haría si le dan 1000 dólares para gastarlos en lo que deseen.

Si estos 1000 dólares se los damos a un emprendedor, éste pensará cómo invertirlos para iniciar un negocio, o hacer crecer uno que ya tenga.
Para esta persona es un apalancamiento muy bueno el contar con ese dinero ya que servirá para acelerar la cristalización de su proyecto.

En cambio un hombre o mujer de negocios piensa distinto y si llegan mil dólares a sus manos sabrá exactamente qué hacer para convertirlos en 2,000, 5,000 o 10,000 según sus habilidades y área de experiencia.

Esta es la diferencia entre las personas que tienen mucho dinero y los que no.

EL DINERO ES COMO EL CHOCOLATE

Los antiguos mayas utilizaban la semilla de cacao como moneda; era un artículo muy apreciado y la intercambiaban por todo tipo de bienes y servicios.

"EL DINERO ES COMO LAS SEMILLAS DE CACAO, LAS PUEDES INTERCAMBIAR POR ALGUNA COSA O BIEN PUEDES APRENDER A SEMBRARLAS; CON EL TIEMPO Y CUIDADOS OBTENDRÁS MILES DE SEMILLAS".

Bruno Caballero.

El dinero es como la armadura de IronMan, multiplica lo que ya eres; es decir, si no tienes condición física, no podrás correr con ella puesta, si no sabes cómo volar te podrías estrellar, si no sabes todos los comandos ni todas las posibilidades que tiene dicha armadura, cuando se presente un peligro no serás más que una lata de carne aderezada con mucho, mucho miedo.

Deberás entrenarte y aprender todo para poder usarla.

Y una vez que la sepas usar esta responderá a lo que hay en tu corazón, es decir, te podrá convertir en un superhéroe o en un supervillano.

Un patán sin dinero es solo un patán, pero un patán con dinero es la persona más insoportable del mundo, es decir su condición se multiplica exponencialmente.

Una persona buena sin dinero hace el bien a unos cuantos; una persona buena con dinero hace el bien a unos cuantos miles de personas.

Así es el dinero.

Dicho esto, yo sostengo que el conocimiento es la base para todo.

- Detectar una oportunidad de negocio.
- Tener una idea.
- Llevarla a cabo.
- Cómo venderla.

Todo es capital mental.

Un ejemplo perfecto de capital mental es WhatsApp, fue producto de conocimiento oportunidad e ingenio, costó mucho tiempo y esfuerzo desarrollarlo pero en comparación el dinero invertido fue mínimo; solamente hizo falta imaginación, conocimiento y trabajo.

Gracias a ello el dinero llegó como una catarata que podría alimentar a 30 generaciones descendientes de sus creadores.

¿Ves cómo el capital mental es infinitamente más importante que el financiero?
Este se puede convertir en dinero muy fácilmente, solo hace falta una cosa; trabajo.

EL JARDINERO

Había una vez un jardinero que era extremadamente bueno, nunca le faltaba trabajo porque tenía buena mano para hacer crecer todo tipo de plantas y hortalizas; por ello las personas con jardines o huertos lo buscaban todo el tiempo para que cuidara de ellos.

Sabía todo del tema ya que siempre se ocupaba de leer libros de jardinería y cultivo de plantas porque esa era su pasión.

Esta persona siempre tuvo mucho trabajo hasta el día en que murió y es recordado como el mejor jardinero que ha existido.

Solo eso… todo su conocimiento se enfocó en cuidar plantas y árboles que eran propiedad de alguien más.

Nunca tuvo mayores aspiraciones ni proyectos en su vida, solamente cuidar que todos los jardines y huertos estuvieran bien.

Esta historia tiene mucha similitud con mi vida anterior en la que todos mis conocimientos y habilidades estaban enfocadas a cuidar el jardín de alguien más y mi trabajo era asegurar que todo estuviera verde, floreciendo y produciendo frutos continuamente.

Yo era un buen jardinero, pero me di cuenta de que ese jardín era propiedad de otra persona y si ya sabía cómo cuidarlo bien, mantenerlo verde y hacer que diera frutos, mejor buscaría un terreno y empezaría a trabajar en él para hacerlo fértil, plantar semillas de cacao y con ello hacer crecer árboles grandes, fuertes y que me dieran continuamente muchas semillas.

Comprendí también algo muy importante; yo sabía jardinería pero no sabía nada de terrenos, cómo escoger un buen lugar, cómo nutrir el suelo, no sabía absolutamente nada del cacao o del proceso que debe pasar el árbol para hacerlo crecer, saber a qué punto están las vainas para cortarlas, extraer las semillas, fermentarlas, secarlas y finalmente hacerlas moneda de intercambio.
Solo sabía mantener verdes las plantas y hacerlas crecer, esto no era mucho pero ya era algo, así que

decidí poner manos a la obra y aprender aquello que me daría miles de semillas de cacao.

DIFERENTES HABILIDADES EQUIVALEN A DIFERENTES NIVELES DE INGRESO.

Tú puedes aprender cualquier cosa; tu mente se asemeja a una computadora que le puedes cargar cualquier programa:

- Contabilidad.
- Diseño de máquinas y herramientas.
- Animación.
- Producción musical.
- Cuidado de niños.
- Cocina.
- Mecánica automotriz.

o cualquier otra rama del conocimiento humano.

Solamente tienes que saber hasta dónde quieres llegar con ese conocimiento; supongamos que yo quiero ser el mejor chef del mundo, según la programación neurolingüística lo puedo llegar a ser, si esa es mi verdadera intención adelante, si soy el mejor chef del mundo mis niveles de ingreso serán muy buenos, mejor que los de la gente promedio; aunque estarán limitados a mis habilidades y mi tiempo personal para trabajar en un día.

Si mi meta es ser un empresario del ramo textil, la información que mi cerebro habrá de conocer es muy diferente y mis ingresos pueden superar por mucho al de un chef porque tendré muchas personas trabajando en mi proyecto.

Jack Ma, uno de los hombres más ricos de Asia enfocó su conocimiento hacia el comercio electrónico y cómo solucionar diferentes problemas y requerimientos que presentaban un área de oportunidad en China; estos objetivos le llevaron a desarrollar habilidades que le permitieron crear una de las empresas más grandes del mundo en un par de décadas.

Muchas personas piensan que teniendo un mayor grado académico van a mejorar sus ingresos y tener una mejor vida; posiblemente y en apariencia esto suceda, sin embargo desde mi muy particular y humilde punto de vista esto es solamente aprender más información para sembrar, germinar, cuidar y hacer que den más frutos una mayor variedad de plantas en un jardín que no es el tuyo.

SIEMPRE necesitarás de un jardín ajeno que cuidar, porque no sabes que puedes buscar un terreno y arreglarlo para sembrar tus propias semillas.
Incluso puedes hacer uso de los conocimientos que ya tienes para poder iniciar con algo propio; un ejemplo de esto es una ex compañera de trabajo, quien es una muy buena vendedora; ella sola superó en poco

tiempo la cuota del mejor vendedor que tenía más de 20 años de experiencia.

En una ocasión le comenté que no necesitaba nada para iniciar con un negocio propio, a lo que ella alegaba la falta de dinero.

Le dije que por principio de cuentas buscara proveedores de productos diferentes a los que ella vendía, que no tuvieran los clientes que ella manejaba, que llegara a un acuerdo con ellos para promover esos productos o servicios con las empresas que ella ya tenía como clientes a cambio de una comisión.

Le dije también que no necesitaba tiempo o recursos extras para hacer esto, ya que si ella aprovecha las visitas que hace a sus clientes para promocionar la segunda línea de productos o servicios estaría usando su tiempo de manera más inteligente y estaría germinando un negocio propio.

- El mismo tiempo de visitas.
- Los mismos clientes.
- El mismo horario de trabajo.
- Diferentes artículos
- Doble beneficio de tiempo e ingresos potenciales.

Ella empezó a hacer esto y en poco tiempo se asoció con otros vendedores, juntos iniciaron una compañía de artículos industriales en línea con inversión mínima, sin inventarios y con la confianza de los clientes y proveedores que ya los conocían, obteniendo créditos y operando en pequeño para crecer gradualmente protegiendo sus finanzas.

La intención final de este apartado es mostrarte cómo puedes dirigir tu conocimiento hacia cualquier área que quieras, pero tienes que pensar en dónde estás parado, hacia dónde te quieres mover y proyectar lo que quieres en un futuro, mi recomendación es:
Enfócate en aprender aquello que te de

- Más satisfacción.
- Más libertad.
- Más tiempo.
- Que sea más rentable (esto quiere decir que con el mismo tiempo y esfuerzo produzca mayores beneficios).
- Y que te haga más feliz.

El dinero vendrá como consecuencia de todo esto.

INFORMACIÓN
¿CAPITAL O ANTICAPITAL?

En líneas anteriores, yo expliqué que la mente es una especie de computadora que podemos cargar con cualquier tipo de programa que se nos ocurra; esto es cierto, pero la mayoría de las personas no lo sabe, solamente pone esta habilidad en práctica durante los años universitarios o de posgrado y una vez terminado este periodo, generalmente sólo se aplica en la capacitación que imparte la empresa; es mínimo lo que se aprende por iniciativa propia, ya que el tiempo y la atención se enfoca en resolver temas cotidianos del trabajo o bien, pasar el tiempo de ocio descansando o divirtiéndose.

Después de haber completado la fase de aprendizaje el individuo encuentra una cueva segura y establece allí su nido.

Es aquí donde la mayoría de las personas ingresan información basura a sus mentes; los medios masivos presentan contenidos huecos y sin valor que solamente sirven para distraer al espectador de cosas más importantes.

Muchas personas regresan agotados de sus trabajos y lo único que quieren es descansar, se tumban en sus sillones frente a sus grandes pantallas disponiéndose a olvidar el mundo viendo algún partido de su deporte favorito, películas, series, noticieros, etc.

Esta conducta va formando hábitos que evidentemente son muy difíciles de erradicar y que no tienen un resultado productivo, por el contrario, llenan de datos inútiles la mente de quién los consume ocupando su valioso tiempo en escuchar malas noticias o presenciar una justa deportiva que solamente tiene unos cuantos momentos emocionantes.

Ya hemos visto en el capítulo anterior la importancia tan grande que tiene el tiempo y en otra ocasión hablaré de forma más extensa acerca de esto.

Los resultados que obtienes en tu vida son determinados únicamente por el tipo de información con la que alimentas tu cerebro; si estás acostumbrado a escuchar música mientras vas manejando, entonces la información llega la primera vez pero nada más, posteriormente sólo se repetirán los mismos estribillos produciendo una especie de placer hipnótico cada vez que la escuchas, pero no habrá mayor reto para tu cerebro que el balancearse rítmicamente con la melodía.

Si eres de las personas que gusta de escuchar noticias en el trayecto a tu empleo o en tu tiempo libre, entonces eres presa fácil de la información manipulada que otras personas desean que conozcas y tengas en tu mente; todo lo que guardes en tu cabeza será lo que otras personas quieren que sepas.

Es de todos sabido que la información que viaja a través de los medios masivos tradicionales está sesgada y manipulada, obedeciendo a intereses muy ajenos a difundir la verdad; más bien se enfocan a la manipulación y "estupidización" de la gente.

Si tú eres de las personas que les gusta dormir en el trayecto a tu lugar de trabajo estarás desperdiciando tu valioso tiempo en nada; puesto que tu mente estará desconectada durante tu siesta hasta que sea hora de conectarte a la tarea repetitiva de siempre; entonces habrás perdido esa oportunidad para aprender cosas nuevas o idear algo diferente para cambiar tu vida.

Existen otras personas que gustan de leer libros mientras se dirigen a su lugar de trabajo, creo que esto es una de las mejores formas de aprovechar el tiempo, ya que un libro ofrece la posibilidad de conocer la experiencia de vida de alguien más, no importa si se trata de una novela o un tratado científico; aportará a tu vida un nivel de conocimiento que para el escritor tomó mucho tiempo desarrollar, creo firmemente que las personas que leen mientras los otros duermen o escuchan música tienen muchas más posibilidades de sobresalir en un futuro que sus compañeros de viaje.
Aprovecha todo el tiempo que puedas para mejorar tu nivel intelectual, recuerda que el tiempo es un capital muy noble si lo sabes utilizar pero es como el aire, es muy difícil darse cuenta de que ahí está.

En lo personal yo opté por el *infotainment;* esto es buscar información en línea de diversos temas que me interesan; pueden ser ebooks, webinars, conferencias, infografías o cualquier tipo de documento que pueda almacenar en mi dispositivo móvil; de esta manera conecto mis audífonos y en el tiempo que me traslado de un lugar a otro puedo aprender algo nuevo o reafirmar algo que ya sabía; creo firmemente que entre más repase un tema, más sentido hará en mi cabeza, esto es como hacer un surco en la madera con un cuchillo; entre más veces pase el cuchillo por la misma línea, más hondo se hará el surco en la madera.

Depende del tipo de información con la que decidas cargar tu mente y del tiempo que inviertas en ello los cambios que verás en tu vida; cambia tu manera de pensar y con ello tus acciones y hábitos, esto traerá como consecuencia un cambio en tu realidad.

¿Cómo programarte con información útil?
es muy simple, pero el hecho de que sea simple no quiere decir en ningún momento que sea fácil, sin embargo el que no sea fácil no quiere decir que sea imposible.

Solo es tan difícil como tú estés dispuesto o dispuesta a cambiar tus paradigmas.
Así que en realidad es fácil si eres flexible y estás abierto al cambio y será muy difícil si no estás dispuesto modificar tus creencias.

Debes recordar que son muchos años, décadas de información que ha entrado a tu mente y que la ha programado de manera tendenciosa para obedecer a los intereses de aquellos que manipulan la sociedad para que la gente se conduzca de acuerdo a lineamientos muy bien estipulados y esto les produzca tres cosas principalmente:

- Control.
- Poder.
- Riqueza financiera.

Cada uno de nosotros formamos parte de un motor para la economía qué se llama sociedad y debes estar muy consciente de que lo que has aprendido desde niño; en la escuela en la TV, aquello que escuchas en la radio, lo que lees en las revistas y periódicos es información que está diseñada para mantenerte en un estado de programación que resulta muy útil para que funciones dentro del mecanismo llamado sociedad y economía.

Desde niño, en la escuela te enseñaron cosas que supuestamente iban a ser útiles para tu vida diaria, lo cual no fue cierto; el resultado de tantos años de educación es el empleo o actividad que ahora tienes, pero si realmente deseas aspirar a una cosa distinta o a mejores opciones deberás empezar por reprogramar tu disco duro llamado cerebro, borrando los programas antiguos, (creencias limitantes y educación) para instalar nuevo software que son las creencias empoderantes, formas positivas de pensar y actuar, visualizando la realidad de una forma constructiva.

Para empezar, yo siempre sugiero a mis clientes desconectarse de los medios masivos de comunicación como son la televisión, radio, noticieros y música popular, no así la clásica o de meditación (la música es un medio poderoso para modificar las ondas cerebrales).

Debo decir que yo jamás escucho la radio y muy rara vez escucho música, solamente lo hago si es como un apoyo para el aprendizaje.

La televisión es un medio de comunicación que afortunadamente está disminuyendo su influencia en la gente; yo recomiendo ampliamente dejar de ver la programación que este medio ofrece, porque solamente está encaminada a distraer la conciencia y entretener de manera frívola, manteniendo a las personas en la ignorancia, haciéndolas caminar en círculos para no llegar a ningún lado; este fue sin duda el medio más poderoso hasta hace unos años y al que estamos más receptivos como seres humanos; sin embargo yo considero que es un medio muy nocivo para el crecimiento de la conciencia y los capitales.

La radio, al igual que la televisión, estuvo por muchos años enfocada en manejar la percepción de las personas y distraerlas; los noticieros ofrecen todo tipo de información que fijan nuestra atención en cosas externas, la música popular por otro lado y desde mi muy particular punto de vista, solamente está enfocada en generar placer, como si se tratara de un sedante que distrae a la mente muy parecido al Soma, la droga fantástica que produce felicidad instantánea en la novela *Un Mundo Feliz* de Aldous Huxley. Haciendo que las personas sólo repitan en sus mentes el sonsonete agradable durante un largo periodo de tiempo.

INFOTAINMENT

Este término se acuñó en la década de los 80´s pero últimamente ha tomado gran importancia; como su nombre lo dice, es entretenimiento informativo, es decir diversión constructiva que te hace crecer mentalmente.
Estamos viviendo una época privilegiada como nunca antes se había visto, esto es la revolución de la información. En esta etapa, los seres humanos tenemos la gran posibilidad de acceder a cualquier tipo

de información solamente con hacer click; es decir cualquier rama del conocimiento humano está literalmente en la palma de nuestras manos y a sólo un toque de distancia; esto resulta extraordinariamente beneficioso y nos brinda la posibilidad de convertirnos en lo que nosotros estemos dispuestos a ser.

En esta época ya no es necesario contar con dinero, un maestro o una institución que enseñe a hacer tal o cual cosa, todo es gratis y todo se encuentra en la red si sabes cómo buscarlo; desde cómo hacer caldo de pollo hasta cómo reparar un motor de avión.

Invierte tu tiempo en diseñar tu futuro; traza la línea que quieras que tu vida siga y enfócate en aprender solamente aquello que sirva para alcanzar esas metas, deja de invertir tu tiempo en meterte basura.

He aquí un análisis muy simple que yo hago de la información y se basa en responder unas sencillas preguntas:

- ¿Está información sirve para que yo pueda alcanzar mi meta?
- ¿El tiempo irreemplazable que estoy dedicando a esta actividad vale la pena?
- ¿El aprender esto me va a reportar un beneficio a largo plazo?

Si la respuesta es positiva entonces es conveniente invertir tu tiempo en aprenderla.

Si la respuesta es negativa, entonces tú decide si pierdes tu valioso tiempo en algo que no te llevará a nada; recuerda que el precio que vas a pagar es el más alto, pues no sé recupera nunca.

Desconecta tu cerebro de toda la información basura que no te lleva a nada; utiliza tu tiempo para aumentar tus habilidades e inteligencia y esto te llevará inevitablemente a un cambio de vida muy favorable y sorprendente.

Si tienes algunas preguntas o comentarios al respecto de este o algún otro capítulo, por favor ve a http://www.brunocaballero.net/comentarios/ y escríbeme ahí.
Las solicitudes más frecuentes se concentrarán en un ebook próximo.

TUS AMIGOS
¿CAPITAL O ANTI CAPITAL?

Este tema es de suma importancia, ya que es nuestro círculo de personas más cercanas,, aquellas con las que pasamos la mayor parte del tiempo las que definen quiénes somos y cómo actuamos.

"Dime con quién andas y te diré quién eres"

Esto tiene mucha sabiduría; los seres humanos somos criaturas sociales y tendemos a formar grupos donde sentimos la necesidad de ser aceptados; esto es un impulso instintivo ya que en el pasado si los individuos no formaban parte de una manada, era muy probable que murieran por diversas causas como los depredadores, el frío o el hambre, algo que dentro de un grupo era improbable.
De aquí la necesidad de congregarse con otros individuos, y para ello era necesario actuar de manera similar a ellos.
La aceptación e integración, son un tema de vida o muerte para el inconsciente y por eso tendemos a actuar de la misma forma que el grupo al que pertenecemos.

Los comerciantes forman grupos de comercio; las asociaciones de industriales están formadas por empresarios, los empleados obreros y trabajadores tienden a reunirse en sindicatos, las personas que se unen a un grupo de delincuentes tienen que estar dispuestos a hacer cosas fuera de la ley.

Sabiendo esto será muy fácil determinar cuál es tu código de conducta; solamente tienes que mirar alrededor y observar a las personas que te rodean, con aquellos que pasas la mayor parte del tiempo; evalúa su manera de vivir, la actividad que realizan y cómo se expresan, esto define quienes son, la manera en que perciben e interactúan con el mundo y tú tendrás un código muy similar ya que perteneces a ese grupo.

- ¿Con quién pasas la mayoría del tiempo?
- ¿Qué información te dan?
- ¿Qué aspiraciones tienen?
- ¿De qué hablan?, ¿cuál es su tema principal de conversación?
- ¿Cómo se expresan?
- ¿A qué se dedican?, ¿qué actividad tienen principalmente?, ¿cómo se ganan la vida?
- ¿Qué conductas tienen?

Esto definirá quién eres, te mostrará realmente tus expectativas y aspiraciones.
Si deseas obtener algo diferente a ellos, pues entonces tendrás que empezar por cortar esos lazos de pensamiento o de convivencia para formar otros nuevos con personas más adecuadas para tus nuevos planes.

En otras palabras deja de frecuentar a las personas que no te sirven y comienza a buscar aquellas que te hagan crecer.

Personalmente he pasado a través de algunos grupos y amigos diferentes.
Al principio fue mi grupo de amigos de la universidad, que luego se convirtió en un grupo donde todos eran empleados corporativos, luego formé parte de un grupo de comerciantes, más adelante mi grupo de amigos eran personas que tenían pequeñas y medianas empresas.
Esto me agradó porque me di cuenta que era más adecuado para las nuevas metas que yo tenía en mi cabeza, las cuales habían pasado de ser un empleado de buen nivel a ser un empresario, más adelante mis expectativas cambiaron y ya no quería ser un pequeño empresario; entonces me empecé a acercar a grandes hombres de negocios con visión y actividad mundial; como yo no tenía los medios económicos ni pertenecía a esos círculos sociales, opté por hacerlos mis "amigos virtuales" con los que pasaba la mayor parte de mi tiempo; entonces empecé a leer escuchar y ver toda la información que pudiera estar relacionada con las personas que representen un modelo para mí.

Fue entonces que empecé a leer y estudiar a grandes pensadores, artistas, líderes y hombres de negocios de talla internacional, porque uno de mis objetivos es comprender la manera en que piensan y actúan; ese es el estilo de vida que deseo para mí, es mi intención convertirme en alguien como ellos.

Aquí te puedes dar cuenta de que no es necesario pertenecer a un determinado grupo que te interese en el mundo real; en la era digital puedes hacerte de cualquier círculo de amistades, desde gamers, músicos, bailarines, médicos, atletas, filósofos, etc.

CORTAR AMISTADES

Hace poco tiempo tuve la peor crisis de mi vida y en este periodo tres de mis mejores amigos de toda la vida me sostuvieron después de que recibí el "golpe de la verdad" que me bloqueó y me hizo entrar en una espiral descendente y destructiva de ira, desilusión, tristeza y depresión que estaba envenenando mi alma.

Uno, vive en Minnesota, es un hombre sumamente ocupado ya que tiene un alto puesto a nivel mundial y a pesar de que nunca nos vemos o nos hablamos, se dió el tiempo para leerme, hablarme y estar junto a mí en el momento más difícil de mi vida y me ayudó a soportar el dolor que pasaba en ese momento. Él y yo somos amigos desde niños y ahora sé que siempre lo seremos aunque nunca nos veamos y por eso le estoy eternamente agradecido.

El otro vive en Querétaro, México y es muy curioso como la vida te dá lo que tú has dado, en algunas raras ocasiones con las mismas personas, porque en el pasado, yo estuve con él cuando atravesó por la misma situación.

No recuerdo que cosas le dije, pero le hice saber que yo estaba ahí, que contaba conmigo y que mi casa era su casa, que no tenía mucho pero que mi compañía y mi apoyo estaban con él en todo momento que él era y ahora sé que sigue siendo mi hermano y él me sostuvo con esos mismos argumentos.

El tercer pilar que me sostuvo en ese momento fue un amigo que veo constantemente, colaboro con él en la parte de mercadotecnia y publicidad de su compañía; con él he pasado muchas cosas y me ayudó estando presente físicamente, me vió llorar y me dio apoyo incondicional, sin juzgar o decirme que hacer y siempre me ha tendido la mano cuando lo he necesitado.

Gracias a ellos tres pude superar el punto de quiebre más difícil en mi vida.

Por ese tiempo, otra persona que fue mi amigo en el pasado, me contactó por alguna extraña razón; yo recibí la llamada con gran placer pero luego de hablar por un par de minutos con él y escuchar su discurso, me di cuenta de que esa persona no había evolucionado y yo no pretendía regresar a lo que fui hace más de 20 años, así que decidí no volver a contactarlo ya que alguien con esas características solamente me quitaría el valioso e irremplazable tiempo que yo necesito para dirigirme hacia mis sueños y no desperdiciarlo con gente sin expectativas estacionada en el mismo lugar hace casi dos décadas.

Haz un análisis de tu vida y de tu entorno, las personas que lo integran tienen ciertas características y tú deberás ser Imparcial; evaluar si este círculo de personas son útiles para tus planes futuros o no, más aún, si serían un lastre o un ancla que te impida avanzar hacia lo que deseas; si uno o algunos de ellos representan un freno para ti y lo que pretendes alcanzar, entonces lo más recomendable es terminar con esa relación, o bien disminuir la frecuencia con la que interactúas con ellos; dejar de asistir a las reuniones con esas personas y no participar en los foros o grupos en los que ellos se encuentran, para que puedas dirigir tu atención con gente más productiva qué te impulsa y te ayude a lograr tus metas.

Primero debes fijar tu mente con esas expectativas y después empezar a actuar como esas personas, por consecuencia empezarás a conocer gente de esos grupos e inevitablemente llegarás a formar parte de ellos.

Recuerda el dicho:
"DIME CON QUIÉN ANDAS
Y TE DIRÉ QUIÉN ERES"

CONOCIMIENTO DE TI MISMO

Este es tal vez el tema o uno de los temas más interesantes del libro ya que aquí existe una paradoja. Aparentemente nadie te conoce mejor que tú mismo, tú sabes todos tus secretos, gustos aversiones y deseos ya sean escondidos o abiertos; pero aun así es muy común que la gente no se conozca a sí misma, es decir hemos pasado tanto tiempo inmersos en un sistema de control que nos ha dictado cómo actuar, qué expectativas tener y cómo vivir desde que éramos recién nacidos que realmente no sabemos o hemos olvidado cuáles eran nuestros verdaderos deseos.

Otro libro de mi autoría abarca un capítulo completo solamente para introducir al tema del autoconocimiento; llegar a saber realmente qué deseas, eliminando todas las expectativas aprendidas del entorno y toda la información que no te pertenece. Esto debo decir, es sumamente complejo, ya que son programas que se encuentran dentro de nosotros hasta la médula de los huesos; sin embargo es de vital importancia que hagas un examen de conciencia y te preguntes si esto que vives ahora es lo que realmente deseas para tu vida de ahora en adelante, o estás respondiendo expectativas ajenas a tu persona y vives dentro de una ilusión creyendo que es tuya pero que realmente obedece a otros intereses y programas que te han impuesto desde que naciste.
Estas ideas pueden venir de tus amigos, compañeros de trabajo, el status que te vende la sociedad (alto o

bajo, no importa) o cualquier otra cosa ajena a tí, mira hacia adentro y define que deseas en realidad.

Estoy seguro que hay alguien allá afuera que se dedica a hacer cosas ilegales, pero que no está tan convencido de hacerlas, sin embargo lo hace porque "ya está metido en eso", y siente que no puede hacer otra cosa.

Mi opinión es que todo lo que hacemos llevará a una consecuencia que nosotros mismos hemos creado, nadie más.

Pero si sientes deseos de cambiar, puedes empezar a buscar opciones y no pensar que "no hay salida".

Siempre hay una salida, solamente tenemos que pedir que se nos muestre.

Este mismo texto que estás leyendo, es una pequeña luz que indica que camino debes tomar para cambiar el rumbo, si lo que tienes ahora no te gusta y puedes hacer algo distinto que te llevará a un resultado diferente y más feliz.

COHERENCIA

En otro texto, hablo de este tema de manera más extensa, pero aquí resumiré algunos puntos importantes; en el párrafo anterior hablé del autoconocimiento y de cambiar el rumbo para ser más coherentes con lo que realmente somos.
Es actuar de acuerdo con nuestra verdadera esencia, sin importar lo que hay en el mundo exterior.

A continuación expongo dos escenarios para explicar este punto:

Imagina que tienes un radio y escuchas una estación que no te gusta y además no tiene buena recepción (puede ser música que no te agrada o conversaciones que no te interesan) vas en el tren subterráneo que está lleno de gente, olores y calor hacia un lugar al que DEBES ir todos los días por obligación.

Vamos al otro lado.

Bueno, ahora imagina que estás en un lugar hermoso, justo como a ti te gusta, puede ser una playa, un bosque, en un lago pescando, surfeando, volando, escalando una montaña visitando un bello lugar, puedes estar con animales que te gusten, comiendo una comida exquisita, etc. Lo que a ti más te guste.

Estar en el tren subterráneo, lleno de gente, olores y escuchando una estación con interferencia y cosas que no te interesan podría compararse a la incoherencia, donde estás en un lugar que no te gusta, haciendo cosas que no te inspiran y escuchando cosas que no te agradan ni te hacen crecer, simplemente estás ahí y eso es lo que debes hacer porque eso te toca.

La coherencia es tu lugar perfecto.
El lugar que te gusta
La música que te gusta
Los sabores olores y sensaciones que más te agradan.

Y de lo que se trata la coherencia es de que pienses hables, hagas y te muevas en lo que a ti te guste.

- Sin miedo a perder lo que tienes,
- A la pobreza
- Al fracaso
- A la burla
- Al destierro
- A la muerte

Todas esas ideas terribles que tú solo te haces en tu mente vienen del MIEDO que es el peor ANTI CAPITAL de todos, y es el modo de pensar FATALISTA del que hablaremos en el apartado del miedo más adelante.

PENSAR, HACER Y DECIR LO MISMO.

Desde niños nos jodieron diciendo "tienes que besar a tu tía" Cuando la desdichada nos parecía muy desagradable.
"Debes comer esto" cuando lo que queríamos era jugar, no comer.
"Tienes que hacer la tarea, limpiar tu cuarto, aprender matemáticas, historia, arte, hacer determinado deporte etc."

Cuando en realidad no queríamos, y nuestra naturaleza nos llamaba por otro lado.

Yo jugué football americano en mi niñez y me molestaba mucho entrenar, era muy cansado, sudaba mucho, me golpeaban mucho y estaba cubierto de polvo y tierra siempre, porque el campo no tenía pasto y esas cosas me molestaban bastante.

Sin embargo, después entrené artes marciales y los entrenamientos eran muy duros, sudaba mucho era muy agotador, me golpeaban todo el tiempo y sin embargo AMABA entrenar, porque era algo que resonaba en mi interior, era COHERENTE conmigo mismo, esto lo hice TODOS LOS DÍAS DURANTE AÑOS, y jamás sentí pereza por ir a entrenar, me gustaba el cansancio, en los torneos iba muy entusiasmado de saber que iba a combatir y me preguntaba contra quién lo haría, me gustaba pelear con personas de mayor talla o grado porque para mí era un reto, quería ver hasta dónde podía llegar y de lo que era capaz.

Lejos de sentir miedo de estar frente a un oponente 10 cm más alto, más pesado o con un grado mayor, para mí era un desafío probarme que podía vencerlo.

Y cuando perdía, lejos de sentirme derrotado, eso alimentaba mi fuego de entrenar más duro, de hacerme más hábil, de ser más fuerte, de desarrollar mi técnica, de aprender movimientos y estilos nuevos que me dieran más herramientas, que me convirtieran en mejor combatiente y me hacía el propósito de que la próxima ocasión que estuviéramos frente a frente yo le iba a ganar, Y LO IBA A APLASTAR.

Esa era mi actitud cuando estaba en coherencia.

Una situación muy distinta del football que lo hacía por obligación, eso no resonaba con mi esencia y me molestaba incluso el uniforme.

COHERENCIA CONTIGO MISMO

Yo trato de vivir la mayor parte del tiempo en la coherencia; esto me ha tomado muchos años y tuve que pasar por un período de autoanálisis y autoconocimiento, descubrir quién soy en realidad, qué me gusta, que me habían implantado y que no quería para mí vida, cuando supe todo esto empecé a actuar en coherencia conmigo mismo y no para complacer a los demás.

Fueron muchos años de programación constante y errónea, esto ha sido uno de los aspectos a vencer más difíciles para mí y constantemente me encuentro luchando por mi coherencia, mi libertad y mis deseos contra el carcelero que quiere mantenerme preso en la incoherencia y que es mi propia mente.

No ha sido fácil encontrar mi coherencia, han sido años de lucha, observación, autoanálisis y autodescubrimiento.
Por eso tengo la autoridad para saber qué hacer y compartirlo contigo; si tú deseas escucharme y seguir mis consejos también puedes vencerla cada día.

La incoherencia es como el alcoholismo o las drogas, no son buenas pero los adictos no pueden dejarlos.

SALIR DEL CLOSET

Yo comparo esta cuestión de la coherencia con lo que en algunos círculos llaman "salir del clóset"
Explico este término para la gente que no está familiarizada con él y sepan de qué se trata.
Una de las historias más difundidas acerca de la expresión "salir del clóset" se refiere a un niño que le gustaba tomar el maquillaje y vestirse con la ropa de su mamá, pero esto lo hacía dentro del clóset para que nadie lo viera, con el paso del tiempo crece, se acepta y comprende que no puede seguir viviendo escondido; su naturaleza es tan fuerte que ya no lo puede

contener y es cuando un día decide finalmente maquillarse, vestirse como mujer y salir del clóset.

Esto es igual a la prisión que nosotros mismos hacemos en la mente y por tanto en la vida; cuando por dentro somos una persona, pero nos encerramos en un clóset que nos impide salir y expresar nuestra verdadera esencia.

Hasta que un día tenemos el valor de vestirnos con nuestras verdaderas ropas y salir al mundo para que todos nos vean como realmente somos.

Esto da mucho miedo y la mayoría de la gente nunca lo hace; prefiere matar a su verdadero yo y funcionar como un ente gris en el sistema.

Conozco a una gran cantante que está encerrada en el clóset de contadora frustrada.

Una gran actriz encerrada en el clóset de maquillista.

Un bailarín que está encerrado en tres closets; uno el de heterosexual, el segundo de psicólogo y el tercero de recepcionista de un edificio de consultorios médicos.

El día que este hombre decida aceptar
1. Que es homosexual.
2. Que no es psicólogo.
3. Que en realidad ES UN BAILARÍN.

Su vida cambiará solamente para mejorar ¿estás de acuerdo conmigo? Lo único que yo veo es que trata de encajar en esquemas sociales cuando realmente esto no aplica para él.

Este hombre vive, respira y sueña el baile; para ello fue "construido" y cuando entienda que puede ganarse la vida, obtener reconocimiento, viajar, ser plenamente feliz montando su estudio de baile y que la semilla de la prosperidad está en esa actividad, comprenderá que el ser psicólogo y más aún el ser recepcionista solamente está robando su tiempo, postergando su pasión y matando sus sueños un día a la vez.

¿Y tú? ¿En cuántos closets te has encerrado?

- Encuentra *quién eres en realidad.*
- Encuentra *para que fuiste hecho.*
- *Ten el valor de salir de tus closets.*

Para ayudarte en esto te voy a pedir que hagas algo muy simple:

- Siéntate
- Imagina tu actividad perfecta, tu VIDA perfecta.

Ahí llegarás cuando seas coherente contigo mismo; es el premio a la coherencia.

ANTI CAPITAL
INCOHERENCIA

Continuamente hablo de lo importante que es mantener la coherencia entre lo que pensamos, decimos y hacemos; esto es una habilidad un poco difícil de llevar a cabo en nuestra sociedad, ya que continuamente estamos siendo blanco de obligaciones laborales o personales que hay que hacer, no importa si lo deseamos o no.

Desde pequeños nos enseñan a hacer cosas que no queremos y a decir lo que no pensamos por ser socialmente correcto o aceptado y ésta es la raíz de muchos problemas posteriores en la vida de las personas.
Con esta ideología que nos han inculcado, crecemos y empezamos a dar por hecho que así es la vida; hay cosas que deberán llevarse a cabo sin protestar aunque no nos gusten; y las hacemos aunque no estemos de acuerdo; lo peor de todo es que llegamos a pensar que eso es lo correcto.

Una amiga mía se fue a vivir a Italia, particularmente a Florencia; una de las ciudades más importantes del mundo en el ambiente artístico.
Pues bien, esta chica se convirtió en restauradora de arte en ese lugar; una actividad que realmente le llenaba y la hacía sentir feliz, vivía plena haciendo su trabajo; sin embargo en México había un muchacho que quería casarse con ella y mi amiga decía en ese

tiempo que nunca iba a regresar, porque en México la esperaban con un anillo de compromiso.

Ella vivía en coherencia y todo iba bien en su vida hasta que su mamá la convenció de regresar a México y casarse con ese muchacho.

Después de muchos eventos desafortunados finalmente se separaron; ella realmente nunca quiso formar una familia con él, su verdadera esencia era trabajar con la belleza y el arte.

Entró en incoherencia y su vida se convirtió en algo que ella nunca quiso realmente.

Otro ejemplo es el de una muchacha que a los 21 años la habían comprometido con un estudiante de medicina amigo de la familia; para ellos ésta profesión es muy valorada.

Pues bien, por ese tiempo ella conoció a un chico en su trabajo y éste enloqueció por ella y la buscaba frecuentemente.

Cuando esté otro muchacho le pidió que fueran novios ella lo rechazó, porque ella ya tenía su vida hecha y todo estaba dicho, en sus adentros pensaba que no era correcto contradecir a la matriarca.

Después de algunos intentos y continuos rechazos, el muchacho comprendió que ella no quería nada con él, entonces se alejó y empezó una relación con otra persona.

Tiempo después la muchacha se dio cuenta que realmente al que quería fue al chico que había rechazado, pero para ese tiempo las cosas ya habían cambiado y él ya estaba con alguien más.

Luego ella se hizo novia de su jefe, esto lo hizo para que no la despidiera, una vez más fue incoherente, ya que ella no quería estar con él pero lo hacía por una supuesta necesidad.

Al saber esto, la percepción del muchacho que se había enamorado de ella cambió y dejó de ser aquella persona que inspiraba tantas cosas lindas en él.

Ella nunca le dijo la verdad porque no estaba acostumbrada a hablar, sus sentimientos le decían algo pero sus creencias le impidieron expresarlo; todo sucedió por no ser coherente con ella misma.

Su corazón sentía amor, pero su cabeza pensaba que era incorrecto y su boca hablaba incoherencias.

Con el tiempo, ella se fue a vivir a otro lugar y la historia fue muy distinta, fue entonces que el muchacho decidió continuar con su vida.

Aunque muchos años después iniciaron una relación, el sentimiento que tenía él nunca volvió a florecer y finalmente esa relación terminó.

Algo que pudo ser muy bello, se degradó y terminó siendo algo muy distinto por no ser coherente con ella misma.

Este par de anécdotas son una analogía de lo que sucede nuestras vidas cuando pensamos una cosa, decimos otra y hacemos una tercera y las tres son totalmente distintas entre sí.

Volvamos al ejemplo de los 3 closets del bailarín; su mente está fija en el baile mientras que habla de ser psicólogo pero no tiene el valor ni la confianza de ser bailarín o psicólogo así que se conformó teniendo un trabajo de recepcionista.

Aquí vemos cómo la mente está fija en el baile, el diálogo es el de un psicólogo pero las acciones son las de un recepcionista.

Esta persona puede experimentar una gran frustración por no estar en la coherencia.

Aunque tenemos la gran habilidad de ignorarlo, esconderlo o negarlo, inevitablemente saldrá a flote y ese día llegará.

Esto es como una olla en la que va aumentando la presión hasta que llega el momento de liberarla de una sola vez, lo que sucederá sí o sí, porque es un mecanismo de defensa para sobrevivir.

La incoherencia solamente nos lleva a tomar decisiones erradas, perder oportunidades y el valiosísimo tiempo que se nos acaba cada día.

Cuando vives en coherencia todo funciona de manera correcta; tus aficiones y habilidades se alinean con tu actividad y te proporcionan felicidad; esto impulsa de una manera inexplicable lo que haces y así el progreso llegará mucho más rápido que cuando estás en incoherencia.

Analiza tu vida y tus actividades, el trabajo tus amistades tu pareja y todo para que puedas descubrir y aceptar cuáles son las cosas que no resuenan contigo; ten el valor de cambiarlas por algo que sí vaya de acuerdo con tu verdadera naturaleza.

SER UN DON NADIE Y SER ALGUIEN

Voy a hacer uso de tu propio ego para fines constructivos y te voy a pedir que seas muy egoísta; piensa cómo te gustaría ser recordado cuando ya no estés en este mundo.
Muchos de nosotros ni siquiera pensamos en ello, sólo vivimos en el día a día, pero creo que este es un buen momento para hacerlo; así que tómate un momento y piensa cómo te gustaría que la gente se refiriera a ti cuando hayas muerto.

La mayoría de las personas dicen qué les gustaría ser recordados con amor por sus familiares, amigos y compañeros de trabajo; siempre que escucho esa respuesta les digo que eso ya lo tienen, porque es muy difícil que alguien hable mal de un muerto; generalmente tendemos a resaltar sus cualidades y muy pocas veces decimos cosas malas, ya sea por superstición o por educación, les digo que eso no es ninguna expectativa, desde ahora ya lo tienen garantizado, eso es igual a nada y que una persona sin expectativas nunca logra nada en la vida.

Yo creo en la colaboración, en dejar algo al mundo que valga la pena, que tu experiencia de vida sea beneficiosa para muchos aun cuando tú ya no estés presente, esto lo trato de aplicar todos los días en mí, por eso hago lo que hago, he tratado de enfocar mi vida a compartir y mejorar las de otros por medio de mis palabras, mis experiencias y mi forma de ver el mundo; algunos negarán rotundamente estos conceptos, otros señalarán todo lo que su mente crea que no encaja en su mindset, algunos más tratarán de descalificarme con cualquier tipo de argumentos "válidos" o científicos para demostrar que no tengo razón y ellos sí la tienen, lo que tengo que decir al respecto es que no me interesa demostrar nada ni convencer a nadie, solamente expreso mi experiencia en estas páginas y para ellos simplemente el camino es diferente y a eso ni siquiera le dedico un solo segundo de mi pensamiento y mi valiosísimo tiempo.

Pero muchas personas van a tomar mi experiencia y mis conocimientos mejorando en alguna forma sus vidas; algunos más solamente modificarán pequeñas cosas, pero otros descubrirán su verdadera esencia cambiando su manera de pensar y de vivir encontrando un objetivo y poniéndose en marcha; esto será algo que ocurra todos los días por muchos años en lugares lejanos con gente que nunca conoceré y algunos que ni siquiera ha nacido, mi paso por el mundo y mi experiencia de vida beneficiarán a muchas personas aun cuando yo ya no exista físicamente; esto es gracias a que mis expectativas de vida son mucho más altas y perdurables que las de una persona promedio.

Creo que tener este tipo de metas lleva a las personas a realizar cosas extraordinarias en el tiempo que tienen, si sus expectativas son normales o inexistentes el resultado de sus vidas será el resultado de eso.

Puede tratarse del presidente de una compañía internacional o el dueño de un gran negocio; si sus expectativas solo fueron trabajar en la oficina día a día, cumplir con los indicadores, generar más dinero o expandir la empresa, sin hacer nada extraordinario, sin llevar su vida a otro nivel, cuando llegue el momento de partir nadie hablará por mucho tiempo de esta persona, no habrá un legado positivo de su paso por el mundo.

En una ocasión le pedí a uno de mis clientes que dijera el nombre de algún personaje histórico, cualquiera, no importaba de quién se trataba.
Entonces le dije que esa persona había seguido su propia esencia y sus propios anhelos, ninguno había trabajado en los sueños de alguien más; por eso llegaron a ser tan grandes y esa es la razón de que muy pocos lleguen a este nivel.

¿Quién tiene el valor para pagar el precio más alto que existe, o sea la vida misma?

¿Vale la pena perder lo más valioso que tengamos por un sueño?

¿De qué sirve cumplir tus sueños si ya no estás ahí para disfrutar de los frutos de haberlo alcanzado?

Ahí le expliqué que esas personas tuvieron sueños tan grandes que rebasaron todas las expectativas y todos los parámetros de un ser humano promedio, que cuando estás dispuesto a morir para cumplir tus sueños entonces tu vida toma otros matices y asciende a un nivel extraordinario.

Cristóbal Colón por ejemplo no murió tratando de cumplir sus sueños, pero definitivamente estaba dispuesto a hacerlo, hay que recordar que en esa época se creía que el mar estaba lleno de monstruos terribles que devoraban barcos y si alguien navegaba lo suficiente llegaría al fin del mundo dónde caería a la nada.

¿Esto lo detuvo? ¡Por supuesto que no! porque él tenía un sueño tan grande que su vida ya no importaba en absoluto, era guiado por un anhelo más fuerte que su razón.

Entonces le dije que ninguno de ellos fue un ser extraordinario; la única diferencia que tienen con las personas normales es que ellos llevaron los deseos de su corazón al nivel de pasión, entregando su vida para vivir y cumplir sus sueños; en ciertos casos este sueño implicaba perder la vida y algunos lo hicieron siendo muy jóvenes aún; como Juana de Arco que fue quemada viva a los 19 años de edad.

También le dije que cualquiera de nosotros posee dentro esa semilla, pero que casi nadie lo sabe y menos aún tiene el valor de sembrarla y hacerla crecer.

Puse como ejemplo a Salvador Dalí; él únicamente pintaba lo que su mente y su corazón le dictaban, Van Gogh pintaba la realidad justo como la veían sus ojos, y en su vida solamente vendió unas cuantas obras.

Picasso, Velázquez, Rembrandt o cualquier otro pintor hacía lo mismo, plasmar la realidad como su alma les dictaba; en la música Mozart, Beethoven, Vivaldi, Bach, Freddy Mercury, Michael Jackson, Elvis Presley, Ray Charles, Elton John, o cualquier otro se dejaban llevar por su corazón, en la danza Ana Pavlova, Mikhail Baryshnikov, Rudolf Nureyev, en la literatura podemos citar a Don Miguel de Cervantes Saavedra, William Shakespeare, Sor Juana Inés de la Cruz, Oscar Wilde, Stephen King y cientos de personas que han escrito cosas maravillosas llevándonos a lugares y tiempos increíbles; también podemos mencionar revolucionarios sociales como Martín Lutero, Simón Bolívar, José María Morelos y Pavón, Emiliano Zapata, Pancho Villa, Mahatma Gandhi, Martin Luther King, Teresa de Calcuta, Juan Pablo II o cualquiera otro.

Algunos destacaron en más de un área de manera excepcional, como Leonardo Da Vinci quien fue maestro en la pintura, escultura ingeniería, anatomía óptica etcétera.

Piensa en el personaje que tú desees y si analizamos su vida, solamente hizo caso a una cosa; su verdadera esencia, a su pasión; esta fue la llave que le abrió las puertas de la inmortalidad ocupando un lugar en la historia junto con los grandes hombres y mujeres que han cambiado el mundo.

A ellos no se les recuerda con cariño únicamente; ellos son iconos que marcaron una diferencia en cada una de sus áreas, sus vidas fueron tan prolíficas que aún hoy su influencia perdura.

Si tú le haces caso a tu voz interior; a tu esencia y poder estás en la posibilidad de alcanzar el nivel de estas personas que he mencionado anteriormente, creo firmemente que todos podemos llegar a eso.

CONOCIMIENTO DE TUS VICIOS OCULTOS

El término de vicios ocultos se aplica cuando compras una casa nueva y los constructores otorgan un año aproximadamente para que puedas descubrir defectos de construcción que tendrán que ser corregidos.
Al igual que esto, nosotros tenemos muchos vicios ocultos que hemos desarrollado con el tiempo, estas son actividades o aficiones que realmente no sirven de mucho, solamente consumen tiempo, energía y atención de nuestra parte.
Estos vicios pueden ser mirar la televisión, jugar videojuegos (si no vives de eso), chatear, pasar tiempo de ocio en las redes sociales, páginas XXX, dormir, comer, beber, consumir drogas, etcétera.
Estos vicios ocultos roban una gran parte del tiempo y recursos, haciéndonos mucho daño, es como cargar

un saco de piedras cuando queremos subir una montaña.

Esta montaña representa aquello que deseas conquistar; tu sueño dorado, el cumplimiento de tus anhelos, tu vida perfecta, tu actividad ideal; todo esto está al alcance de tu mano, solamente debes de hacer las cosas correctas para llegar ahí, pero tus vicios son como una bolsa llena de piedras en su interior, así que si deseas llegar a la cima de la manera más rápida y ligera posible, debes buscar y detectar cuáles son las piedras que llevas en tu saco, cuando sepas cuáles son debes tirarlas, esto suena fácil, pero somos adictos a estas piedras y es muy común que después de que hayas tirado alguna, regreses a recogerla, y si no lo haces con esa, más adelante en el camino puedes recoger una piedra parecida y la metas en tu costal; así que ten mucho cuidado de no recoger piedras o cosas inútiles para meterlas en tu bolsa una vez que empieces a tirar lo que te estorba.

La idea es dejar todos los vicios atrás; para esto se requiere de inteligencia y fuerza de voluntad, pero si tienes en cuenta tu objetivo final créeme te será mucho más fácil lograrlo.

En mi caso, una piedra es el tratar de conocer todo de un tema por lo que es muy fácil que me adentre en el más mínimo detalle para mencionar una frase, por ejemplo supe que en la edad media no se usaba apóstrofe así que el apellido de Juana de Arco era *Darc.*

Este vicio solamente me quita tiempo para expresar una sencilla idea.

Y tú, ¿qué piedras te encanta cargar en tu bolsa?

RECONOCIMIENTO
CAPITAL / ANTI CAPITAL

"EL RECONOCIMIENTO ES UNA DROGA PARA LOS SERES HUMANOS"

Bruno Caballero.

Somos adictos a escuchar qué somos guapos, inteligentes, hábiles, valientes, deseables, atrevidos, en la vida digital se traduce en el número de pulgares arriba o "likes", amigos, retweets, seguidores, etc.
Esto es un arma de dos filos; es bueno cuando el reconocimiento nos impulsa a lograr mayores metas para nuestro crecimiento personal y la ayuda de otras personas, pero cuando nuestra conducta está determinada y dirigida únicamente por el deseo de recibir reconocimiento, entonces se convierte en una labor estéril.
Un ejemplo de esto es cuando a un pequeño que apenas está aprendiendo a sumar le explicas cómo se hace; es una regla que al principio los infantes no comprendan con claridad la abstracción de los números, pero si tú le reconoces el esfuerzo y lo guías de una manera positiva, el niño aprenderá más rápidamente estos procesos mentales.

Si por el contrario tú tomas una actitud impositiva, le dices que está mal y que debe hacerlo bien, estás negando el reconocimiento, lo estás minimizando y su estima resiente estas palabras, detonando una actitud de rechazo a la actividad y bloqueando la mente para comprender algo ya que recibe castigo, maltrato y reprimendas, que son muy duras para el pequeño.

Yo solía tener un compañero de trabajo con el que no me llevaba bien, debo decir que es sumamente difícil que yo tenga dificultades con alguien, ya que tengo la enorme habilidad de empatizar casi con cualquier persona; pero este personaje se enfocaba en señalar, reprimir y minimizar a sus subordinados, por consecuencia nadie quería tener que hablar con él y esto es obvio: *nadie quiere a quién le dice que es un estúpido aunque sea con palabras elegantes.*

El reconocimiento es sumamente importante para que las personas podamos progresar, esto lo he aprendido muy bien con mi hijo, él es mi mejor maestro, me ha ayudado a observar, analizar y mejorar cada aspecto de mi vida ya que es una persona que no responde a:

- Los chantajes, (si no lo comes mamá se va a poner triste).
- Las amenazas (si no lo haces te castigo).
- Los sobornos (si te portas bien te compro ese juguete).
- La imposición (porque lo digo yo / porque soy tu padre).

O cualquier otra "técnica" que usan los padres regulares para mantener el control de sus pequeños, por el contrario, mi hijo solamente responde a su propio interés, para ello hay que lograr su atención por principio de cuentas, luego debo presentar eso que quiero que aprenda de una manera atractiva que despierte su curiosidad y hacer que desarrolle el gusto por dicha actividad para que la repita y con ello se fije en su mente.

En una ocasión tuve la oportunidad de colaborar en una empresa donde el hijo del dueño era muy propenso a utilizar palabras como: "eso es un error" "lo estás haciendo mal", "pésimo" etcétera; no se necesita ser un genio y adivinar qué resultados produce esto en las personas.

Cuando tuve la oportunidad de darle retroalimentación, le dije que el reconocimiento solamente produce resultados favorables y que la descalificación produce rechazo y falta de compromiso; que su manera de hablar y expresar sus ideas era la más adecuada para lograr que sus empleados lo odiaran y no quisieran realizar las tareas que supuestamente les estaba enseñando, pero que al fin del día cambiar su manera de proceder era solamente su decisión.

Si tienes algunas preguntas o comentarios al respecto de este o algún otro capítulo, por favor ve a
http://www.brunocaballero.net/comentarios/ y escríbeme ahí.
Las solicitudes más frecuentes se concentrarán en un ebook próximo.

Cuándo tuve a mi cargo el área de capacitación utilizaba frases como:

- ¡Ok! vamos progresando, ¿ahora tú dime qué crees que sigue?.
- Eso está bien, sin embargo creo que podrías hacerlo de esta manera.
- Si sigues así vas a progresar muy rápido.
- Ahí hay una oportunidad si observas bien.
- Estoy seguro que vas a encontrar por qué no funciona.
- Yo ya sé que está ocurriendo pero quiero que tú te des cuenta para que aprendas y no porque te lo diga yo.
- Observa bien y te darás cuenta.
- Lo estás haciendo muy bien.
- Eres muy hábil.
- Esa es la manera correcta de hacer las cosas.

Con mi hijo aprendí a usar frases como:

- Estoy muy orgulloso de ti.
- Lo hiciste excelente.
- Eres muy bueno en eso.
- Me encanta ver cómo haces las cosas.
- Eres maravilloso.
- Completaste la tarea muy bien.

Muchos de nosotros somos propensos al reconocimiento y eso es bueno hasta cierto punto, pero hay que tener en cuenta una cosa muy importante y a continuación la describo a detalle.

EL RECONOCIMIENTO COMO ANTI CAPITAL

El reconocimiento puede llegar a ser una droga muy poderosa, cuando es utilizada de una manera errónea puede obstaculizar el camino de una persona y desviarlo hacia un lugar que no tenía planeado inicialmente.

Esto lo vemos continuamente en personas que solamente se la pasan tomándose fotos en espejos para obtener "me gusta" en las redes sociales; esto es una actividad completamente estéril que no tiene ninguna utilidad ni beneficio para nadie, si bien se puede monetizar, solamente alimenta el ego de la o el protagonista sin que haya algo más valioso de fondo.

Toda su actividad y objetivo de vida están enfocados en tomarse muchas fotos para ver cuántas miles de personas dicen que les gusta, esto se convierte con el tiempo en una adicción al reconocimiento y como toda adicción irá en aumento; además de producir una sensación de vacío cuando no se obtiene.

Esto es comparable a una especie de "resaca del ego" en donde la persona experimenta frustración y ansiedad al no recibir el número esperado de "me gusta" a sus publicaciones o fotografías.

Es muy lindo obtener el reconocimiento de las personas por la labor que uno hace, sin embargo hay que tener en cuenta dos cosas.

- El reconocimiento debe de ser el resultado de hacer algo que nos gusta y es útil a los demás.

Cuando hacemos esto, el reconocimiento que la gente nos da, nos empodera para ser mejores y crecer dando a los demás parte de lo que somos.

- El reconocimiento debe de provenir de uno mismo antes que de alguien más.

A todos nos gusta el reconocimiento y lo buscamos continuamente, nos sentimos bien cuando recibimos un halago; secretamos dopamina y endorfina y eso nos gusta, estas sustancias son una droga poderosa y altamente adictiva, pero hay que tener en cuenta una cosa:

El tratar de obtener reconocimiento de los demás por el simple hecho de obtenerlo puede llegar a ser una trampa y producir un efecto completamente opuesto cuando no se obtiene.

Muchas personas literalmente pasan la vida tratando de obtener el reconocimiento de terceros y no el propio, por cosas triviales y no en cosas valiosas.

Sí enfocas tu atención en lo que verdaderamente importa, te darás cuenta que hay otro tipo de reconocimiento mucho más productivo; el reconocimiento que tú mismo te das al hacer algo es un capital muy poderoso ya que esto te impulsará a hacer las cosas de una mejor manera y perfeccionarte cada vez.

Es importante que te reconozcas por el esfuerzo que has realizado para hacer o mejorar en algo, esto al principio no es fácil porque no estamos acostumbrados a decirnos que algo está bien, es parte de la programación que hemos recibido desde niños.
Al principio no serás un maestro en reconocerte,
 te pido que olvides todas las creencias acerca de la soberbia y ser humilde, esto nada tiene que ver con la humildad; si practicas el reconocer tus pequeños logros cada día te irás alejando del punto de partida.
Si tú eres capaz de fijar una meta para tu vida; aprender y trabajar cada día en ello, reconociendo el esfuerzo que estás realizando y a ti mismo por hacerlo, esto te llevará a obtener grandes beneficios y a utilizar el verdadero potencial del reconocimiento como un capital, sin depender de que alguien más te califique y determine si lo que estás haciendo está bien o mal, porque esta labor depende únicamente de tí; solamente tú sabes si lo que haces te satisface y te lleva hacia tu destino o debes poner más empeño para lograrlo.

¿QUÉ ES LO QUE QUIERES, PERO LO QUE *REALMENTE* QUIERES?

Tal vez es la pregunta más difícil de responder y siempre que la hago me he encontrado con que las personas casi nunca tienen claro lo que quieren y en muchas ocasiones ni siquiera tienen idea de que desean algo distinto de lo que están viviendo.
Esta es una pregunta básica qué hago con muchos de mis clientes, porque creo firmemente que antes de todo debes de saber qué resultado deseas obtener, a dónde quieres llegar, qué cosas te gustarían en la vida, y cuando sepas esto empezar a actuar en consecuencia; es como tener un mapa y saber exactamente a qué lugar quieres llegar; comprender en dónde te encuentras ahora mismo y entonces sabrás sin duda que camino debes de tomar y cómo deseas hacerlo; si quieres ir caminando, en bicicleta, en automóvil, o en avión, si es por un camino pavimentado o por las piedras.

Se dice muy fácil eso lo sé; sin embargo tenemos un gran reto por delante y es que desde que fuimos pequeños nos han enseñado a seguir órdenes y hacer cosas que no nos gustan, desde ir a la escuela y hacer tarea hasta lavar los baños o recoger la casa antes que salir a jugar;
Esta situación nos ha llevado a enterrar nuestros deseos por cumplir con las obligaciones y lo hicimos por tantos años, que nos llevó a olvidar lo que realmente queríamos para nuestra vida y quienes

somos en realidad, para dedicarnos a realizar las labores socialmente aceptadas y llevar una vida aparentemente "normal".

Yo sostengo que es indispensable saber qué es lo que quieres en la vida; con esto me refiero a descubrir aquello que te hace más feliz que cualquier otra cosa en el mundo; sin temor a la vergüenza, a empezar de nuevo, a los prejuicios, a la edad, situación social o económica, nivel de estudios o cualquier otro impedimento que pudieras imaginar para ocultar los anhelos e ilusiones que viven dentro de tu corazón.

Vamos a hacer un ejercicio.

Para ello te voy a pedir que imagines que tienes una pequeña vasija de la cual salen 10 monedas cada día; estas monedas te sirven para cubrir absolutamente todo lo que necesitas en tu vida por siempre y hasta el día en que mueras.
Bajo este esquema ficticio te haré la siguiente pregunta:
Si no tuvieras que trabajar por dinero, si todas tus necesidades estuvieran cubiertas cada día, si tu tiempo estuviera libre para hacer algo, cualquier cosa, ¿qué es lo que más te gustaría hacer en el mundo?.

Si tuvieras que pagar por hacer algo, ¿qué cosa sería esto? nada tiene que ver con la actividad que tienes ahora mismo; incluso puede ser completamente diferente y en la gran mayoría de los casos así es.

Las personas tenemos vidas compradas que nos vendieron en algún momento y muy dentro, escondido en nuestro interior, la vida que podríamos haber vivido en ese mundo de fantasía se queda guardada en un cajón con llave hasta el sótano.

Ahora te doy la gran oportunidad de imaginar si las monedas que salen de esa vasija cubren todas tus necesidades incluso las nuevas como empezar a estudiar algo o desarrollar una profesión completamente diferente.

- ¿Qué es lo que harías?
- ¿A qué actividad dedicarías tu vida?
- ¿Qué es lo que tu alma desearía hacer?
- ¿Cuál es tu verdadera esencia?
- ¿Qué es lo que te dice tu corazón?
- ¿Quién eres tú en realidad?
- ¿En qué invertirías tu tiempo?
- ¿Qué te haría más dichoso que nada en este mundo?
- ¿Qué es eso dentro de ti que ha llamado desde siempre y que nunca has tenido el valor de sacar a flote?

Piénsalo y cuando lo tengas escribe esas ideas en un papel; pueden ser 3, 5, tal vez más pero no serán muchas, eso te lo puedo asegurar, cuando las tengas fíjate cuáles son las que tienen más fuerza, las que resaltan sobre las demás y subráyalas, esto te ayudará a encontrar lo que tu corazón te está susurrando desde siempre pero tú nunca habías escuchado con atención.

Cuando hagas este ejercicio procura callar tu mente y pensamientos basura como:

- Soy muy viejo para eso.
- En eso no se gana dinero.
- Eso es ridículo.
- Nadie ha hecho eso antes
- Eso es para niños

O cualquier otra idea que puedas llegar a tener que te impida descubrir lo que realmente quieres.

Recuerda que esto es solamente un ejercicio mental y que cuentas con tu vasija que te dará las monedas necesarias para cualquier gasto o necesidad que puedas surgir en esta vida imaginaria; así que no tienes pretexto para no escribir las ideas más locas que se te vengan a la mente.

Debo decir que este ejercicio es de vital importancia para comprender lo que resta del libro, así que te recomiendo de manera muy especial e importante que lo haga, de este modo podrás saber hacia dónde dirigir tu barco; yo te mostraré todas las herramientas que tienes para llegar ahí, pero si no sabes qué deseas entonces no sabrás qué camino tomar ni cómo llegar a ese lugar.

EL VALOR, TU VALOR

En la era digital y la revolución de la información que estamos viviendo, este concepto ha tomado una importancia tremenda; cuando se realiza una búsqueda en internet los resultados que se mostrarán en pantalla serán los más valiosos de acuerdo a cada solicitud hecha por el usuario.

Actualmente las personas están buscando más información que nunca en internet y ésta debe de ser útil para el solicitante, de lo contrario no se tomará en cuenta por los motores de búsqueda que dicho sea de paso están aprendiendo a pensar como un ser humano para ayudarle a resolver sus problemas de una manera más eficiente.

Nosotros también tomamos decisiones en base a reglas parecidas; por ejemplo buscamos al mecánico que tenga más conocimiento acerca de los problemas automotrices, que los resuelva de una manera rápida, sencilla, económica y además que sea honrado; En mi país hay mucha desconfianza debido a las malas prácticas y abusos por parte de muchos mecánicos.

Este mismo fenómeno lo podemos ver con la industria de la salud.
Algunos médicos y hospitales tienen como principal objetivo crear clientes cautivos mediante la prescripción de medicamentos que detonan otros

padecimientos y con esta estrategia mantienen al paciente encadenado al tratamiento indefinidamente.

Todo el mundo sabe que la industria farmacéutica es un negocio y una de sus prioridades es que el paciente continúe consumiendo medicamentos, existen muchos médicos que hacen "pacientes cautivos" pero hay otros que su principal objetivo es curar a sus pacientes lo más rápido y sencillo posible; cuando conocemos alguien así, le asignamos un alto valor a esa persona, pasa de ocupar un lugar estándar a un lugar importante en nuestro pensamiento.

Lo mismo sucede con los abogados quienes tienen una fama terrible en México, porque es muy común que traten de sacar ventaja de sus clientes beneficiándose ellos mismos.
Como en todo, hay quienes son muy buenos y ejercen su profesión de manera ética y honorable, pero la gente no los percibe así y ellos mismos han forjado esa imagen con su conducta.
Por esto mismo, los abogados que llevan los casos de una manera abierta y clara para su cliente, los resuelven rápida y económicamente son altamente valorados y recomendados por la gente.

Cualquier abogado que lleve a cabo esta simple estrategia, será recomendado por sus clientes sin que él o ella tenga que hacer absolutamente nada; al paso del tiempo tendrá muchos clientes y crecerá cada vez más.

El valor se refiere a la medida en que eres capaz de resolver un problema con tu producto o servicio; por esto la información que presentes debe ser totalmente clara y útil, además deberá aportar elementos prácticos para solucionar un asunto; en una palabra el producto o servicio que presentes debe resolver un problema de manera clara y sencilla.

- Si lo hace entonces tiene valor para el usuario.
- Si no lo hace, esto no tiene ningún valor y el usuario buscará otra opción que sí le ayude con su problema, duda o situación.

Ahora ya sabes que es el valor; para tener éxito en esta era digital debes de ofrecer productos y servicios que tengan valor para las personas, que ofrezcan soluciones útiles a los problemas que tu puedas mejorar y ayudarles con tus conocimientos y experiencia.

Hoy en día existen cientos de miles de personas que presentan información a través de internet en cualquiera de sus formatos, ya sea textos, audios o vídeos pero solamente aquellos que realmente dan información útil son los que destacan y tienen éxito.

Te voy a poner un ejemplo; supongamos que alguien perdió un celular y está buscando la manera de localizarlo mediante el GPS integrado y se encuentra con un video que tiene por título "localización de un celular perdido por GPS" al abrir el vídeo el autor menciona una serie de argumentos por los cuales eso no se puede hacer y que se resigne a dar por perdido el celular.

Esto tiene dos efectos nocivos:

Producirá un gran descontento en el usuario que se encuentra en una situación difícil y preocupante porque no le resolvió su problema, solamente fue un video que le mostró que no hay remedio; esto no aporta absolutamente nada, por el contrario causa un enfado más grande en el usuario quién puede calificar negativamente al autor del video.

Ahora supongamos que el usuario encuentra un video en el que el autor explica que es difícil encontrar un celular si no tiene las aplicaciones previamente instaladas para esto, pero menciona que existe un número IMEI que se obtiene pulsando las teclas ***#06#** o que se encuentra en los documentos dentro de la caja del teléfono, y que si este número se reporta a la compañía de telefonía, desarticula el teléfono y ya no podrá ser utilizado por ninguna red en el mundo.

En ambos casos el usuario no va a obtener de vuelta su aparato, pero en la segunda opción por lo menos se ofrece una alternativa que puede aliviar un poco el estado de ánimo de quien perdió su teléfono, por lo tanto esta segunda propuesta resultará más valiosa para esta persona.

El valor se refiere a la importancia de la información que ofreces; cualquiera que sea el tipo de actividad en la que estés involucrado, menciona cómo es que tus productos o servicios solucionan determinados problemas, esto puede ser muy bueno para tus clientes potenciales y te pueden percibir como una referencia valiosa.

Supongamos que una persona no sabe cocinar y encuentra el canal de un chef que le ayuda a preparar un platillo delicioso; esto le hace quedar muy bien en una reunión, entonces ese chef se convierte en alguien muy valorado para esa persona porque le ayudó a solucionar una necesidad de una manera muy favorable.

- Una mamá puede aportar información acerca de la alimentación para bebés con requerimientos especiales de cuidado debido a un padecimiento en particular, esto será sumamente valorado.
- Otra mamá puede compartir consejos valiosos para hacer que los niños se mantengan activos en el mundo real, lejos de los teléfonos y tabletas electrónicas.
- Un ingeniero puede aportar valor con su experiencia en optimizar procesos de producción.
- Un electricista puede aportar valor al mostrar cómo detectar cortocircuitos en casa que

consumen energía eléctrica y con ello bajar la cuenta mensual de electricidad.
- Un maestro puede aportar valor al mostrar maneras innovadoras y efectivas de enseñar.

El valor es ofrecer algo valioso, ¿qué cosa puedes ofrecer al mundo que sea valiosa?
Ese es tu valor, enfócate en ello y ponte en los zapatos de las personas a las que quieres llegar; eso te asegurará una buena percepción ante los demás.

ANTI CAPITAL LA SOBERBIA
(EL EGO Y EL SABIO)

Uno de los anti capitales más comunes es la soberbia porque esto evita que las personas se abran a nuevos puntos de vista, posiciones diferentes, procedimientos y conocimientos nuevos cerrando toda posibilidad de mejoría y progreso.

Cuando una persona cree que su forma de pensar o proceder es la correcta, entonces está en un problema porque lo que nosotros pensamos, hacemos y decimos va de acuerdo a nuestra historia, nuestras creencias, nuestra realidad y los programas que nos han implantado en la cabeza y esto no tiene que ser cierto para alguien más.

Cuando una persona se encierra en su verdad se hace daño, pues se priva de la gran posibilidad de aprender cosas nuevas que pueden mejorar su vida o dar respuesta a algún problema determinado.

La soberbia es un anti capital muy común en personas que tienen altas jerarquías, conocimiento o habilidades superiores a la gente promedio.

Esto las hace tener una percepción exagerada de sí mismos; calificando a las demás personas como inferiores, torpes o incapaces de resolver un problema. Si el soberbio además es controlador, él mismo realizará estas tareas, porque nadie más las puede hacer bien.

El soberbio piensa que está por encima de las personas comunes, por tanto cuando reciben alguna sugerencia es invalidada frecuentemente.

Los años de experiencia también pueden detonar la soberbia, fomentando en el individuo la creencia de que su forma de hacer las cosas es la mejor, debido al tiempo que lleva en eso y por tanto las realiza de manera perfecta, invalidando cualquier propuesta diferente o innovadora.

Dicho sea de paso existe otro anti capital que estudiaremos más adelante y se llama visión de taller, generalmente las personas que están fuera de una operación tienen percepciones distintas y podrían aportar comentarios muy valiosos, por eso no hay que centrarse en uno mismo; dejar de pensar que somos "el centro de la creación" esto es una idea medieval; debemos abrirnos a nuevas maneras de ver el mundo y solucionar los problemas.

DIRECTITIS

En mi país la enfermedad de la soberbia es sumamente común, en mis cursos y asesorías empresariales la llamo *DIRECTITIS (inflamación del director interno)*; es una enfermedad muy extendida en las corporaciones y no necesariamente tiene que ser a nivel gerencial o directivo; esto se da en todos los puestos.

A continuación te comparto algunas frases muy características que ilustran la manera de proceder de estas personas:

- Solamente yo sé hacer las cosas porque yo soy el dueño / director /gerente.
- Porque estoy más arriba que tú.
- Yo estoy dentro de la organización tú estás fuera, por eso yo sé cómo se hace.
- Ya sé eso.
- Llevo muchos años en esto y tú no me vas a decir cómo hacerlo.
- Aquí el maestro soy yo y nadie me enseña.
- Yo soy el que recibe los mensajes divinos y ustedes solamente me escuchan.
- Yo he leído muchos libros acerca del tema y por eso sé de lo que estoy hablando.

Debo mencionar que todos pueden aportar algún tipo de conocimiento nuevo y extremadamente útil aunque no tengan el nivel de conocimiento, habilidad o experiencia que el jefe, maestro, facilitador o guía;

esos títulos son irrelevantes y será labor de la persona que está al frente tener la sensibilidad y la sabiduría de escuchar y comprender la posición de la otra persona para llegar juntos a un punto de acuerdo.

Mientras una persona siga abrazando la soberbia nunca podrá avanzar en su vida, siempre estará encerrado en su propia verdad y en su monólogo interno que le impide ver las cosas desde otro punto de vista y aprender de ello.

ANTI CAPITAL
VISIÓN DE TALLER

Este es un anti capital muy común porque el ser humano solo puede enfocarse en un par de cosas restándole importancia a lo demás.

Esto se llama así porque en un taller existen miles de elementos que generalmente están desordenados, pero el trabajo es tan demandante que el operario se olvida y deja de ver el desorden que existe en el taller para enfocarse en sus tareas.

Al paso del tiempo esto se hace común y desaparece de la visión del operario; pueden pasar muchos años con el mismo desorden y nunca se tomarán la molestia o el tiempo de arreglarlo porque para ellos no existe; esto se llama visión de taller.

Esto no solamente se dá en el orden de los objetos físicos, también existe en los procedimientos y mentalidad de las personas.

Muchos de nosotros tenemos vicios que nos consumen recursos, tiempo o energía y aunque éstos nos perjudican; llevamos tanto tiempo con ellos que no somos capaces de darnos cuenta de esta situación; tenemos una especie de visión de taller de nosotros mismos, hasta que alguien más nota esa deficiencia y la señala inmediatamente.

Con esto se nos presenta la gran oportunidad de poder corregir y mejorar nuestro desempeño.

Es muy bueno pedir a alguien externo que observe alguna conducta de nuestra persona y tener la humildad para escuchar y comprender las cosas desde su punto de vista; muy probablemente no concuerde con nuestras ideas, pero esto nos dá la gran oportunidad de mejorar.
Al final del día siempre tendremos el control y la decisión de hacer o no las cosas de manera distinta.

ANTI CAPITAL
DERROTISMO / PRETEXTISMO

Este capital es muy común para algunas personas y tiene que ver con una forma de pensar muy particular. Yo considero que tiene su raíz en el miedo de emprender algo y fallar, perder dinero, hacer el ridículo y pasar por una vergüenza o alguna otra situación que empuje a la persona fuera de su zona conocida.

Estas personas tienen frases muy particulares que se detonan al escuchar una sugerencia o idea innovadora, a continuación una breve lista de ellas.

- Eso ya lo inventaron.
- Eso ya existe.
- Eso es muy difícil.
- Se necesitan muchas cosas para llevarlo a cabo.
- Hay que saber de eso.
- Se necesita mucho dinero / tiempo / esfuerzo

- No tengo la edad / salud / situación económica / relaciones o amistades / ambiente adecuado (familia, trabajo, país etc.)
- Eso no es para mí.

Estas personas argumentan cosas o situaciones para justificar la falta de acción; siempre tendrán un buen pretexto para no hacer algo.

Si detectas alguno de estos comentarios o forma de pensar en tu persona, ya sabes que eso solamente es una manifestación del miedo que te paraliza y evita que puedas hacer cambios para mejorar tu vida.

Cuando te escuches decir algo así detente y modifica tu argumento; nada es imposible y la programación neurolingüística sostiene que si alguien más hizo algo tú también puedes hacerlo, solamente hay que dar los pasos necesarios para ello.

Yo creo que todos, absolutamente todos hemos tenido alguna buena idea en algún punto de nuestras vidas y esa idea puede funcionar siempre y cuando no pongas pretextos o argumentos para no hacerla; dale una oportunidad, intenta algo diferente, yo creo que una sola idea puede cambiar el resto de tu vida. No seas tú el verdugo de tus sueños y no les pongas freno, recuerda que nada está escrito solamente lo que tú estás escribiendo a cada día.

ANTI CAPITAL
FATALISMO

Este anti capital también tiene su base en el miedo al fracaso, al ridículo, a la pérdida, a la carestía o cualquier otro miedo que la persona tenga en su interior.

En este tipo de pensamiento el individuo es tan inseguro que solamente se enfoca en las cosas negativas que pueda encerrar una propuesta o comentario.

Cuando el fatalista escucha esto, inmediatamente se activa un mecanismo de defensa que busca las cosas amenazantes dentro de esa idea.

Este tipo de persona tiene una manera muy particular de funcionar; cuando detecta algo diferente busca en su mente todos los posibles escenarios y de todas las cosas malas que pueda imaginar, escoge la peor de todas; entonces empieza a trabajar en ella, construyendo una historia fatal que lo llevará al fracaso inminente, a la pérdida, a la pobreza, a la muerte o cualquier otra situación trágica que pueda traer alguna idea nueva.

Debo mencionar que las situaciones ficticias del fatalista están alimentadas por su imaginación, esto significa que cualquier escenario probable es irreal, no existe, solamente vive en su imaginación fatalista.

Y así pasa la vida imaginando cosas terribles que le podrían suceder si hace tal o cual cosa o se atreve a pensar que puede sobresalir en algo.

Yo descubrí este tipo de personas al observar y estudiar la conducta de alguien muy cercano a mí; me di cuenta de ciertas características que me llevaron a definir este anti capital.

Son personas que en cuanto llega alguna situación favorable o desconocida inmediatamente se detona en su inconsciente el mecanismo de defensa para evitar la situación terrible que su imaginación ha construido.

Cuando un bebé empieza a caminar y se cae, este evento, es observado por dos personas, la primera piensa "oh que lindo, ya empieza a caminar", la segunda piensa "oh que malo, deberíamos ponerlo en su corral para que no se golpee la cabeza".

Vamos a poner un ejemplo con un fatalista:
Supongamos que esta persona no sabe manejar, pero tiene el deseo de hacerlo y con mucho esfuerzo aprende; luego adquiere un coche pero no lo maneja porque le da miedo el tráfico; luego empieza a imaginar cosas terribles que seguramente le van a ocurrir si conduce, entonces lo deja de hacer y el coche se queda estacionado por 6 meses o más, luego pueden suceder dos cosas:

- Se dará cuenta de que ese automóvil le está costando dinero y no obtiene un beneficio, así que decide venderlo y regresar a la situación en la que se encontraba anteriormente.
- Otra opción probable puede ser que el fatalista empiece a pensar cosas y a construir escenarios amenazantes, malvados, horribles, pavorosos y hasta mortales en su imaginación acerca de poseer un automóvil (aunque no lo conduzca) y esto le produce tanta angustia y ansiedad que decide deshacerse de él, aquí su mente fatalista puede empezar a construir otros escenarios Igualmente amenazantes con respecto a la venta del automóvil como estafas o robos y entonces decide no venderlo.

- En otro caso de fatalismo, la persona ni siquiera puede contemplar la posibilidad de aprender a manejar pues esto le produce un temor muy grande de chocar o atropellar a alguien.

Esto lo lleva a un círculo de miedos infundados por poseer algo, miedos por deshacerse de él y todo lo que se encuentre alrededor.

Desde mi punto de vista el anti capital más grande es el miedo, pues paraliza a las personas para moverse y lograr muchas cosas, pero esta manera de pensar fatalista lleva el miedo a niveles extremos; pues nada de lo que piensa es real y jamás ocurrirá; solamente se trata de representaciones mentales que viven en el cerebro del fatalista.

Debo mencionar que todos hemos tenido pensamientos fatalistas en alguna ocasión; solamente hay que detectar cuando estos pensamientos aparecen, analizarlos y evaluar qué tan ciertos o irreales son y en base a ello desecharlos o tomar las precauciones indicadas.

Es bueno ser precavido si existe un riesgo real, pero de ninguna manera hay que ser fatalista, pues todas las amenazas existen solamente en la mente de quien tiene esta forma de pensar.

El fatalista funciona de la siguiente manera:
Cuando llega una idea nueva o un concepto que no comprende, inmediatamente busca en su archivo elementos para construir escenarios malos y de todos ellos toma el peor, lo adorna, lo aumenta le pone efectos especiales, lo hace oscuro, sombrío y hace una película, donde se encuentra perdido en un bosque en el medio de la noche, le pone una densa neblina, lluvia, rayos, monstruos, demonios y zombies, una vez hecho esto se coloca en medio de su propia película, con una pierna rota, desnudo, perdido y sin salida para que su cuerpo sea descuartizado, devorado y absorbida su alma hasta las más profundas, oscuras y eternas dimensiones del más bajo, ruin, inmundo y apestoso infierno, tan

despreciable y podrido que es donde todos los habitantes del inframundo tiran su basura.

Todo esto patrocinado por las pavorosas criaturas mentales que él mismo fabricó.

Esto parece gracioso, sin embargo muchas personas pasan la vida paralizados por el miedo a vivirla.

Por supuesto todo esto es una analogía "graciosa" de la mente fatalista; pero lo que no es gracioso es que los fatalistas existen y todos tenemos una parte fatalista dentro, aunque seamos fatalistas "de clóset" y que no aceptemos eso, hay momentos en que aparece "el fatalista dentro de mi", solamente hay que saber dominarlo y comprender cuando es ficticio nuestro miedo.

Si tienes algunas preguntas o comentarios al respecto de este o algún otro capítulo, por favor ve a
http://www.brunocaballero.net/comentarios/ y escríbeme ahí.
Las solicitudes más frecuentes se concentrarán en un ebook próximo.

CAPITAL
EL MOVIMIENTO / LA ACCIÓN

Este capital es muy importante y es el principio de todo, gracias al movimiento las cosas empiezan a funcionar; es cómo arrancar un automóvil que pasa del estado inerte a ponerse en marcha, el movimiento es el paso inicial para el cambio.

Todas las grandes ideas, los grandes productos y los grandes seres humanos, ocupan ese lugar en la historia por una sencilla razón; hicieron algo diferente y útil durante sus vidas; en algún momento pasaron del pensamiento a la acción, es decir activaron el capital del movimiento, empezaron a trabajar en ese proyecto que nació en su cabeza y eso los llevó a otra realidad.

El movimiento es un capital muy importante y a la vez es sumamente simple, este capital lo puedes activar en cualquier momento y no depende más que de la decisión de poner manos a la obra en cualquier cosa que se te ocurra, no se necesita una certificación especial para ponerse en acción, simplemente hay que hacerlo.

Por muy sencillo o complicado que parezca un concepto, el capital del movimiento es el mismo, solo hay que empezar.

Está muy bien tener las ideas en la cabeza para un nuevo producto o servicio; imaginar cómo sería nuestra vida haciendo eso que soñamos y los beneficios que podríamos obtener, pero nada de esto ocurrirá si no prendemos la mecha que detone esa realidad, eso es el movimiento.

Como ejercicio podrías escribir en una hoja de papel una buena idea que hayas tenido en algún momento de tu vida; al principio será solamente una simple frase, pero si continúas escribiendo, poco a poco irán surgiendo detalles que añadirás a la idea inicial.

Cuando hayas terminado de escribir, ordena los elementos involucrados de una manera coherente, imagina cómo sería, cuáles son los pasos necesarios para poder llevar ese proyecto a término.

Una vez que tengas completo el borrador inicial, inmediatamente lleva a cabo la primera acción, no lo pienses, solamente hazlo, recuerda que nada de eso sucederá si no te pones en acción; tampoco sucederá mucho si lo comienzas a hacer, esto es muy sutil, pero si lo haces, habrás iniciado el camino con el primero de los pasos necesarios para concretar tu proyecto.

Esto NO significa que ya tengas asegurado el éxito; solamente has pasado del reposo a la acción, lo bueno es que ya no estás estático, ya arrancaste el motor de tu vehículo, ahora falta empezar a moverte en la dirección que deseas.

MOVERTE TODOS LOS DÍAS

Los seres humanos tenemos una característica muy particular y es la de buscar un lugar para establecernos, hacer un nido y hacer lo que los seres humanos hacen; tener una familia, reproducirse y cuidar de los pequeños; para eso estamos programados, nuestras células tienen esa función básica, continuar con la especie, nuestra biología está diseñada para ello.

Inconscientemente tendemos a hacer nidos en todos lados; con la familia, el trabajo y los amigos. Poco a poco empezamos a sentirnos confortables con la rutina porque es algo que nos da seguridad.

Cuando tenemos absoluto control y dominio de las situaciones en nuestra familia, en el trabajo y con los amigos, entonces ahí nos establecemos; esto nos da seguridad y confianza porque sabemos qué es lo que va a ocurrir.

Sin embargo desde mi punto de vista muy particular yo creo que esta situación nos aleja de explorar cosas nuevas y diferentes; nos encierra en la rutina segura y conocida, esto en mi opinión es quedarse estático, como si no estuvieras moviéndote del todo.

El mundo está experimentando la mayor revolución de la historia y esto sucede cada día a un nivel exponencial; las cosas que ahora catalogamos como ciencia ficción, en un par de años serán una realidad y el futuro es altamente incierto.

Para aquellas personas que no estén preparados y se muevan, los cambios llegarán tan rápido que en el tiempo que tienen para evaluar la situación, ésta los habrá superado tan rápido que ya no será útil reaccionar.

Es como pretender correr los 1000 metros planos sin haber tenido un solo entrenamiento antes y lo peor de todo es que tienes decenas de competidores olímpicos en ambos lados, dime tú, cuál crees que sea el resultado de esto?, ¿en qué lugar crees tú que llegarías?, ¿serías capaz de terminar esa carrera?, ahora bien esa carrera no es de 1000 metros planos es de los días que te quedan por vivir.

Es muy importante moverte en la dirección que deseas cada día; ya que esto irá construyendo tu futuro, es cómo poner los ladrillos de una casa y un ladrillo se coloca uno a la vez, no puedes colocar 100 o 200, solamente uno en cada ocasión.

LA CULPA BUENA

A medida que te empiezas a mover, el movimiento se hace más fluido y más normal; se convierte en un hábito parecido al de hacer ejercicio, tanto que cuando no hagas tu movimiento cada día sentirás que algo está faltando y que ese día no hiciste nada para alcanzar tu sueño dorado; créeme esto produce un sentimiento de culpa muy "bueno" que te impulsa a esforzarte el doble al día siguiente para recuperar lo que has perdido.

Cada vez que sientas que te vas a estacionar en una zona confortable ponte en movimiento ya que el confort solamente te lleva a no hacer nada y él *no hacer nada* te tomará al menos unas dos terceras partes de tu vida; yo considero la tan mencionada zona de confort como la *zona de muerte,* cuando el ser humano ya no tiene aspiraciones, retos ni sueños, y no tiene un motivo para moverse, eso es la descripción de un cadáver.

Recuerda que el ser humano tiende a encontrar un buen lugar formar un nido y establecerse, esto está impreso en nuestro ADN; así han vivido miles de millones de personas en la historia y es sumamente difícil luchar contra ello.

Pero ahora ya sabes de qué se trata y las reglas del juego han cambiado, ya no estamos en una época en que nos podamos dar el lujo de sentarnos a disfrutar de nuestra vida y nuestros logros.

Un ejemplo de algunos que se sentaron a disfrutar de sus hazañas y su grandeza son.
.
- Kodak (principalmente con sus cámaras fotográficas).
- Blockbuster.
- Pan Am.
- Compaq.
- Tower Records.

- Yellow pages.
- Y todos los servicios de telefonía fija alrededor del mundo.

Pronto seguirán a está lista.

- Las televisoras.
- Las grandes agencias de publicidad.
- Emisoras de radio.
- Compañías automotrices.
- Escuelas y universidades tradicionales.
- Petroleras.
- Bancos.
- Partidos políticos.

Entre otros cientos.

Si todas estas compañías que valían miles de millones de dólares desaparecieron en unos años ¿qué puedes pensar de un solo individuo?
¿Qué tienes tú de especial que no tenga el de al lado?
¿Tu experiencia?
¿Tus conocimientos?
¿Tus habilidades?

Déjame decirte algo, tu experiencia conocimientos y habilidades están intrínsecamente enlazados a un tiempo y ese tiempo está en el pasado.

- En el futuro próximo no hay experiencia porque todos los elementos son nuevos; no existían previamente.
- El conocimiento será útil solamente en base a las nuevas tecnologías, no a las tecnologías del pasado.
- La habilidad de manejar las nuevas tecnologías para obtener beneficios y crecimiento es lo que será codiciado y buscado, no las habilidades obsoletas del pasado.

El mundo ya no será como lo conocemos y más vale ponerse a entrenar para cuándo tengamos que correr 1000, 2000, 3000 metros o un maratón continuo hasta el final de nuestras vidas.

Así que el futuro se escribe a cada día
¿Qué estás haciendo hoy para ser un individuo apto en el futuro que ya está aquí?, ¿Ya puedes correr a la par de un deportista olímpico?

ANTI CAPITAL
NO MOVERSE

Supongamos que una persona tiene su trabajo y su rutina diaria, al paso del tiempo se le ocurre una idea que es muy buena y le empieza a dar vueltas en la cabeza; esta persona imagina cómo sería su vida en este escenario.

Esto parece excelente y la idea realmente es brillante; este individuo tiene todo lo necesario para llevarla a cabo y su plan ya está hecho, ha resuelto algunos temas en su cabeza, todo está listo para poner manos a la obra.

Sin embargo esto no ocurre a pesar de que la persona tiene todos los elementos, tiene el conocimiento, las habilidades y algo de valor que puede ofrecer a las personas; de alguna extraña forma esa idea no la pone en práctica y no trabaja en ella.

¿Porque se da este fenómeno?

Aparentemente todo está a su favor y tiene las cualidades necesarias para llevar a cabo ese proyecto.

Son muchos factores que intervienen y yo sostengo que una persona no hace algo principalmente por dos razones:

- La falta de conocimiento
- La falta de voluntad

También he dicho que la gran mayoría de las veces las personas no hacen las cosas no por falta de voluntad, sino por falta de conocimiento.

Aunque existen muchas personas que no hacen las cosas por falta de voluntad estos son los menos.

En el 99% de las ocasiones el miedo es el que paraliza a las personas; continuamente digo que este es el peor anti capital que existe, pues evita que grandes cosas surjan y que las personas intenten algo diferente en sus vidas.

Hay muchos con grandes Ideas, personas creativas y talentosas, pero tienen miedo a intentar algo diferente; el mundo está lleno de individuos talentosos y gente creativa, pero por desgracia, el miedo los hace quedarse en un lugar, privando a los demás de una gran idea, un producto innovador o un método útil y diferente para hacer algo.
Quién sabe cuántas ideas geniales, artículos y métodos se han perdido en la nada porque las personas que los concibieron nunca tuvieron el valor de moverse, de arrancar el motor y empezar a andar para llegar a un lugar diferente y compartir con todos ese producto idea o método.

Lo hermoso de tener una idea y llevarla a término es que no solamente el creador se beneficia económica y socialmente, sino que todas las personas podemos disfrutar de los beneficios de esa idea.

Esa es parte también de las razones por las cuales estoy escribiendo este libro; para ayudar a alguien en algún momento a cambiar su punto de vista acerca de su propia vida y que sepa que puede empezar a mejorar.

Seguramente tú que estás leyendo, has tenido una buena idea y creo que también has sido víctima de tus propios demonios, de tus miedos y te has quedado petrificado sin moverte dejando pasar ese gran momento de inspiración para dejarlo en el olvido.
Solamente te diré un par de cosas para terminar con este apartado.

La primera, es que tú estás "construido" con un propósito; si tu voz interior te dice algo, es que eso es coherente con todo lo que tú eres en cuerpo, mente y espíritu, no puede salir nada mal, aunque tendrás que aprender muchas cosas y tropezarás en ocasiones, esto es normal y debes esperarlo, es necesario e importante para ganar experiencia y habilidad para llegar al éxito en cualquier disciplina; de tal modo que todas esas ideas que has tenido, no salieron de tu mente, sino que emanan de tu corazón y la conexión con el universo; son adecuadas para lo que tú eres y lo que puedes hacer; así que no las deseches sin haber intentado al menos ponerte en marcha.

La segunda es que el 99.99% de las personas somos creativos, esa es parte de nuestra naturaleza, es lo normal pero también el 99.99% de las personas tenemos tanto miedo que nunca hacemos nada al respecto de nuestras ideas.

Mira a tu alrededor, todo el mundo conocido es producto de personas que vencieron sus miedos y se lanzaron para llevar a cabo su idea, sin importar lo que todo mundo dijera; esta misma actitud llevó a una persona a navegar hacia lo desconocido y descubrir un continente entero.

Esta idea comenzó en su cabeza solamente, tal vez igual que tú, pero la diferencia es que él tuvo el valor de llevarla a cabo y la persistencia para continuar a pesar de todas las negativas, dificultades, contratiempos y de todo el miedo que existía en esa época con respecto a los monstruos terribles que habitaban en los mares; aún así fue hacia delante. Pasaron muchos días, noches, enfermedades, hambre, pero no había marcha atrás, siguió adelante pues él sabía que iba a llegar algún lado; no sabía exactamente a dónde, pero gracias a esto Cristóbal Colón será recordado hasta el final de los días como el descubridor de América; simplemente por seguir adelante con una "suicida y loca idea" que nació dentro de su cabeza un día como cualquier otro.

CAPITAL
TENER UN ÍDOLO

Este capital es como la fogata que mantiene viva la llama del deseo, es ver a alguien que ya está viviendo eso que tú anhelas y te "atrae" hacia tu sueño.

Este es un capital muy poderoso;
John Lennon admiraba a Elvis Presley, quería ser como él, se vestía como él, se peinaba como él, y un día dijo *"YO VOY A SER COMO ELVIS"*.

Esta simple declaración, detonó algo en la mente de John Lennon, algo cambió, un engrane cayó en un lugar perfecto, se acomodó, y empezó a girar para mover la vida entera de John hacia un objetivo, algo que realmente anhelaba su corazón.

Fue entonces que todos los esfuerzos, ensayos y horas de práctica, presentaciones en público, todo fue en coherencia con su deseo principal; ser como Elvis Presley.

Tú puedes fijar tu meta con alguien que se relacione en el campo que deseas; puede ser un chef, un pintor, un conferencista, tal vez un líder espiritual, un gran vendedor, un deportista incluso un ama de casa o una mamá a la cual tú admires, alguien QUE YA ESTÉ VIVIENDO LA VIDA QUE TÚ DESEAS.
Entonces fija tus metas y enfócate en ese objetivo; estudia a esa persona, imita sus movimientos,

investiga todo lo que puedas de ese tema y ponte en acción, siempre con la idea en la cabeza de llegar a ser como tú ídolo.

Eso impulsa tu corazón hacia algo más allá de tu propia percepción física; un ídolo es más grande que nosotros y está más alto.

Pero tratar de ser como él te atraerá hacia donde esa persona se encuentra, ya no verás tus propias limitaciones, sino el resultado al cual deseas llegar.

Con esto la atención deja de enfocarse en las carencias y únicamente tiene como objetivo la meta.

Cuando tú mente se fija únicamente en el resultado, entonces las carencias desaparecen, nos libramos de representaciones inútiles de uno mismo y creencias limitantes, para ocuparse de lo único que importa; llegar a ser como *"TU ÍDOLO PERSONAL"*.

Busca entonces a una persona que sea destacada en el área qué te gustaría abordar, fija en tu mente la idea de que tú deseas y vas a ser como él o ella; cuando hayas hecho esto, empieza a trabajar y haz aquellas cosas que ese ídolo hizo para llegar a dónde está, conforme avances en la realización de esas metas, te darás cuenta de que cada vez ganas más habilidades y eres mejor en eso.

Con esto darás los pasos necesarios para ir hacia ese lugar; si continúas avanzando invariablemente llegarás a donde se encuentra tu ídolo y entonces te habrás convertido en algo muy parecido a él.

CONFIANZA

Todos los seres humanos tenemos inseguridad y miedo, es parte de nuestra naturaleza como especie, sin embargo me he dado cuenta que esto proviene de la falta de conocimiento; en cuanto conoces algo, la inseguridad y el miedo tienden a desaparecer.

La confianza es un tema muy importante y esto define gran parte de nuestra conducta, generalmente nos movemos en aquellas zonas en las que nos sentimos confortables y esto se deriva directamente de la confianza, por ejemplo una persona que no sabe nadar se puede meter en una alberca pero jamás entrará al mar por temor a ahogarse.

Sin embargo hay grandes nadadores que ni siquiera conciben los riesgos de ahogarse en una alberca, un lago, un río o el mar porque dominan la habilidad que se llama nadar; una vez aprendida y dominada la habilidad se aplica igual en cualquier situación, no importa el tamaño del cuerpo de agua porque eso es irrelevante, lo que importa verdaderamente es una sola cosa; la capacidad de mantener el propio cuerpo a flote y moverse.

La habilidad no está en el exterior (océano) sino en el interior (cuerpo).

Desde mi punto de vista, la confianza proviene de la familiaridad con la situación y el dominio de la misma, esto solo se logra de una manera y es seguir haciendo eso que todavía no dominas.

Supongamos que debes exponer un tema ante un auditorio, al principio sentirás mucha tensión nerviosa y ansiedad, pero si continúas haciendo esto, estarás más cómodo, luego desarrollarás confianza y con ello te desenvolverás con gran soltura frente a numerosos grupos de gente, gracias a la seguridad que has adquirido con la práctica.
Creo que ésta es una buena analogía y una excelente manera de desarrollar la confianza para cada nueva situación que se te presente, como dije antes la única fórmula que he visto funcionar para mí y para las personas que he asesorado, es mantenerse en contacto continuo con aquella situación que genera ansiedad y poco a poco, a medida que la conoces y la dominas, cambia la percepción y aumenta la seguridad porque ya es una situación conocida.

Yo creo que este concepto es básico para cambiar tu vida; Albert Einstein sostenía que para obtener un resultado distinto habría que hacer cosas diferentes, que mientras sigamos haciendo las mismas cosas, seguiremos obteniendo los mismos resultados.

Eso es absolutamente cierto, sin embargo tenemos tantos miedos e ideas que el verdadero reto es pensar distinto y según mi propia experiencia, cambiar nuestra forma de pensar es lo más difícil.

Tan solo imaginar que puede haber una ideología diferente a la nuestra es INACEPTABLE.

Considerar que nuestra forma de ver las cosas puede no ser la más adecuada, desechar los viejos hábitos y creencias antiguas para sustituirlos con nuevas, es el mayor reto al que un ser humano se pueda enfrentar.

Pero esto no es más que simples ideas dentro de un cerebro; ¿recuerdas la pluma y el castillo? ¿la pelota blanca y la negra?, esto es lo mismo.

A mí me sorprende como hay personas que saben cuáles son sus deficiencias, saben que si modifican esas deficiencias pueden mejorar y saben cuáles son los pasos a seguir para lograrlo, qué cosas deben desechar y las nuevas creencias que deben acoger para mejorar sus vidas y sin embargo no lo hacen y continúan en su vieja dinámica.

Estos son temas muy profundos que desde mi punto de vista se deben de tratar con un profesional, igual que cuando te duele una muela o tienes una caries vas con un dentista, si tú llegas a presentar una situación similar, te sugiero buscar la opinión de varios profesionales y la ayuda de alguien calificado para resolver tus áreas débiles de la manera más adecuada para tí.

Esto es una recomendación que hago para las personas que presentan retos para cambiar su manera de pensar.

Por otro lado, existen personas que están abiertas al cambio y adoptan más fácilmente nuevas ideas y las llevan a cabo sin muchos cuestionamientos, a este tipo de individuos les gusta experimentar cosas diferentes, sin aferrarse mucho a conceptos o métodos establecidos; si tú eres así podrás moverte con mayor facilidad, ganando confianza en aquello que desees emprender; recuerda que esto es básico para seguir en el camino que tú quieras, sin confianza en ti no se mueve nada, esta representa el carril donde vas a conducir tu vehículo.

Desarrolla confianza en aquello que tú quieras y simplemente continúa haciéndolo.

Un buen consejo para ganar confianza es que te des un plazo de 6 a 8 meses haciendo lo que te resulta incómodo por falta de conocimiento, no tires la toalla, no desistas, pues en ese lapso habrás conocido la mayor parte de los detalles de la operación y habrás ganado el 80% de la confianza necesaria para continuar sin problemas.

"Valiente no es el que no tiene miedo, valiente es aquel que a pesar de su miedo lo enfrenta y sigue adelante"

Ponte en movimiento, enciende tu motor y emprende tu camino; no pasará nada si no lo haces y al principio tampoco pasará mucho si lo haces, pero eventualmente las cosas empezarán a cambiar y tú notarás ese cambio paulatinamente, en poco tiempo, este cambio se extenderá a cada aspecto de tu vida llevándote a lugares insospechados.

Ten el valor de iniciar y la confianza de que aquello que haces está bien hecho, pues mantiene coherencia con todo lo que tú eres y deseas.

Es cierto que tendrás que aprender cosas nuevas y que no eres experto en algunas otras, sin embargo no hay nada que no se pueda aprender y nada que no se pueda hacer bien con tiempo y práctica.

Solamente necesitas ser medianamente hábil para empezar algo, la experiencia y la habilidad llegarán con el tiempo y la práctica; no hay otra forma que yo conozca para llegar a la maestría en cualquier disciplina sino es por medio de la práctica y el error; así que entre más rápido empieces a practicar, más rápido cometerás errores que te harán desarrollar tus habilidades y conocimientos y con el tiempo lograr la maestría en eso que deseas; así que muévete y empieza a andar tu camino que solamente traerá cosas buenas.

LA DECISIÓN

Este apartado no se debe de confundir con la decisión de iniciar algo; es una idea diferente la que deseo poner sobre la mesa y tiene que ver con un concepto más sutil pero muy poderoso.

A lo que yo me refiero es que todo en tu vida ha sido una elección, haciendo uso de los elementos que tenías en ese momento.

La situación en la que te encuentras ahora mismo, ha sido definida por la información que has recibido desde antes de nacer en tu familia, amigos, maestros y la sociedad en que vives.

Esta información te ha llevado a tomar ciertas decisiones que han moldeado tu realidad justo como la vives ahora.

Todo esto ha desarrollado un programa de estímulos y respuestas que funciona de acuerdo a tus valores y creencias.

Tienes un trabajo porque crees que es lo mejor para ti, tienes la pareja qué crees que te complementa mejor; la mantienes o la dejas por qué crees que es lo mejor, no tienes pareja debido a ciertas conductas tal vez inconscientes o tal vez muy conscientes que te llevan a esa situación, pero al final del día todo eso que funciona de manera "automática" en tu vida lo puedes modificar pero debes tener la decisión de hacerlo.

Este es un concepto que descubrí de manera casual cuando me encontraba en meditación, llegó una idea muy extraña y cierta; tiene que ver con que la vida que tenemos es una decisión y cambiarla es también una simple decisión.

En metafísica se estudian las leyes universales y la primera sostiene que todo en el universo es mental; yo hago una analogía de esto con la decisión.
En este momento tú estás viviendo una realidad que es el resultado de muchos elementos o "ingredientes" que la formaron; sin embargo todos estos "ingredientes" son producto de un montón de personas con sus ideas y creencias; ellos te "condimentaron" con su "basura" o con su "exquisitez" a lo largo del tiempo, formando tu criterio y tus creencias tanto limitantes como empoderantes.

Y lo que vives ahora mismo, es el resultado de las acciones que has tomado de acuerdo a toda esa información "útil" o "basura" que todos ellos te han añadido.

EL CAMBIO ES SOLAMENTE UNA DECISIÓN TUYA

En cualquier momento de tu vida puedes tomar la opción de cambiar el rumbo y esa es la decisión a la que me refiero; continuar en tu realidad es una elección pero si quieres cambiarla, solamente debes tener la resolución de hacerlo y concretarlo.

LA DECISIÓN DE GANAR MÁS DINERO ES SOLAMENTE UN ESTADO MENTAL.

¿A qué me refiero con esto?
No importa tu situación actual, no importa si tienes o no estudios, no importa si no tienes dinero para iniciar un negocio, si realmente estás decidido (y comprometido) a ganar más dinero, tu mente empezará a buscar y encontrar los elementos en tu realidad actual para que puedas concretar ese propósito y los pondrá en la mesa para que tú decidas cuál es la mejor opción.

Si tú quieres ganar una cantidad extraordinaria de dinero es una decisión, si quieres continuar ganando lo mismo que ahora por supuesto es una decisión que deberás adoptar y ejecutar.

Si tú quieres tener un cuerpo extraordinario esa también es una decisión y deberás poner trabajo en ello, si deseas mantener la figura que ahora tienes por supuesto es una decisión tuya.

Si deseas aprender nuevas cosas es una decisión que habrás de tomar y llevar a cabo; hablar un idioma, aprender una nueva profesión, desarrollar una habilidad como la música o aprender animación 3D, programación, desarrollo de sistemas, reparación de celulares, diseño de apps para teléfonos inteligentes, cocina, yoga, repostería, mecánica automotriz, etcétera.

Cualquiera de estas cosas es una decisión que si la tomas y trabajas en ella te llevará a lugares diferentes.

Por muy extraño que pueda sonar esto que te diré es cierto: la decisión de hacerse rico o no es solamente un estado mental, así es, solamente una decisión, igual que la pelota negra o blanca.

¿Porque hago tal afirmación? Porque es cierta.

Hace tiempo decidí que la realidad que estaba viviendo no era la que yo quería y esto me hizo analizar qué deseaba en realidad; me encontré con muchas cosas y fueron muchas ideas, al principio tuve que depurar y poner en orden mis pensamientos, sin embargo cuando llegué al final de todo ese proceso de autoanálisis me di cuenta de que para llegar donde quería, había muchas cosas en mí que ya no me servían, por lo menos para lograr los resultados que yo deseaba.

Estas cosas las tenía que desechar e integrar a mi vida muchos aspectos nuevos si quería llegar a ese destino, formas de pensar, hábitos y acciones que en ese momento no tenía.

Hacerlo o no era mi decisión; así que decidí tomar mi destino y avanzar; lo único que sabía en ese entonces era el resultado que deseaba obtener, pero no tenía ni idea de cómo lograrlo, así que empecé a buscar la información correcta y los maestros indicados para mi nuevo proyecto de vida.

Gente que ya estaba en el lugar al que yo quería llegar y empecé a estudiarlos.

Podría decirse que los convertí en una especie de "ídolo" que me servía de modelo.

Debo decir que hay muchas formas de sobresalir, el mundo es un lugar de posibilidades infinitas, así que para iniciar solamente tomé a dos personas como modelos principales y a unos cuantos más como guías periféricos para ciertos detalles.

Hay toneladas de información, pero como dije antes, el cerebro solamente puede con uno o dos segmentos de ella, así que decidí tomar solamente una línea muy específica y seguirla.

De ese modo, sabiendo con certeza hacia dónde quería llevar mi vida saqué de mi bolsa las cosas que no me servían y empecé a llenar mi mochila con nuevas herramientas que me ayudarían a alcanzar la meta que me había fijado; la decisión estaba hecha y me había puesto en marcha, yo sé que solamente hay una forma de llegar a un destino y es caminar en esa dirección todo el tiempo, así que empecé con un paso y ahora ya llevo algún tiempo andando, pero todo se basa en una decisión inicial.

Igual hubiera podido decidir ser chef y abrir un restaurante de alto nivel, estilista, o músico; no hay nada que me impida hacerlo en este momento, sin embargo mis intereses, mis esfuerzos y mi tiempo están enfocados en otra dirección.

Podría convertirme en un gran bailarín, solamente habría que tomar clases de baile y hacerlo, al principio sería muy torpe, de eso no hay duda, pero con el paso del tiempo empezaría a ganar habilidad y gracia.

A estas alturas de mi vida nada me impide correr maratones, lo único que habría que hacer sería salir temprano por la mañana a correr, empezaría con distancias cortas y seguramente con mucho cansancio, pero gradualmente mi cuerpo iría ganando condición para aumentar la distancia hasta completar un maratón.

Podría desarrollar la habilidad de dibujar, pintar, hacer escultura, tocar un instrumento musical, ser un DJ, aprender a cocinar pasteles, carne a la parrilla, etcétera. Y de cualquiera de estas actividades podría ganarme la vida sin problemas; solamente es una decisión.

"TODO… ABSOLUTAMENTE TODO EN LA VIDA ES UNA DECISIÓN".

Cuando tomes la decisión y te comprometas realmente a llegar a ese punto, tu conducta, tus hábitos, tus puntos de vista y percepciones del mundo cambiarán, empezarás a ponerte en acción y con ello, las cosas, las personas, los eventos, se alinearán para llevarte a lograr cada día un tramo más del recorrido.

Tú decides si trabajar en una bomba de gasolina, vendiendo seguros de vida o manejando un automóvil para llevar gente todos los días o aprender algo que te lleve a un lugar muy diferente en tu vida.

No hay pretextos, solo aspiraciones y determinación.

PENSAR PLANEAR Y ACTUAR

Estas tres actividades son críticas para llevar a cabo una tarea; una vez que has tomado la decisión de ir hacia algún lado y la determinación de llegar ahí, tendrás que pensar qué es lo que necesitas para poder alcanzar esa meta; pueden ser muchos elementos, pero yo te sugiero que los escribas para que los modifiques y los puedas cambiar de orden conforme vayas avanzando en tu proyecto, de esta manera tendrás más claro cuáles son los pasos que debes tomar y con cada uno de ellos sabrás en dónde te encuentras y que necesitas para completar cada etapa.

PENSAR

Pensar antes de actuar es muy importante y útil; sin embargo debes tener mucho cuidado de no pensar demasiado, sino lo mínimo indispensable y con esto inmediatamente poner manos a la obra; de lo contrario esto se puede convertir en un anti capital muy fácilmente.

- **Pensar en exceso:** darle muchas vueltas a una idea sin realmente empezar nada, solamente

imaginando cosas de manera recurrente sin poner manos a la obra.
- **Pensar de manera negativa:** echar a volar la imaginación con todo lo que podría salir mal o situaciones indeseables que podrían darse si tienes éxito en aquello que estás deseando, es decir pensamiento fatalista.

Piensa solamente aquellas cosas que te puedan ser útiles y de inmediato pon manos a la obra.

PLANEAR Y ACTUAR

Planear es muy importante, ya que te dará un primer panorama de tu proyecto; aquí pueden aparecer algunos obstáculos probables que tal vez no habías contemplado, dándote la posibilidad de pensar cómo solucionarlos anticipadamente en caso de que se presenten.

No esperes a tener una planeación perfecta para poner manos a la obra, al contrario de lo que parece, planear demasiado es un anti capital, así que ponte en acción con lo mínimo aceptable; nunca vas a poder imaginar todos los factores que intervienen en un proyecto mientras no lo hayas iniciado, Sobre la marcha surgirán necesidades y ajustes que deberán llevarse a cabo para que puedas continuar.

INICIAR

El inicio es una etapa muy importante para cualquier emprendedor, sin embargo requiere de un gran esfuerzo porque es necesario vencer todos los retos mentales que tenemos; los miedos y la incertidumbre para avanzar sin saber con exactitud qué es lo que va a ocurrir.

A todas las personas que he asesorado les recomiendo iniciar una sola vez y continuar sin detenerse, porque el inicio requiere de un esfuerzo muy grande; si inicias y desistes continuamente, la energía disminuirá mucho restando "momentum" inercia a quien desea emprender algo nuevo.

Muchas personas darán paso al miedo y regresarán a la zona donde se encontraban antes;
Como he dicho, se requiere de mucha energía, valor decisión, ganas, o desesperación para iniciar, esto es tal vez el paso más difícil, el que produce más miedo; tu sabes si inicias una sola vez y continúas hacia adelante o si inicias varias veces por desidia, miedo o derrotismo.
También es cierto que hay personas que han iniciado de manera casual sin haber tenido un plan para hacerlo; pero cualquiera que sea el caso yo recomiendo ampliamente que una vez iniciado un camino, no desistas por lo menos durante 6 a 8 meses; en ese tiempo ya habrás adquirido el conocimiento necesario para correr tu negocio y no debería haber

problemas para que fuera rentable, no inicies ya los 3 meses declines, porque no sabrás si ese negocio podría funcionar.

Los más grandes del mundo han tenido caminos muy arduos; al principio no veían beneficios y en muchas ocasiones había pérdidas; este es el caso de las compañías más grandes que ahora son iconos mundiales.

- Netflix
- Apple
- Ali Baba
- FedEx
- ESPN

Son empresas que al principio no tuvieron beneficios por el contrario, solamente arrojaban pérdidas, sin embargo continuaron con su actividad y al paso del tiempo las cosas cambiaron; afinaron procedimientos, ganaron experiencia y entonces pudieron crecer al nivel que ahora tienen.

Esta curva de aprendizaje y desarrollo aplica para cualquier tipo de negocio; empezará siempre en cero, para levantar muy lentamente, casi de manera imperceptible, mejorando cada día un poco; esta curva durará algún tiempo casi inmóvil, pero después se empezará a comportar de una manera curiosa, despegando y creciendo muy rápido de forma exponencial.

Aquí debo decir algo importante; todos los grandes negocios y empresarios han iniciado varias veces; es decir no se encuentra la pepita de oro con el primer golpe del pico; deberás pasar un proceso de aprendizaje y probar cosas distintas o modificar algunas otras, así que no temas si tienes que volver a iniciar, la primera vez es la más difícil porque no sabes cómo hacerlo; las demás son más fáciles porque ya sabes por donde hay piedras y por donde hay camino llano.

No quiero que te confundas pensando que primero dije que debes continuar con un emprendimiento y seguir con él hasta el día de tu muerte, porque no es así, un negocio puede no ser el indicado para ti, y luego te dije que las grandes personas han iniciado varias cosas antes de tener éxito.

Estas dos ideas se resumen en una sola.

Inicia algo que realmente te apasione, sigue por un tiempo en eso, no desistas, tal vez tengas que reinventar, cosas o incluso reiniciar, pero siempre mantén el objetivo principal en tu mente y persíguelo, esto lo veremos más adelante con Walt Disney.

Pero es importante que todo aquello que inicies <u>sea completamente coherente contigo mismo</u> para que no te la pases buscando cosas sin sentido, con los ojos vendados, esperando que tengas suerte.

No inicies algo pensando en el dinero que puedas ganar en ese negocio, este es el error más común de la gente.

Inicia algo PORQUE TE LLENA, porque te hace vibrar, porque amas eso, de esa forma el dinero será solamente una parte del pago.

Planea bien qué es lo que quieres hacer con las habilidades que tienes o deseas desarrollar, inicia ese trayecto y continúa, si no funciona haz algo diferente pero que te lleve hacia el destino que tú quieres.
Cuando hayas encontrado aquello que de verdad te da placer y te hace sentir que para eso naciste, continúa en ello sin desistir, porque la curva de aprendizaje y desarrollo tiene que completar las primeras etapas que son las más lentas y "dolorosas" donde aparentemente no sucede nada, en este punto no te desesperes ni desistas porque no ves resultados, porque el dinero escasea o porque la gente diga estupideces, después de un tiempo esta curva se disparará llevándote a lugares insospechados.

El Universo no te abandonará si crees en tus sueños, si te acomoda mejor, piensa que solamente está probando si mereces los premios que tiene reservados para ti.

EL PUNTO DE QUIEBRE

Cómo expliqué antes, los seres humanos somos criaturas de costumbres y nos gusta la tranquilidad y el confort; inconscientemente buscamos donde establecernos, este programa se encuentra en nuestro ADN.

Generalmente los seres humanos tendemos a estandarizar una actividad y repetirla; esto nos da seguridad y confort a medida que la hacemos, así ganamos experiencia y dominio en ella. Esto puede ser muy bueno, pero también puede llegar a ser contraproducente si olvidamos el deseo de seguir creciendo a cambio de la tranquilidad y el confort de lo que ya tenemos.

EL MOMENTO DEL CAMBIO

En la vida de cada persona habrá un punto de quiebre, este es un momento en el que todo lo que se da por hecho se derrumba y el panorama cambia por completo; sacando al individuo de su estado de sedante alegría y confort, para llevarlo a otra situación completamente distinta donde tendrá que reiniciar desde cero, sin lo que tenía anteriormente.

Este evento puede ser un despido laboral, un rompimiento sentimental o un divorcio, la muerte de un ser querido o cualquier otra cosa que arranque a la persona de su estabilidad y la lleve a una situación completamente distinta.

Aquel individuo se encuentra sin haberlo pedido en un camino que se divide hacia la derecha o hacia la izquierda, es entonces cuando deberá tomar una decisión; deprimirse o sacar fuerza para vencer el evento.

En mi caso, todo lo que daba por hecho y creía era mi vida cambió *en un solo día*, me di cuenta de que todo lo que yo tenía supuestamente, era solo una ilusión, una mentira que me habían presentado y yo creía cierta, pero que la realidad era otra muy distinta, una que no me gustaba y no estaba dispuesto a aceptar.
Con esto comprendí que la vida es muy frágil; así como en un solo día cambió mi realidad, también un día como cualquier otro iba a morir y <u>esto es un hecho.</u>

Cuando esta situación llegó a mi vida fue como si estuviera ganando una pelea de box y repentinamente llegó un golpe de suerte, una bala perdida del oponente que me dio justo en la barbilla y me mandó a la lona sin saber lo que había sucedido.

Si me preguntas qué pienso el día de hoy de todos esos eventos, te puedo decir algo querido lector, y es que los eventos fuertes inevitablemente llegarán a tu vida; una muerte, una separación, un despido, una estafa, una traición, una desilusión o cualquier otra cosa que no esperes y que cambie por completo tu escenario.

Lo importante de todo esto no es saber que va a llegar un evento dramático, porque eso te puedo asegurar que sucederá inevitablemente; lo que importa realmente es *lo que vas a hacer tú cuando esto suceda.*

Esto lo llamo **punto de quiebre**, cuando eres arrancado de una situación feliz y tranquila y la vida te pone en un escenario desconocido, inesperado, difícil y no hay marcha atrás.
Te arrojaron en un bosque, solo o sola, desnudo, en el medio de la noche, con frío y lluvia, te han quitado todo lo que te hacía feliz, lo que te daba tranquilidad sin saber por qué.

Aquí tienes dos opciones:

1. Quedarte ahí tirado, lamentarte, deprimirte y anhelar el pasado, y sufrir porque la vida es injusta y el creador te odia, o bien.
2. Aceptar la situación, saber que no hay marcha atrás, tomar un respiro, tratar de reponerse del golpe, juntar tus pedazos, mirar a tu alrededor, pensar hacia dónde quieres ir y ponerte en marcha, con tus heridas y tus pedazos en las manos, pero camina, no te quedes estático, recuerda que no moverse es un veneno para tu ser.

Todos tenemos puntos de quiebre en la vida; es parte de nuestra naturaleza humana y al paso de los años estos puntos de quiebre se van haciendo más intensos, creo que esto sucede debido a nuestras ideas, creencias y nuestro ego que no nos permiten aceptar y comprender algo que no está de acuerdo con nuestros caprichos o deseos en la vida.

Los puntos de quiebre son eventos que tal vez desearíamos pasar de largo y no vivirlos; sin embargo te tengo una buena y una mala noticia; la buena noticia es que tú puedes tomar tus puntos de quiebre y convertirlos en algo positivo si tienes la suficiente inteligencia para hacerlo.

La mala noticia es que vas a tener puntos de quiebre en tu vida y no solamente tendrás uno, sino que habrá algunos más fuertes que otros y en ocasiones sentirás que no te puedes reponer.

Estos puntos de quiebre están relacionados directamente con tu crecimiento personal; al principio tenemos puntos de quiebre muy leves, como soltar un globo que se va volando o perder un juguete, porque nuestra atención y nuestro deseo están enfocados solamente en ese tipo de objetos; pero al paso del tiempo nuestro enfoque y nuestros deseos van cambiando hacia cosas mucho más complejas como situaciones de vida o personas, las cuales dicho sea de paso son más propensas a cambiar, y dejar de ser aquello que nosotros queríamos en un tiempo.

Yo no me considero una persona religiosa, pero sí creo en un ser superior creador de todo cuanto existe y este ser te presenta todo lo que necesitas para crecer como humano si así lo deseas.

Sé que todo lo que sucede en tu vida de alguna manera tú lo has pedido y todo absolutamente todo tiene dos caras; una que te puede hundir y otra que te puede hacer una mejor persona si tienes la capacidad de aprovechar ese evento.

Como dije antes, todo es una decisión.

ORDEN, ORGANIZACIÓN, CALENDARIZACIÓN, SISTEMATIZACIÓN

Yo me considero una persona muy peculiar porque en algunos aspectos soy desordenado y en otros soy extraordinariamente organizado; es muy curioso cómo los seres humanos tenemos esa doble personalidad.

Pero definitivamente el orden y la disciplina son necesarios si quieres construir algo diferente en tu vida.

Una vez que hayas tenido una vaga idea de qué es lo que quieres, lánzate y hazlo no lo pienses demasiado porque como vimos antes, pensar mucho es algo nocivo para tus proyectos; en el camino irás corrigiendo conforme aprendas cosas nuevas.

CALENDARIZACIÓN

Una vez que hayas empezado andar tu camino, es conveniente que hagas un calendario con metas y cumplir con ellas sea lo más importante en tu vida; no dejes un solo día de hacer algo para llegar a tu destino. Ponte metas pequeñas e inmediatas, si puedes completar una meta cada día o cada dos días es excelente.
Asigna un horario para realizar las actividades y nunca lo muevas; así como tienes un horario para laborar,

para comer o dormir, debes tener un horario para realizar actividades relacionadas con tu proyecto.

SISTEMATIZACIÓN

Es muy recomendable hacer un análisis de tu día; segmentarlo por horas y asignar una labor específica a cada hora.
Y lo más importante de todo CUMPLIR CON LOS HORARIOS Y LAS ACTIVIDADES.
Es muy común que para nosotros no tengamos el nivel de compromiso y cumplimiento que tenemos para otras personas, clientes o para el trabajo, cuando debería de ser al contrario, piensa que a medida que avances en tu proyecto, éste te va a llevar a un nivel de vida muy diferente del que tienes ahora.
No dejes de trabajar cada día en tu sueño, recuerda que aquello que haces recurrentemente te va dando conocimiento y habilidad, gradualmente haces un sistema y con ello ganas maestría en cada cosa que hagas, de eso se trata la sistematización.
Hacer algo recurrentemente, afinarlo, ganar habilidad y destreza y así llegar a dominarlo.

COMERSE UN ELEFANTE

¿Cómo te comes un elefante? la respuesta es por pedazos, así que lo que te recomiendo es que en cualquier actividad que tú quieras iniciar, lo principal será segmentar la actividad en pequeños pedazos, para que puedas comerte uno cada día y conforme vayas avanzando en este proceso, tu actividad vaya tomando forma, cualquiera que esta sea, podría tratarse de aprender una nueva habilidad, hacer ejercicio, comer sano, etc.

Todo tendrá que avanzar poco a poco, los cambios que valen la pena no son inmediatos, requieren de mucho esfuerzo, recuerda que tu manera de ser y de actuar ha sido determinada por muchos años de repetición; tienes muchos hábitos, algunos necesitan ser eliminados, otros deben ser modificados, algunos más deberán crearse y desarrollarse para que puedas alcanzar nuevas metas.

EL MAPA MENTAL

Una buena manera de hacer esto, es poner en el centro de una hoja de papel cuál es la meta que pretendes alcanzar y de ahí escribir alrededor cuáles son las acciones que deberás llevar a cabo, cada una de estas actividades estará formada de otras tareas más pequeñas, que deberán completarse, esto lo explico en el apartado de *TRABAJO MEDULAR Y TRABAJO PAJA*.

De esta manera tendrás un panorama claro de todo lo que necesitas para poder lograr un objetivo y podrás eliminar cada una de las actividades a medida que las completes.

Entonces tendrás un mapa de progreso donde puedes verificar tu avance en cualquier momento.

Es importante que cada una de las pequeñas tareas se vaya completando de manera ininterrumpida, así podrás avanzar sin distraerte cada día hasta lograr tu objetivo.

Fija una fecha en el calendario para completar tu proyecto; yo te recomiendo ampliamente que esa fecha sea muy próxima, es decir que no pase de 6 meses.

Esto es por diferentes razones, pero una muy importante es vencer la procrastinación, significa que las personas tendemos a dejar todo para el final, y cuando tenemos la fecha límite muy próxima es cuando empezamos a hacer las cosas.

Al fijar una fecha de término muy próxima automáticamente se elimina la procrastinación, porque prácticamente cuando inicia un proyecto ya se tiene que completar.

Es importante que hagas un compromiso real contigo mismo para completar tu proyecto.

Una buena forma de mantener el compromiso y mantenerte en movimiento, es imaginar cómo sería tu vida si ese proyecto que tienes en mente ya fuera real y estuvieras gozando de todos los beneficios que te produce.

Vive esto intensamente en tu imaginación y te ayudará a dar el paso para cumplir la meta de ese día en particular.

ANTI CAPITAL
LA INDECISIÓN

"Hacer o no hacer, he ahí el dilema"

En otro de mis libros, hablo de las lecciones de vida, pero creo que ahora es un momento muy adecuado para empezar a hacerlo.

El universo, Dios, el destino, la vida o como tú lo quieras llamar, pone frente a ti distintas experiencias de vida; son situaciones que buscarás pero en mayor medida aparecerán en tu camino sin avisar y cuando se presenten tú deberás tomar decisiones de acuerdo a los distintos escenarios que puedan resultar y según las creencias que tengas.

Estas decisiones tendrán un resultado y eso definirá tu camino desde ese punto en adelante.

Sin embargo, hay personas sumamente indecisas, es decir, les cuesta mucho tomar una opción, siempre están balanceándose entre dos (o más) posibilidades, sin poder decidirse por una, y en cuanto lo hacen, dentro de su mente se dispara un pensamiento que pregunta "¿y si la opción B es mejor?" llevándolos a un ciclo interminable de elección y cambio de opinión que no lleva a ningún lado.

Estas personas realmente tienen la intención de elegir algo y tienen un genuino deseo por tomar la mejor opción, pero al no saber qué es lo que realmente quieren, entonces las soluciones pueden ser diversas. Cuando se deciden finalmente por alguna de ellas entonces se dispara un pensamiento de carestía con un cuestionamiento que más o menos dice así:

- ¿Y si la opción B es mejor?
- ¿Y si alguien más la toma y se beneficia de algo que yo estoy dejando a un lado?
- ¿Y si esta opción que estoy tomando no tiene tantos beneficios?
- Bueno esta opción que tengo tiene esto y esto pero aquella tiene estas otras cosas que la mía no tiene ¿qué será mejor?, No sé.

Y así los razonamientos pueden ser infinitos, teniendo como resultado únicamente el intercambio constante de la opción A por la opción B para luego regresar a la opción A y así entrar en el ciclo interminable de la indecisión.

PENSAMIENTO DE CARESTÍA

Creo que la indecisión tiene varios ingredientes, uno de ellos es un pensamiento de carestía; es decir, no importa cuál sea la decisión que se tome, siempre se perderá algo; una vez más podemos apreciar un pensamiento negativo, enfocado en la pelota negra, puesto que en realidad no hay nada que perder, sino algo que ganar, por eso se tomó una opción en primer lugar.

APEGOS

Otra de las cosas que pueden influir para que la indecisión aparezca son los apegos; la resistencia a perder algo que nos gusta o a lo que estamos acostumbrados; de este modo la decisión estará limitada por nuestros deseos y entrarán en conflicto aquellos que nos impulsan a movernos hacia un lugar o una situación diferente contra los que nos arraigan a permanecer en la cueva conocida que no nos produce incertidumbre.

SENTIMIENTOS DE PÉRDIDA

Como dije anteriormente pueden entrar pensamientos inútiles que nos llevan a imaginar que perderemos algo si tomamos alguna decisión, esto solamente nos encierra dentro de la zona conocida puesto que realmente no se pierde nada; si lo vemos desde otra perspectiva podremos ganar mucho más si tomamos la decisión de llevar a cabo algo, cualquier cosa, mientras esta sea diferente a lo que estamos haciendo ahora mismo.

Desde mi punto de vista, la indecisión es la manifestación de varios elementos que se presentan en la mente de una persona y tienen como resultado ese cambio de parecer constante.

- No tener bien claro que es lo que se desea.
- Debido a esto, no se tiene claro cuál opción ajusta de mejor manera a los requerimientos o deseos del indeciso.
- No analizar las opciones a fondo y sus posibles consecuencias.
- No tener el carácter para poder afrontar una decisión.
- No asumir las consecuencias de tomar una decisión.
- Haber tenido una historia de vida en la que siempre se tuvieron que acatar las órdenes o los deseos de alguien más.
- Tener miedo a cualquier opción.

Estos son algunos detonantes de la indecisión, que tiene como consecuencia el atascarse en un ciclo sin poder avanzar, muy parecido al del perfeccionista, pero aquí no se toma realmente acción con pleno convencimiento, en algunos casos ni siquiera se inicia algo, es como estar analizando continuamente una situación pero sin tener la convicción de llevarla a término.

Debido a que la indecisión sólo produce falta de movimiento se cataloga como un anti capital.

ANTI CAPITAL
LA PEREZA

La pereza es abandonarse al placer de no hacer nada.

Hay personas que han desarrollado el hábito de mantenerse en un solo lugar sin tener alguna actividad física o mental, solamente viendo la televisión, el teléfono o navegando en internet sin hacer nada productivo, solamente pasando la vida en "mirar" distintas cosas sin tomar parte en nada.

El perezoso se aísla del mundo para encerrarse en un espacio donde nadie lo moleste, donde se encuentre confortable y seguro; cuenta con algunas distracciones que le permitan estar ahí mucho tiempo sin tener que pensar o hacer nada realmente; es como un espacio perfecto donde no hay exigencias ni responsabilidades, ahí nadie lo juzgará ni le pedirá resultados, y podrá hacer lo que le plazca, como jugar, ver la TV, dormir, comer, andar desnudo, o cualquier otra cosa que le produzca placer porque nadie tiene interacción constante con esta persona.

Su mente puede estar absorbida por la TV o el internet, puede fantasear con cualquier cantidad de cosas, porque al no tener una actividad que le demande tiempo o trabajo mental, su mente divaga en cientos de cosas distintas que no le llevan a nada.

El sueño es un estado reparador del cuerpo, sirve para descansar y reponer energía.
Es natural dormir para casi todos los seres vivos y es una parte importante de la supervivencia.
Es una ley que todos debemos descansar o de lo contrario esto puede traer consecuencias graves para la salud.
Sin embargo la pereza no es simplemente dormir; desde mi punto de vista, la pereza "protege" al perezoso dentro de un ambiente seguro y muy confortable.
Viene de un estado de reposo extendido en el que el perezoso se queda estacionado en un lugar, no quiere hacer nada ni pensar en nada, no se mueve ni lleva a cabo algo de provecho.

Yo percibo a la pereza como "el miedo disfrazado de flojera"; es posible que provenga de la inseguridad o por una depresión donde el individuo se "desconecta" del mundo, ya sea por cuestiones biológicas (desorden de neurotransmisores) o por que la situación "rebasa a la persona".

En cualquier caso, la pereza produce alivio y satisfacción y esto puede crear una adicción muy fuerte.

La pereza "exenta" y "disculpa" al perezoso de hacer algo, le permite y justifica su falta de acción manteniéndolo en un lugar tranquilo donde no le es exigido absolutamente nada.

Yo considero que la pereza produce un ambiente tan agradable, seguro y confortable que es un "regreso al vientre materno", donde había una situación perfecta, ya que no había la necesidad de hacer nada ni de tener contacto con nadie; esto es un escenario muy conveniente desde mi punto de vista la "cueva segura por excelencia".

La pereza se puede detonar por varias razones, podría ser un evento fuerte en el que la persona se vio superada por las exigencias del ambiente y esto lo llevó a "desconectarse" del medio, llevándolo a aislarse en ese espacio perfecto de "cero exigencia".

Puede ser la consecuencia de un desorden de neurotransmisores que se traduzca en una depresión o algo parecido, que mantenga en un funcionamiento bajo al cerebro o que no le permita pensar con claridad.

Puede tener orígenes orgánicos para lo cual se deberá acudir con un profesional de la salud en cada área e investigar cuál sería su posible fuente.

La pereza puede llegar a convertirse en una poderosa droga, un vicio que puede acabar con varios años o incluso con una vida entera al "atascar" al perezoso en una cama de nubes, cansancio y placer.

Desde mi perspectiva la pereza también puede ser una respuesta de supervivencia ante un ambiente sumamente amenazante, en el que el perezoso no encuentra otra respuesta satisfactoria y prefiere evadirse en su cueva segura, en su vientre materno.

No hay una buena imagen de sí mismo.
No se siente capaz de afrontar y resolver los retos del medio.
La vida es amenazante
Prefiere evadirse y refugiarse en un ambiente donde no tenga que hacer nada, ser nada, ni demostrar nada, como un bebé dentro de su cuna.

Creo que la falta de confianza juega un papel vital en la vida del perezoso; esto puede producir una autoimagen muy débil que fácilmente es superada por cualquier evento, lastimando la confianza y reafirmando la falta de valor del perezoso, haciéndolo buscar refugio en la "no acción", esto evita que trate de interactuar y lleve a cabo alguna actividad, entonces, al no sentirse capaz ni seguro, una respuesta muy favorable es el encierro en la pereza.

El perezoso puede desconocer por completo cuáles son sus habilidades y virtudes, por dentro tal vez se sienta un "bueno para nada" y las personas que lo rodean pueden llegar a juzgarlo como flojo, sin saber que esto podría ser solamente la manifestación externa de un problema importante de falta de confianza.

Como dije antes, el perezoso puede tener en lo profundo un problema de autoconfianza, en el que no sabe realmente y no tiene una imagen de sí mismo que le dé los elementos para saber qué puede salir adelante con un problema; no se siente capaz de cumplir con las exigencias de otros porque no siente que tenga las habilidades, conocimientos, o experiencia en nada y por lo tanto es preferible no hacer nada.

En cualquier caso la pereza es uno de los anti capitales más dañinos porque encierra en dos cárceles al perezoso, la primera es la "no acción" y la segunda es la "no confianza".

CAPITAL DESEO

Este capital es uno de los más importantes en mi opinión personal, al contemplarlo y analizarlo me di cuenta de que el deseo no es simplemente las ganas de hacer algo; es en realidad un fuego ardiente que quema por dentro y lleva a la persona que lo siente a moverse para lograr y hacer cosas que de otra manera no haría.

La forma más conocida que tiene el deseo es en el aspecto sexual, tú lo has sentido en algún momento, cuando sientes unas ganas muy grandes de tener intimidad con alguien en particular.
En este aspecto la racionalidad no juega un papel importante sólo son los sentidos más primitivos los que llevan a las personas a compartir un momento de pasión.
Este tipo de encuentros produce una gran satisfacción y las personas involucradas asumen conductas muy distintas a las que regularmente tienen, se pueden llegar a transformar en seres muy diferentes, con actitudes inusuales porque son los instintos los que toman las riendas de sus cuerpos y su mente racional ya no funciona más.

Cuando una persona siente el deseo enorme de llegar a una situación distinta, de vivir una vida diferente y de cambiar su futuro es cuándo inicia una verdadera transformación; es un poco difícil poner en palabras lo que se siente.

El deseo está alimentado por una imagen mental que representa muchas cosas, esta imagen mental produce un estado de bienestar y felicidad tan grandes que mueve algo en el interior de uno mismo y es esto lo que mantiene la marcha hacia adelante a cada momento.

Un ejemplo de esto es el atleta olímpico que entrena cada día esforzándose al máximo para romper sus propias marcas, porque tiene una imagen en su mente; el punto más alto de su carrera, el deseo de alcanzar una medalla de oro y ser condecorado con ella.
Este deseo convierte al cansancio, la velocidad y la altura en los enemigos a vencer, y el deportista pone todo su amor, todo su coraje y toda su fuerza para ser mejor, luchar y obtener esa medalla.
El deseo hace que nos fijemos en la meta y la alcancemos inevitablemente.

> *"NO MIRES LAS 10,000 COSAS*
> *QUE HAY EN CONTRA,*
> *ENFÓCATE EN LA ÚNICA*
> *POR LA QUE VALE LA PENA LUCHAR"*
> *Bruno Caballero*

Cada uno de nosotros estamos construidos de manera distinta, tenemos diferentes características y habilidades que nos hacen mejores en algo, el secreto está en encontrar aquello que realmente te haga vibrar y que te haga sentir un enorme deseo; cuando lo hayas encontrado, entonces no será difícil ponerte en marcha hacia ese destino.

El deseo es un tema tan subjetivo, complejo y extenso que decidí segmentarlo en las partes que según mi experiencia lo forman, para explicarlo mejor, supongamos que se trata de un pastel y aquí están sus ingredientes:

- PASIÓN
- VOLUNTAD
- DETERMINACIÓN
- CORAJE
- VALENTÍA
- COMPROMISO

PASIÓN

"POR DESGRACIA USO LAS COSAS SEGÚN ME LO DICTA MI PASIÓN".

Pablo Picasso

La pasión es hacer algo que te llena completamente; personas como Picasso o Van Gogh no podían parar de pintar, no sentían hambre o cansancio, solamente deseaban seguir haciendo aquello que era lo que mejor sabían hacer, aquello para lo que nacieron.

Casi todas las personas que se dedican al arte han experimentado este fenómeno; en algunas ocasiones hasta toca los límites del placer sexual.

Este sentimiento de total felicidad es casi inexplicable, te inunda y algunas veces te "secuestra" hacia estados que no es posible imaginar. Quiero compartir contigo una experiencia que me hizo descubrir lo que realmente era hacer algo con pasión.

En algún tiempo de mi vida fui cantante en un lugar de la zona rosa de la ciudad de México, ahí tocaban grupos muy buenos y había música mexicana con mariachis en vivo; yo era uno de los cantantes que amenizaba esa parte del espectáculo y disfrutaba mucho hacer eso.

Ese tiempo arriba del escenario me dio muchas enseñanzas, pero ciertamente la más inesperada fue la pasión.

En una ocasión yo estaba cantando y entre las canciones yo decidí dejarme llevar y hacerlo según dictaba mi corazón, mi emoción fue aumentando y pude sentir que la del público también, como si se tratara de una especie de complicidad entre los dos, yo les daba emoción y ellos me regresaban todo lo que estaban sintiendo en ese momento, como si estuviéramos "bailando" juntos. Esto aumentaba gradualmente hasta que en un momento fue tan grande la emoción y la alegría de estar ahí que en verdad llegué a tener un orgasmo.

Debo decir que esto lo he sentido solamente una vez en mi vida; fue algo a la vez extraño pero placentero, inesperado pero bienvenido, fue una sensación que me mostró lo que es hacer las cosas con el cuerpo la mente y el espíritu, podría no haber sido el mejor cantante del planeta, pero en ese instante supe que todo en mi estaba alineado y que verdaderamente estaba gozando lo que hacía, supe lo que era hacer las cosas con pasión.

A partir de entonces he tratado de poner el mismo entusiasmo y gusto en las cosas que hago; cuando grabo, edito o musicalizo algún vídeo, hago fotografía, escribo una historia, doy una asesoría privada o hablo ante un grupo de personas procuro poner en marcha una de mis grandes herramientas que son los sentimientos.

Cuando algo te apasiona no sientes hambre, cansancio o fastidio y me he descubierto a mí mismo a las 2 de la mañana todavía escribiendo después de haber pasado un día entero desde las 7 a.m. haciéndolo.

Tal vez para alguien pueda parecer ilógico hacer algo tantas horas y más aún, expresar tantas ideas en un solo día; sin embargo es parte de mí estructura y de mi ser.
Cada uno tenemos ciertas características que si las ponemos en marcha nos llevan a vivir la pasión.
Tú también tienes aspectos muy particulares que están ahí esperando a que los liberes, si lo haces te harán vibrar como nunca y cuando lo sientas, no vas a querer dejar de vivir eso que te llena completamente.

Cada persona tiene una pasión distinta; hay quienes gustan de escalar, otros se sienten en libertad cuando corren, conducir en carretera, montar una motocicleta, algunos aman cocinar y otros más adoran comer aunque no sepan cocinar nada (alguien así podría ser gourmet o sommelier si le gusta el vino).

Para cada pasión existe una profesión, nunca lo olvides; solamente busca en tu interior qué te mueve más que nada en el mundo; empieza a hacerlo como un pasatiempo o actividad relajante, pronto esto se convertirá en una especie de droga que te dará tanta felicidad qué no vas a querer dejarla aunque sea domingo a las 7 de la mañana o lunes a las 2 a m.

Este tema lo trataré más a fondo en otro libro, pero por el momento quédate con esta idea:

"BUSCA AQUELLO QUE TE HAGA MÁS FELIZ QUE NADA EN EL MUNDO Y ENTONCES HAZLO SIN ESPERAR NADA A CAMBIO, ESE ES EL VERDADERO SENTIDO DE LA PASIÓN"
Bruno Caballero

VOLUNTAD

"La voluntad es la aptitud de decidir y ordenar la propia conducta".
Wikipedia

La voluntad es algo que al paso del tiempo hemos olvidado; si tu observas a un bebé puedes ver cómo se levanta e intenta caminar, dá uno o dos pasos y cae, pero lo vuelve a intentar, se levanta y da unos cuantos pasos, luego cae de nuevo y así sucede muchas veces, hasta que poco a poco, éste bebé comprende cómo funciona su cuerpo y hace los ajustes necesarios para poder corregir los errores que lo hacían caer.

El bebé no tiene el concepto de lo que es la voluntad; solamente hace algo que "tiene que hacer" porque esa es su naturaleza, es lo que debe aprender en esa etapa de la vida, así que simplemente lo hace continuamente y sin pensar.

A medida que intenta caminar, comete muchos errores, que le dan información necesaria para corregir sus movimientos, analiza continuamente que es lo que salió mal, por medio del ensayo y error desarrolla la habilidad para hacerlo correctamente; una vez aprendida esta habilidad, le será útil hasta el final de sus días.

A lo largo de nuestra vida nos han enseñado que la voluntad debe ponerse en espera para hacer lo que *debe hacerse*.

Cuando somos pequeños nuestra voluntad es reprimida y doblegada con frases como:

- Esto es lo que debes de hacer
- Olvídate de eso
- Primero son los deberes
- Tú me debes de hacer caso a mi
- Tú no sabes qué quieres
- Yo sé lo que es mejor para ti
- Debes obedecer
- Nada de jugar

Y cosas por el estilo que sólo nos llevan a olvidarnos de lo que nos dicta el alma.

En esta etapa de tu vida (cualquiera que ésta sea) debes poner a una persona por delante de todo lo demás y esa persona eres tú mismo, con tus sueños y tus propios proyectos.

En la actualidad, es muy común que las personas den mayor prioridad al trabajo que a la familia o a sí mismos; lo que yo creo es que un trabajo tiene una característica muy particular, siempre durará menos que tu tiempo de vida; así que analiza qué es lo que te hace más feliz que nada en el mundo y haz de ello tu forma de vivir.

Si tú generas tu propio ingreso con algo que realmente amas sucederán solamente cosas buenas.
La primera es que nadie podrá decidir por ti y la segunda es que harás esa actividad hasta el último día si tú quieres.

Con esto en mente y todas las cosas buenas que van a llegar a tu vida, los beneficios de hacer eso que amas y vivir tu sueño cada día, lánzate a hacer eso que ha guardado tu corazón, alimenta tu voluntad con la alegría de vivirlo y verás que no te costará ningún esfuerzo andar el camino hacia tus sueños.

Desde mi perspectiva, la voluntad de hacer algo es tener el deseo de ponerse en acción para lograr una meta, sorteando los obstáculos que se puedan presentar, son **las ganas de resolver algo**, es activar las emociones y usarlas a favor para ponerle punto final a un problema de una vez por todas.

Cada día por la mañana, al despertar y antes de cualquier otra cosa, imagina que ya vives la realidad de tu sueño, esto llenará tu batería de energía y tendrás la intención de trabajar un poco en tu proyecto para poderlo alcanzar.

DETERMINACIÓN

La determinación es *estar resuelto a lograr algo; llegar si o si, a realizar una meta,* sin importar todas las cosas que puedan presentarse y que seguramente aparecerán para evitar o retrasar que puedas completar un proyecto.

Si tienes realmente la determinación de lograr algo nada ni nadie, ni siquiera tú mismo podrá evitar que lo logres.

Esto es un sentimiento interno que está alimentado por el deseo de tener algo más, de llegar un lugar distinto, de ser alguien más, pero de verdad hacerlo, sin excusas ni pretextos.

Determinación es *tener la firme convicción de llegar a una meta.*

CORAJE Y VALENTÍA

"El hombre valiente no es el que no siente miedo, sino aquel que conquista ese miedo"
Nelson Mandela

El coraje va de la mano con la valentía, aquel que tiene coraje es la persona que se **lanza a hacer las cosas** sin pensarlo mucho, solamente tiene en mente el ponerse en acción para hacer algo, lograr algo, conquistar un desafío, llegar a la cima de la montaña más alta, son personas que se **concentran en el objetivo, no en las dificultades**, si lo comparamos con un alpinista, es aquel que fija su atención en la cima de la montaña, y va hacia allá; las piedras, los resbalones y la maleza serán parte del camino, son algo esperado, pero no significan nada, lo verdaderamente importante es llegar a la cumbre, lo demás es sólo parte del trayecto.

"LA VALENTÍA ES SENTIR MIEDO, PERO A PESAR DE ELLO LANZARSE Y ACTUAR".

Todos tenemos miedos e inseguridades, es parte de la naturaleza humana y es un mecanismo de defensa que por miles de años fue útil para mantenernos a salvo dentro de nuestras cuevas.
El miedo se desarrolló como parte de un sistema para la preservación de la especie humana, no hacer cosas riesgosas que pudieran poner en peligro la vida y la supervivencia de la especie, por esto solamente los

cazadores salían de la cueva para capturar y matar un animal salvaje que serviría como alimento para la tribu. Estos cazadores sentían un temor real cuando iban a enfrentar a una bestia que fácilmente los podría matar y aún así iban a cazarla; ellos enfrentaban el miedo más grande que un ser humano puede sentir, el miedo a morir, sin embargo dentro de cada uno había algo más grande que cualquier amenaza y esto era mantener vivo al clan.

Hagamos una analogía en tu vida:
Tú tienes una tribu que mantener viva, ya sea de uno o varios integrantes; sales todos los días a recolectar granos a una parcela (empleo) y aparentemente estos granos no se acaban, siempre hay granos en esa parcela, pero la realidad es otra.
La parcela en la cual recolectas tus granos para llevar a tu tribu o a ti mismo tiene un determinado tamaño, y este tamaño se llama tiempo.
Aunque tú no lo consideres hay algo real y es que el tiempo se acaba; es como si la parcela estuviera llena de granos y tú cosechas un poco cada día, el pedazo que recolectas ya no vuelve a florecer, es decir te estas acabando la parcela y un día llegarás al final de ella, cuando este día llegue ya no habrá más granos que recolectar; esto es un hecho real aunque no lo hayas considerado.
¿Qué vas a hacer cuando esa parcela haya quedado vacía? ¿y te hayas acabado los granos que tenías almacenados en tu cueva?.

Considera esto: en algún momento: aunque no lo quieras vas a tener que salir de la cueva donde te encuentras seguro y tranquilo para buscar una nueva parcela, salir a recolectar o cazar animales salvajes ¿que quieres hacer? ¿quieres esperar hasta que ya no haya granos en la parcela y te hayas acabado los que tenías guardados en tu cueva? o quieres empezar a sembrar una parcela que sea tuya y que te proporcione granos para siempre, para que tu y tus descendientes puedan recolectarlos sin tener que poner en riesgo sus vidas.

O deseas que ellos mismos construyan su historia y crezcan de la misma manera que tú lo hiciste, pensando que tienen que ir a recolectar en las tierras de alguien más, cometiendo los mismos errores que tú y encontrándose un día que ya no tienen más granos por recolectar en su parcela.

Vas a tener muchas dudas, existe mucha incertidumbre y puedes tener muchos miedos, sin embargo todo esto solamente vive en un lugar: tu imaginación.

Recuerda que anteriormente hablé de pensar en negro o pensar en blanco; esto es solamente una imagen dentro de tu cabeza; tú eliges si piensas lo peor y acabas en la total indigencia, medio desnudo, oliendo a orines, enfermo y muerto debajo de un puente por no poder con los pequeños o grandes problemas que aparecerán, o eliges pensar de manera positiva y que todo va a salir muy bien, con sus tropiezos y contratiempos, problemas pequeños y grandes en algunas ocasiones, pero que los podrás resolver y que al final todo se acomoda marchando sobre ruedas para llevarte a un estilo de vida muy distinto del que ahora tienes, en el que eres realmente feliz y obtienes muchos beneficios por hacer eso que amas y compartirlo con el mundo.

Creo que entre estos dos escenarios no hay mucho que pensar; pero hay quienes guardan un miedo inconsciente a la pobreza e indigencia, eligiendo la seguridad aparente de un empleo cómodo que les evita el riesgo y la amenaza de hacer algo nuevo.

Si tú me preguntas a mí que me da más miedo, por supuesto terminar en la total indigencia pero creo firmemente que un empleo es la mejor manera de acabar en esa situación en un largo plazo, porque desde mi punto de vista el empleo gotea dinero consumiendo tu activo más valioso e irreemplazable, que es el tiempo, cuando la llave que gotea dinero se haya cerrado ya no tendrás ni tiempo ni energía para empezar algo.

Por esa razón hace tiempo que elegí no dejar en las manos de alguien más mi futuro y el de mi hijo; hacer todo lo necesario para que mi tiempo, conocimientos, habilidades, inteligencia y deseos, se unieran en una actividad que además de ayudar a miles de personas, me pueda proveer la tranquilidad de saber que eso, en lugar de acabarse cada día, se está multiplicando y nos reporta tantos beneficios como beneficiarios produzco y eso aumenta todo el tiempo.

COMPROMISO

Este es un tema que nuevamente quiero poner sobre la mesa; nosotros tenemos la opción de adquirir compromisos y el mejor ejemplo de esto es el matrimonio.

En la actualidad el matrimonio es cada vez más raro; en una sociedad light y desechable, todo dura poco y las personas sufrimos del síndrome del objeto brillante; somos como niños pequeños que nos emocionamos y nos interesa un juguete nuevo que tiene colores y luces, jugamos con él un rato y luego llama nuestra atención otro objeto que hace sonidos y se mueve, entonces olvidamos el primer juguete y vamos fascinados hacia aquel nuevo objeto que ha captado nuestra atención.
Ahora el concepto de matrimonio fue reemplazado por el de roomies, room mates o compañeros de cuarto, esto es vivir juntos por un tiempo y cuando las cosas comienzan a cambiar, cuando la verdadera personalidad de los individuos sale a flote. Es cuando se rompe la burbuja de la ilusión y el deseo; entonces los roomies simplemente se separan.
Es igual que una compañía telefónica; aquí no hay contratos, no hay compromisos y se paga únicamente por lo que se ha consumido, cuando ya no estás

satisfecho con el servicio puedes cambiar de proveedor.

Entonces algunas personas se convierten en una especie de commodity (esto es un producto que muchos ofrecen a bajo costo, se opta entonces por el más bonito y más barato) proveedores de enamoramiento o deseo y cuando el "contenido" de esa persona se acaba simplemente se desecha, como si fuera una lata de spray o una soda.

Yo tengo una posición muy particular con respecto a este fenómeno que compartiré en otro libro pero por ahora este ejemplo es perfecto para lo que deseo poner sobre la mesa.

El compromiso desde mi punto de vista, es tener un objetivo en mente y trabajar cada día para acercarse a él o mantener ese objetivo con vida, funcionando o en pie.

En el ejemplo anterior de los roomies el objetivo es vivir la pasión y el enamoramiento, es un objetivo inmediato y se cumple sin duda, pero esto es una especie de droga y en el largo plazo solamente dejará vacío e insatisfacción, pasarán los años y al final esa falta de compromiso y deseo de libertad hará que la persona tenga su libertad ciertamente, pero termine sola, únicamente rodeada de perros o gatos.

Pero del compromiso que quiero hablarte es el que hagas contigo mismo, ya sea que tengas una familia o no, hay una persona que siempre estará contigo hasta el final de tus días y ese eres tú; es muy fácil fijarse objetivos a corto plazo y que estos objetivos reporten sensaciones agradables de manera inmediata; sin embargo yo prefiero fijarme metas más altas, objetivos más grandes y estos no son inmediatos, fáciles o placenteros, pero ciertamente son mucho más valiosos para mí.

> *"SI LAS COSAS QUE VALEN LA PENA FUERAN FÁCILES, CUALQUIERA LAS HARÍA".*

Piensa por un momento en la vida que llevas ahora mismo, piensa dónde vas a estar en 5 años en 10 y en 15 años, es muy común ver personas que van acumulando tiempo en sus empleos y se van acomodando en ese lugar, dejando que la vida pase afuera; ellos mantienen su ritmo y su rutina, cuando se han dado cuenta han pasado tantos años que ya no se sienten capaces de salir y hacer algo nuevo.

En mi último empleo, una persona me dijo no sabría que hacer allá afuera: *"no sé hacer nada ni vender nada, no podría salir de aquí"*.

Yo creo que todos tenemos habilidades, podemos aportar algo interesante y valioso al mundo, solamente es cuestión de buscarlo y tener la voluntad de hacerlo, pero estas son cosas que no se encuentran dentro de nuestras prioridades, estamos enfocados en vivir día a día realizando una actividad "estandarizada" sin saber que podemos hacer algo realmente útil.

Esto puede aparecer cuando pasamos por un punto de quiebre, porque es muy probable que mientras estemos tranquilos, dentro de nuestra "normalidad" no haya un cambio importante.

En mi caso particular después de haber pasado por el punto de quiebre me hice a la idea de ser alguien por mí mismo y no solamente por un empleo o una posición corporativa; llegar a lograr algo muy grande por mis propios méritos. Miré hacia atrás y observé la vida que llevaba anteriormente, visualicé el futuro que me esperaba si continuaba así, la conclusión a la que llegué es que si en 20 años las cosas no habían mejorado mucho, entonces no iba a suceder más adelante; tenía que hacer algo distinto para lograr aquello que siempre había soñado y que trabajando para alguien más nunca iba a tener el tiempo o el espacio para lograrlo, así que hice un compromiso conmigo mismo y fue el de lograr mis sueños, para mí realización personal y luego para la tranquilidad financiera de mi hijo. Fue entonces que puse en marcha los puntos que mencioné antes.

VOLUNTAD: tenía las ganas y la intención de resolver de una vez mi situación profesional y financiera sin pretextos ni excusas.

DETERMINACIÓN: estaba resuelto a llegar a una situación distinta y esto lo iba a lograr inevitablemente aún a pesar de mí mismo, no había otra opción.

CORAJE: sentí ese fuego dentro de mí que me llevaba a la cima, sólo tenía en mente el objetivo final, no veía todos los elementos que me pudieran impedir llegar a él; sabía que existían y sin embargo no me iban a impedir alcanzar mi meta.

Estaba dispuesto a cumplir mis sueños o morir en el intento pero no iba a regresar al rebaño porque yo estaba consciente de que ya no quería ser un cordero. Sabía que iba a pasar por hambre y frío, sabía que no iba a tener la tranquilidad de un ingreso, sabía qué estaba renunciando al sistema; yo tenía todo para ocupar un buen puesto y muchas veces me sentí tentado a regresar a la seguridad y el confort dentro de él, pero yo había soñado un sueño y quería, _**DEBÍA**_ alcanzarlo, sabía que tenía todo para hacerlo y ya no tenía más tiempo para perder, era mi último disparo, así que aposté todo por mí mismo.

VALENTÍA: sabía que el 90% de las cosas que debía de aprender para lograr mi objetivo ni siquiera las conocía, sabía también que cuando no conoces algo hay 99.99% de probabilidad que cometas un error en algún punto y que no vas a cometer un error, vas a cometer muchos.
Pero sabía que no hay nada en el mundo que no puedas aprender, así que con todos mis miedos,

incertidumbre e inseguridad, me lancé a hacerlo de todos modos y en el camino aprenderé lo que necesite.

COMPROMISO: hice el mayor compromiso de mi vida; comprendí que nada dura tanto como yo mismo y que la persona más importante del mundo soy yo, también comprendí que había sido la persona más olvidada y la última en mis prioridades; así que vi a Bruno le pedí perdón por todo lo que le había hecho hasta ese momento y le prometí que las cosas iban a cambiar para nosotros, me comprometí con él a llevarnos a una situación completamente diferente para poder gozar de una vida que muy pocos tienen el valor de buscar.
El compromiso que hice entonces fue de por vida, desde ese día hasta el último suspiro yo iba a luchar por seguir en mis sueños, sabía que las cosas iban a ponerse difíciles y sin embargo nunca iba a romper ese compromiso, ni siquiera había la opción de pensar en abandonarlo, ese era mi barco y en él iba a remar hasta que fuera el tiempo de partir, no había otra opción y no quería abordar otro barco sino el mío y dirigirme todo el tiempo hacia mi isla del tesoro, cada golpe de remo, cada suspiro, cada gota de sudor, cada día y cada noche iba a remar incansablemente hasta llegar a esa isla y cuando hubiera llegado a ese destino, iba a buscar un continente nuevo.

EL CABALLERO Y EL REY

En la antigüedad había personas que daban la vida por defender sus ideales, tenían un código de honor y una actitud intachable.
Eran los caballeros y su principal función era cuidar y defender la vida del rey.
Eran hombres hábiles en las artes de la guerra y ese título lo habían ganado al demostrar que eran dignos de ostentarlo.

Conviértete en tu rey y en tu caballero, lucha por tus ideales y defiéndete a capa y espada ante todo, recuerda que el tiempo pasa y tu vida tiene un día menos de duración, pregúntate hasta cuándo vas a dejar tus sueños en un cajón, tienes todo para realizarlos y lo que no tengas lo puedes aprender, siempre hay alguien dispuesto a enseñar, pero lo que sí estás perdiendo cada día es tu tiempo de vida y como dije antes, este es el capital más importante de todos, porque no lo recuperas con nada.

DISCIPLINA: Este es un punto sumamente importante, la disciplina lleva a las personas a realizar grandes cosas, aun cuando no sean muy capaces intelectual o físicamente; cuando tú realizas algo de manera regular y constante, vas ganando experiencia y habilidad; tú te vas perfeccionando cada vez más y llegará el día en que seas muy bueno.
Ese es el resultado de la constancia, pero para esto necesitas DISCIPLINA, debo señalar que esto no se

da en muchas personas ya que es un hábito que se debe formar y si nuestros padres no lo activaron en nosotros, es muy improbable que seamos disciplinados.

Pero como dije anteriormente, todo, ABSOLUTAMENTE TODO SE PUEDE APRENDER y si no eres disciplinado, entonces lo puedes desarrollar ahora si es tu deseo.

Primero que todo deberás hacer un examen de conciencia para saber por qué deseas ser disciplinado, cuál es el beneficio que te dará este hábito, por qué te conviene desarrollarlo, qué tipo de vida tendrías con esa herramienta.

Ahora piensa cuáles son las tareas que debes llevar a cabo para acercarte más a tu sueño, escríbelas en un papel y hazte el propósito de llevarlas a cabo diariamente; es muy importante que no lo dejes de hacer ni un solo día; recuerda que la disciplina te podrá llevar a lugares insospechados; al principio costará un poco de trabajo pues no estás acostumbrado a hacer algo diferente; estás "oxidado" en tu nido de confort, en tu cueva segura, pero con el tiempo y constancia formarás un hábito y cuando ese hábito sea parte de ti, la disciplina como obligación desaparecerá y harás las cosas de manera automática, pensando siempre en el beneficio que te espera al final del camino; la recompensa y la vida que vas a tener cuando completes esta serie de pequeños pasos.

Recuerda que solamente hay una manera de comer un elefante y es por pedazos.

Visualiza tu elefante dividido en segmentos, empieza a comer un bocado cada día, con la experiencia y la habilidad que vayas ganando vas a poder comer 2, 3 y 4 bocados a la vez, acelerando tu paso para llegar más rápido de lo que esperabas a tu meta.

EL EMPLEO SOÑADO

Todas las personas hemos soñado con un empleo en el que seamos reconocidos, que nos permita gozar de muchos beneficios tanto profesionales como personales.

Que haya fiestas, viajes conciertos, comidas en restaurantes, y que podamos incluir a nuestra pareja o familia en ellos.

Que seamos realmente buenos haciéndolo, que lo llevemos a cabo fácilmente, Y que además haya mucho, mucho, mucho, pero mucho dinero como pago ¿cierto?

Esto suena demasiado bueno para ser verdad, en otras palabras ¿quién te pagaría por disfrutar así?

Imagina por unos momentos este escenario, alguien te quiere emplear, pero las condiciones del trabajo son las siguientes:

LOS PROS

- No tienes un horario de trabajo lo puedes hacer cuando tu decidas.
- Podrás trabajar donde tú quieras siempre y cuando cumplas con el trabajo.
- Lo podrás hacer desde tu celular.
- Este trabajo es muy agradable, porque tiene que ver con lo que tú eres, lo que haces y te gusta.
- Eres muy bueno en ese trabajo porque tienes las habilidades y el conocimiento necesario para llevarlo a cabo.

LOS CONTRAS

- No tienes horario de trabajo, por lo tanto no tienes hora de salida, pero debes trabajar un promedio de 5 horas al día y deberás trabajar hasta tarde, digamos 11,12 PM o 1 AM, tú lo decides.
- Vas a tener que usar tus recursos para llevarlo a cabo, es decir tú vas a pagar tu internet en el móvil y además en tu casa para hacerlo.
- Tienes que hacerlo continuamente, no puedes dejar ni un día de trabajar.
- Debes mandar la información que te sea entregada inmediatamente, ya sea textos fotografías o vídeos sin demora.
- Tienes que aportar información continuamente y debes estar feliz la mayor parte del tiempo.

- Debes informar absolutamente todo lo que sucede en tu vida; si has tenido un rompimiento sentimental, un despido laboral, un fallecimiento, vacaciones, lugares que visitas etc. Todo lo debes de informar con detalle.
- No tienes días de descanso; especialmente sábados y domingos tendrás que trabajar.
- Debes de decir exactamente dónde estás con quién estás y qué estás haciendo en todo momento para que tu patrón lo pueda saber.
- Todos los viajes, fiestas, restaurantes, tú los vas a pagar; transporte, alimentación y hospedaje van por tu cuenta, pero todo eso lo vas a tener que añadir a tu carga de trabajo para el patrón.
- No recibidas ni un centavo por este trabajo.

Ahora ¿qué piensas de este trato?
¿Es un buen trabajo?

Tú mismo ya te has respondido.

Esta es la parte interesante; tú trabajas por nada, no recibes ni un centavo por el trabajo que haces.
Alguien más está ganando dinero con tu esfuerzo y tú estás feliz de hacerlo.
¿Porque digo esto?
Porque lo haces y no te habías dado cuenta de que así operan las redes sociales a las que te encanta aportar todo cuanto sucede en tu vida y la de los tuyos.

UNA ADICCIÓN QUÉ PUEDES CONVERTIR EN UNA BENDICIÓN.

Tenemos muchos años de vivir una vida no del todo productiva, más bien sistematizada, enfocada en la rutina y en la gratificación instantánea; así nos han programado desde antes de nacer, te repito que es muy difícil darte cuenta y romper ese cascarón para salir del sistema social de pensamiento que has tenido desde que estabas en el vientre materno; sin embargo hay una pequeña técnica que me gusta compartir con las personas que asesoro.

Dentro de todo esto hay un hecho real y alarmante que puede ser usado a tu favor si tienes la verdadera intención de hacerlo; es decir la voluntad y el compromiso contigo mismo te intercambiar algo estéril por algo constructivo.

Principalmente usamos nuestros teléfonos inteligentes para intercambiar:

- Chistes
- Dar los buenos días, buenas noches
- Frases inspiradoras
- Fotos y vídeos de hombres y mujeres físicamente atractivos
- Sexo
- Chismes / conversaciones.
- Trabajo

¿Te suena familiar algo de esto?

Pues el promedio de tiempo que una persona pasa en las redes sociales es de 5 horas al día, un poco más de media jornada laboral.
Sin embargo también podemos usar el teléfono y ese tiempo para educarnos en algo nuevo.
Curiosamente el aprender cosas nuevas o leer en su dispositivo móvil casi nadie lo hace.

Esto se ha convertido en una especie de droga que nos proporciona satisfacción instantánea y alegría fugaz, una representación perfecta del mítico "soma" de un mundo feliz.

Las personas consultamos nuestro teléfono celular alrededor de 80 a 170 veces en un día, una vez cada 12 minutos en promedio; en algunas ocasiones es menos, pero el total de la actividad que tenemos en el teléfono móvil suma alrededor de 5 horas por día.

¿Es mucho tiempo, cierto? medio día de trabajo si te das cuenta.
Podrías estar ganándote la vida solamente con el tiempo que pasas mirando tu teléfono; esto es preocupante ¿no es así?

Facebook es la red social más grande del mundo con alrededor de 1800 millones de usuarios activos, esto representa la cuarta parte de la población mundial; cada uno de sus miembros le reporta alrededor de 4 dólares por trimestre, son en promedio $16 al año, esto en el último trimestre de 2017 y va en aumento.

Para los usuarios de Estados Unidos esta cifra incrementa, es de aproximadamente $15.50 por trimestre y para los usuarios de Canadá de $4.50,

Si multiplicas la cantidad de dólares que cada usuario genera por el número de usuarios que tiene Facebook, te darás una muy buena idea del tamaño del negocio y solamente estoy hablando de Facebook, no hemos hablado de Twitter o alguna otra de las redes sociales que suman más de 1500 plataformas diferentes.

Ahora sabes que cada vez que tomas tu teléfono para ver las bromas o los chismes de Facebook, tweets, cadenas de WhatsApp o cualquier otra red social, alguien está ganando mucho dinero con tu tiempo, tu trabajo, tus recursos y la información que compartes ahí; piensa que podrías aprovechar ese tiempo para cambiar tu vida de una manera muy positiva, ganar más dinero o construir algo para el futuro.

El tiempo que ocupas en hacer nada y divertirte se está perdiendo, se desvanece para no regresar jamás.

Lo que no hayas hecho el día de hoy para cambiar tu vida y alcanzar tus sueños nunca lo podrás hacer de nuevo, pues el tiempo no regresa; piensa si vale la pena meterte a buscar quién sabe qué, o tomar tu teléfono y aprender algo nuevo para cambiar tu vida, también podrías trabajar en un proyecto cada día.

Cada vez que tomes tu teléfono celular y automáticamente abras Facebook o WhatsApp para ver los últimos memes, fotos de gente atractiva con poca ropa o sin ella, para enterarte de chismes o bromas, el último videojuego, una película, el football, baseball, carreras o cualquier otra cosa inútil que no aporte nada para tu crecimiento personal, intercambia esos 3, 5, 40 o 120 minutos para trabajar en tu proyecto, te sorprenderá el poco tiempo que te toma completarlo.

¿Cómo crees tú que pude terminar este libro?

SATISFACCIÓN NOCTURNA

Tocar la almohada sabiendo que el día de hoy se hizo algo importante, se dio un paso más para alcanzar tu sueño y poder lograr tus metas, es un hábito muy poderoso que te impulsa a la acción; al principio será un tanto confuso y no sabrás qué hacer con claridad para avanzar en tu proyecto, pero puedes hacer lo que sea; ya sea leer la página de un libro, ver un vídeo o escuchar un audio relacionado con aquello que te interesa.

Con el tiempo irás formando un sistema de trabajo y sabrás exactamente qué actividades se deben cumplir cada día y al final del mismo sabrás que al completarlas has hecho algo para alcanzar tu meta.

Cuando llegue la hora de dormir tendrás la satisfacción de saber que las tareas se han cumplido y los objetivos de ese día se han logrado;

El resultado de esto es que eres mejor que cuando despertaste ese mismo día.

ANTI CAPITAL #1
EL MIEDO

El miedo es a mi parecer el anti capital más dañino de todos; esto se debe a que el miedo paraliza a las personas, nos impide hacer cosas potencialmente buenas que pueden cambiar nuestras vidas.

Todos sentimos miedo alguna vez, todos tenemos inseguridad, esto es parte de la naturaleza humana; el miedo nos hace pensar muchas cosas y tener dudas.

En algunas ocasiones podemos formar escenarios amenazantes en nuestras mentes y tomar todo esto como cierto; sin embargo no es más que una idea. Como lo vimos anteriormente el miedo es solamente pensar en negro.

El miedo es un mecanismo de defensa que el ser humano ha desarrollado a través de las épocas y su función primaria es la supervivencia.

En la antigüedad nuestros ancestros vivían en cuevas, la vida era muy difícil e incierta; cada día un grupo de cazadores salía para capturar algún animal que pudiera servir como alimento para la tribu, de este grupo no se sabía quiénes iban a regresar con vida.

Seguramente estos hombres sentían miedo cuando se enfrentaban a su presa; esto los hacía tener mucha precaución al acechar y atacar al animal, debían protegerse unos a otros y mantenerse alerta en todo momento; gracias a ello tenían más probabilidades de sobrevivir.

La cueva era un lugar seguro donde se podían resguardar del frío, la lluvia y los animales salvajes.

El miedo a la oscuridad era una característica valiosa y fue desarrollado porque antes del descubrimiento del fuego meterse a una cueva oscura podía significar la muerte si es que dentro había algún animal, reptil o insecto potencialmente mortal.

Una vez conquistada la cueva, ésta garantizaba una alta probabilidad de supervivencia; era el "activo" más importante para el grupo, proveía seguridad y confort, y ahí desarrollamos como especie la búsqueda continua de un lugar para hacer nido y establecernos.

Si por alguna razón había que cambiar de lugar y abandonar la cueva por la llegada del invierno, la falta de alimento o cualquier otra circunstancia, esto provocaba una gran preocupación en el clan, ya que salir de la cueva para buscar algo nuevo significaba la muerte para algunos de ellos, lanzarse a caminar sin rumbo era muy peligroso ya que había muchas probabilidades de fallar; si lo hacían en sentido contrario podían adentrarse en el invierno y morir de frío.

Si caminaban hacia un lugar donde no había frutos o animales significaba morir de hambre.

Si no encontraban otra cueva para la tribu estaban a la intemperie a merced del clima y los depredadores que potencialmente podrían matarlos.

Si encontraban otra cueva, tal vez en su interior había un oso, una serpiente, una araña, un alacrán o cualquier otra amenaza que mataría a uno o varios integrantes de la tribu.

Así es como yo he llegado a comprender la razón de que el ser humano tenga miedo al cambio y a moverse de su zona conocida, con ello podemos entender todo esto perfectamente; cualquier cambio significaba la muerte en ese tiempo.

Entonces se explica muy claramente por qué nos cuesta tanto trabajo cambiar y probar cosas nuevas, por qué tenemos miedo a lo desconocido, por qué sentimos tanta tensión nerviosa o estrés ante la incertidumbre, por qué cuando ya empezamos a hacer algo nuevo al poco tiempo regresamos a nuestros viejos patrones, a nuestra vieja cueva, conocida y segura, por qué tenemos un miedo natural a la oscuridad y a los closets, a las arañas, víboras etc.

Todo esto representan las amenazas que mataron a nuestros ancestros por miles de años y está impreso en nuestro ADN como métodos de supervivencia que fueron sumamente útiles en su momento, pero ahora las cosas han cambiado y ya no existen las cuevas, ahora yo me imagino el mundo como una gran plataforma plana, muy parecida a la representación que existía antes del descubrimiento de América, pero en mi representación del mundo no nos podemos quedar estáticos, porque un extremo de esta plataforma se está desmoronando, esto es el presente y si no caminamos hacia el otro lado, que es el futuro seguramente caeremos al vacío; lo preocupante es que tal desmoronamiento del suelo es cada vez más rápido y para asegurar la supervivencia tendremos que aprender a salir de la inmovilidad, a caminar, luego a correr, más adelante tendremos que aprender a volar y como en *Star Trek* terminaremos por tele transportarnos, porque el presente se desmorona cada vez con mayor velocidad y para sobrevivir hay que moverse muy rápido hacia el futuro.

Creo que ya sabes que va a suceder con las personas que ni siquiera contemplen la posibilidad de moverse.

Por eso creo firmemente que el miedo es el peor de todos los anti capitales y es el padre de todas las limitantes que nos inventamos en la cabeza.

Como dije antes es perfectamente natural tener miedo, pero el 99% de esos miedos nunca ocurren, solamente son representaciones mentales; aspectos que podemos superar porque solo viven en nuestra imaginación y NO EXISTEN, en una palabra la supuesta amenaza o escenario terrible NO ES REAL.

Como dije al principio de este apartado, es perfectamente natural tener miedo y ya vimos cuál es el origen de algunos de ellos, sin embargo hay personas que sienten miedo igual que tú o yo, pero a pesar de eso se lanzan y hacen las cosas sin importar su temor; es más grande el deseo de cambiar para mejorar.

Una buena explicación para esto sería que en su interior existen dos personalidades; el primero que siente miedo y prefiere quedarse en su cueva porque ahí está seguro y está libre de toda amenaza.

El segundo sería como el grupo de cazadores que a pesar del miedo de enfrentar a un animal salvaje salen todos los días a buscarlo y matarlo, pues de ello depende la supervivencia de la tribu; esto es más grande que su miedo y saben que si no lo hacen, con el tiempo morirían de hambre. Así que al final el resultado podría ser el mismo; que la tribu muriera de hambre, pero existe una oportunidad de que todos sobrevivan si se lanzan a matar a un animal y por eso toman esa opción.

ANTI CAPITAL
LAS DUDAS

Esto es una representación distinta del miedo; las dudas encierran la inseguridad que tenemos de nosotros mismos y la incertidumbre del panorama que se nos presenta.

Todos tenemos dudas acerca de muchos temas, pero la única manera de saber si eso que pensamos es verdad o no, es lanzarse y averiguarlo.

Las dudas representan parte de nuestra imagen interna y debemos aprender a controlarlas.

Como dije antes estas son parte del miedo y el 99% de las ocasiones son producto de imágenes mentales que nosotros mismos fabricamos, nadie afuera de nuestra cabeza sabe de lo que somos capaces o cuáles son nuestras carencias, solamente ven lo que nosotros queremos que vean.

No te puedo pedir que no tengas dudas, todos las tenemos de forma regular, yo también las tengo en muchas ocasiones, pero decido sobreponerme al pensamiento obscuro; creo que debemos tomar esas dudas y hacerlas útiles, convertirlas en una especie de mapa para desarrollar aquellas áreas en las que nos sentimos débiles, pero nunca debemos de paralizarnos y dejar de hacer algo porque tenemos dudas, hay que recordar que son producto de la mente pensando en la pelota negra.

ANTI CAPITAL
LA RIGIDEZ,

Yo defino la rigidez como la incapacidad de contemplar nuevas propuestas, cuando nos cerramos a nuevas ideas, o bien nos aferramos a ideas antiguas sin considerar la posibilidad de cambiar.

Estas ideas pudieron tener un resultado beneficioso en el pasado, pero tal vez ya no sea así el día de hoy; recuerda que todo en el universo se está moviendo, nada es estático, seguramente el mundo en el que esas ideas funcionaban ya cambió, por lo que pueden estar obsoletas, pues pertenecen a otro tiempo.

Es bueno desarrollar una metodología para hacer algo y apegarse a los procedimientos que funcionan, pero estos procedimientos deben de revisarse continuamente y ser modificados para adaptarse a los cambios que llegarán inevitablemente, de esa manera podemos asegurar que siempre estaremos haciendo las cosas de la mejor forma.

No es bueno aferrarnos a nuestras ideas, a nuestros métodos o a nuestra verdad, ya que nada de esto es lo correcto, son simples posiciones mentales producto de nuestros programas, nuestras convicciones y nuestras creencias; nada de esto es necesariamente la mejor forma de hacer algo, debemos estar abiertos al cambio y a nuevas opiniones que nos pueden dar mejores herramientas para hacer frente a un evento y con ello mejorar como personas.

Recordemos que por lo general solamente tenemos un punto de vista, y otra persona puede aportarnos opiniones y perspectivas diferentes que tal vez nunca hubiéramos pensado, así que es bueno tomar otras opiniones y analizar desde dónde se están generando; tomar lo bueno e integrarlo para hacer las cosas de mejor manera, detectar y cambiar aquello que no está funcionando y tratar de dejar atrás nuestras viejas ideas, creencias y procedimientos obsoletos para poder evolucionar y sobrevivir.

ANTI CAPITAL
LA VERGÜENZA

Nacemos sin vergüenza.
Cuando somos bebés no tenemos el concepto de lo que es la vergüenza; para nosotros todo es aceptado, podemos andar desnudos, mostrar nuestros genitales, hacer pipí y popó donde sea, somos completamente libres, estamos en una etapa donde es socialmente aceptado todo lo que se le pueda ocurrir a un bebé.
Sin embargo conforme vamos creciendo empezamos a ser programados, primero por nuestros padres y luego por la sociedad para adoptar comportamientos que nos permitan interactuar con otros seres humanos; uno de ellos es la vergüenza que tiene como principal función evitar conductas que alteren la armonía del grupo.
Esto es importante pues no podemos defecar en público o andar desnudos por la calle (aunque en

algunos lugares es perfectamente aceptado) justo como lo hacían nuestros antepasados.

Creo que esta costumbre de estar vestidos tuvo su origen cuando el hombre primitivo perdió su pelo y era necesario cubrir su cuerpo para mantenerse caliente.

Sin embargo, yo creo que después esta costumbre fue utilizada con fines meramente comerciales.

Cualquiera que sea el caso no es socialmente aceptado andar desnudo por la calle y la desnudez produce vergüenza.

Otra de las cosas que evitamos hacer a toda costa es caer en el ridículo; es muy vergonzoso cuando fallamos en algo, especialmente cuando hay gente alrededor mirando.

Este miedo a la burla y el ridículo social hace que desarrollemos una conducta de "no sobresalir" y en algunas ocasiones preferimos mantener un "perfil bajo" pasando desapercibidos por el miedo a no hacer las cosas bien y ser objeto de señalamientos.

Creo que este miedo al ridículo tiene su origen cuando en la infancia somos el centro de un evento embarazoso en el cual efectivamente las personas que nos rodean se burlan de lo que nos ha sucedido.

Como mecanismo de defensa y para evitar el sentirnos vulnerables de nuevo, vamos desarrollando la vergüenza que nos mantiene alejados de esas zonas riesgosas y seguros en un lugar donde nadie puede ver nuestras debilidades y tener la opción de reírse de ellas.

Nos mantiene dentro de un caparazón en el que nadie puede ver aquellas cosas que posiblemente nos agradan pero que por vergüenza preferimos esconderlas.

La vergüenza la acumulamos al paso del tiempo; a través de los años vamos adquiriendo cada vez más vergüenza a diferentes cosas; lo que de niños hacíamos abiertamente, como reír, correr, tirarse al piso, incluso demostrar la alegría abiertamente, de alguna manera ya no es aceptado, no es bien visto y produce vergüenza.

Y así nos vamos limitando en ciertos aspectos y poco a poco nos convertimos en adultos rígidos y acartonados, con estándares de comportamiento adecuados para nuestra edad.

Al paso del tiempo desarrollamos tantas creencias, tantas ideas, tantas vergüenzas y tantos supuestos estándares de comportamiento que ya no somos libres para nada ya sea por vergüenza o por miedo.

La vergüenza es una habilidad adquirida, y tiene una función muy específica, hasta cierto punto es útil para la supervivencia del individuo.

Tiene una función social para mantener el orden, y nos aleja de situaciones embarazosas, pero como es una habilidad adquirida, puedes aprender a controlarla y diferenciar cuando está siendo útil y cuando te está limitando para lograr cosas nuevas.

"CUANDO ERES CAPAZ DE DOMINAR LA VERGÜENZA, TE LIBERAS PARA HACER COSAS QUE OTRAS PERSONAS NO HARÍAN".

Bruno Caballero

Los seres humanos tendemos a admirar aquellas personas que son diferentes, que tienen el valor de lanzarse hacer cosas que muchos no haríamos por vergüenza o por miedo; entonces los que deciden hacer algo diferente son dignas de admiración y entonces el público alrededor se convierte en una especie de admirador e impulsor de esa persona que tomó la decisión de lanzarse a hacer algo que los demás no harían.

Creo que de alguna manera los seguidores se sienten identificados con esa persona y muy dentro desearían ser como él o ella; tener el valor de hacer eso de manera tan magistral y perfecta; ser el centro de admiración de muchas personas, pero como no se permiten soñar y actuar en consecuencia entonces admiran y siguen a quien sí tuvo el valor de hacerlo.

Debes tener en cuenta algo muy cierto y es que nadie fue maestro cuándo empezó a hacer algo; si bien tenemos ciertas habilidades naturales para realizar algunas tareas, no somos expertos en eso. El desarrollo de cualquier habilidad requiere de práctica; hacer las cosas continuamente, todos los días y para ello lo primero que debemos hacer es dominar la vergüenza o el miedo de hacerlas y empezar.

Debes tener en cuenta que es virtualmente imposible que lo hagas bien las primeras veces y creo firmemente que la persona más dura, el juez más severo y la vergüenza más grande la tendrás contigo mismo.

Cuando aprendas a no juzgarte y a saber qué es permitido cometer errores, entonces podrás liberarte para intentar cosas que siempre has querido hacer y empezar a practicarlas hasta convertirte en un maestro.

Recuerda que la vergüenza se deriva del miedo y el miedo solamente nos paraliza y nos impide realizar aquellas cosas que potencialmente podrían cambiar nuestras vidas.

ANTI CAPITAL
LA ZONA SEGURA

Un día de verano iba en mi automóvil y hacía mucho calor; en la calle había una persona vendiendo chocolates, se acercó a mi automóvil que tenía las ventanas arriba por el aire acondicionado y quería que le comprara chocolates, yo le dije por supuesto que no, hacía demasiado calor como para comer chocolates, y además a mí no me gustan tanto; al ver mi negativa el hombre contrariado me hizo una seña grosera, dijo algo y se fue.

Para mis adentros yo me preguntaba ¿porque este hombre no se pone a vender bebidas frías o paletas de hielo?, eso se vendería muy bien en estos días tan calurosos; creo que lo último que se antoja es una barra de chocolate, eso es lo que yo haría, sin embargo me puse a reflexionar acerca de este hecho y deduje lo siguiente:

En muchas ocasiones hemos escuchado el término zona de confort, en el que nos encontramos tranquilos y evitamos movernos a toda costa; muchos coaches y conferencistas manejan la "zona de confort" para explicar este fenómeno, sin embargo yo sostengo que este término "zona de confort" está errado y no es correcto; en cambio yo pude deducir que no es una zona de confort, porque las personas en muchas ocasiones no están obteniendo cosas agradables o placenteras en esa zona y aunque esto les produce carencias o dolor, no salen de ahí por otra razón muy distinta.

En algún momento yo me encontraba en una situación de la que no salía, pero no porque me produjera placer, sino porque el moverme de ahí significaba cambiar muchas cosas, hacer cosas distintas y potencialmente perder lo que "ya tenía".

Cuando las personas se encuentran en una relación sentimental que no les llena, esto ciertamente no les produce confort, placer o sentimientos nobles, ¿pero qué es entonces lo que nos mantiene en una zona mal llamada de confort?

Este cuestionamiento me llevó analizar las cosas detenidamente y deducir qué ésto *no es una zona de confort*. El término correcto para esa zona es la zona conocida, mejor dicho la zona segura.

¿QUE ES LA ZONA SEGURA?

Volvamos un poco al ejemplo de las cavernas, los hombres que vivían dentro de ellas se encontraban en un ambiente seguro que les proveía alimento y cobijo ante las inclemencias del tiempo y las amenazas del exterior, siempre y cuando estuvieran dentro de su cueva.

Creo que al paso del tiempo vamos aprendiendo alguna habilidad y fincamos en ella nuestra cueva; en otras palabras cuando aprendemos a hacer algo y vemos que ese algo empieza a generar resultados, (principalmente económicos) entonces nuestro inconsciente "conecta" esta actividad con un aspecto vital para la especie que se llama supervivencia; entonces la *"actividad X sirve para sobrevivir"*; es cuando él cavernícola de nuestro inconsciente encuentra una pequeña cueva y se mete a vivir ahí.
En otras palabras, el inconsciente piensa lo siguiente:

"Si hago X actividad recibo dinero
Entonces X actividad = a supervivencia"

Esta actividad puede no ser muy rentable, pero como nuestro cavernícola mental se estableció en esa cueva, es muy difícil que considere la opción de salir y explorar para buscar si hay cuevas diferentes que podrían ser mejores, prefiere quedarse a vivir en la cueva donde se siente seguro y existe un pequeño sustento que ya descubrió cómo obtener.

En cuanto a las relaciones sentimentales, sucede básicamente lo mismo; encontramos una persona qué tal vez no es aquel ser que nos haría vibrar y sentir lo que es el verdadero amor, sin embargo estamos con esa persona por diversas razones, principalmente la compañía o el miedo a la soledad, pero también puede ser que nos haga sentir bien, nos satisface sexualmente, nos halaga, nos hace sentir hermosos, o hermosas, valiosos, nos da seguridad o nos llena de regalos y cumplidos; sentimos de alguna manera que no somos capaces de atraer a alguien diferente o nos hemos hecho a la idea de que esta persona nos provee de muchas cosas y preferimos soportar aspectos con los que no estamos de acuerdo; se convierte entonces en algo seguro que es preferible a la incertidumbre de lanzarnos a buscar algo nuevo, de buscar o reencontrar aquella persona que llena de magia nuestro corazón.

En otro ejemplo; un individuo que tiene un empleo mal pagado y que no le gusta, definitivamente no vive en una zona de confort, porque no produce ningún confort el no tener dinero y trabajar en algo desagradable, pero la mayoría de las personas que nos hemos encontrado en esa situación, lo hacemos por la seguridad del ingreso económico, no porque sea placentero o confortable.

Viví una situación parecida cuando me quedé sin empleo; inmediatamente regresé a tratar de trabajar en lo que sabía hacer en mi estudio y agencia, en lugar de buscar cosas nuevas; fue muy curioso y revelador cuando me descubrí haciendo de manera automática aquello en lo que era muy bueno y de lo que había obtenido ingresos en el pasado, pero ya no me encontraba en esa situación.

Mi cavernícola interior al verse desprotegido corrió inmediatamente a refugiarse en la cueva que conocía.

Vamos a recapitular lo dicho en líneas anteriores:

La zona segura es cualquier cosa y produce un efecto muy peculiar en el subconsciente; cuando aprendemos a hacer algo o estamos en compañía de alguien y vemos que esa actividad (cualquier cosa que sea) o esa compañía da resultado, entonces algo en nuestra cabeza se conecta y el cavernícola interior piensa: *"esto me servirá para asegurar mi supervivencia"*

Con este razonamiento, automáticamente se acepta el hecho de que esa actividad sirve para sobrevivir *"si hago esto gano dinero entonces eso es lo que debo de hacer"* o *"esto es lo que sé hacer"*.

En México existen personas que están en la calle todo el día cuidando coches y asignando lugares de estacionamiento de manera informal; en alguna ocasión viajé al norte del país y hacía mucho calor, afuera estaba a más de 40 grados celsius y había uno de estos individuos debajo de los ardientes rayos del sol.

De inmediato supe que este hombre estaba encadenado a ese lugar por siempre, sin opción a dejarlo porque alguien más podría llegar y *"quedarse con su pedazo de calle"* de ahí obtenía dinero y si estaba parado bajo el sol era porque de alguna manera obtenía un beneficio económico, ¿cuánto podría ser? no lo sé, pero su inconsciente había conectado que estando allí sobrevivirían él y su pequeña tribu, entonces lo que sabía hacer para mantenerlos era lo siguiente:

Todos los días ir temprano a ese pedazo de calle e indicarles a las personas cómo salir y cómo entrar a los lugares de estacionamiento que estaban libres.

Así pensaba la persona que me quería vender chocolates en un día muy caluroso; esto lo hacía porque *eso era lo que sabía hacer*; él había aprendido que vendiendo chocolates era la forma en que podía ganar dinero y no pensaba que las paletas de hielo o bebidas frías podían venderse mejor.

De este modo las personas aprendemos a hacer algo para vivir y muchas veces no observamos en nuestro entorno cuáles podrían ser algunas opciones que podrían funcionar mejor o que nos gustaran más por ser más coherentes con nuestra verdadera naturaleza. Mantenemos el mismo modo de vida, el mismo empleo, las mismas personas a nuestro lado porque son parte de una zona segura en la que no hay riesgos y conocemos bien, tenemos experiencia y sabemos dónde estamos pisando, por eso nos mantenemos ahí aunque no necesariamente sea una zona confortable.

Analiza tu vida y descubre cuáles son tus zonas seguras, cuáles son tus zonas conocidas y revisa si estas zonas te están produciendo placer o no y cuál es el motivo que te mantiene ahí.

Cuando sepas porqué te encuentras en ese lugar podrás saber si quieres moverte o no.

ANTI CAPITAL
CONFORMISMO (ADAPTARSE LENTAMENTE A LA MEDIOCRIDAD)

EL SÍNDROME DE LA RANA HERVIDA

El filósofo y escritor Franco suizo Olivier Clerc habla en su libro *"La rana que no sabía que estaba hervida… y otras lecciones de vida"*
Acerca de un experimento en el que se coloca una rana en una olla con agua y se pone a calentar; al principio el agua tibia resulta muy agradable para la rana, por lo que se relaja y disfruta su estancia, a medida que la temperatura del agua va aumentando, la rana
se adapta a las nuevas condiciones, esto aunque no es muy agradable la rana lo puede soportar, después de un poco de tiempo el calor produce en la rana un letargo que le impide moverse, es entonces cuando el agua hierve y esta muere.

Este hecho está comprobado científicamente, pero la velocidad de calentamiento del agua debe ser menor a 0,02 grados Celsius por minuto, si se cumple esta condición, la rana se quedará ahí hasta que muera cocinada; de otra manera si el agua está caliente y metemos a la rana, ésta saltará de inmediato para escapar del calor.
Entonces concluimos que si el cambio es muy sutil la rana no lo notará hasta que sea demasiado tarde.

Los seres humanos en nuestro afán por hacer nido y establecernos, vamos adaptando nuestra vida poco a poco a situaciones que potencialmente podrían llevarnos a un panorama indeseable y riesgoso.
El hombre es el animal más adaptable de toda la creación ya que podemos encontrar personas viviendo tanto en el desierto como en el Ártico, esto no sucede con un pingüino por ejemplo, que no puede vivir en el desierto, o un camello que no sobreviviría en la nieve.
Esta capacidad de adaptación ha traído grandes ventajas al ser humano, pero uno de sus aspectos oscuros es el acostumbrarnos a situaciones que lejos de hacernos crecer nos estancan y evitan que progresemos.
Comenzar a ver las bondades que hay en lo que tenemos aunque sea poco, empezar a pensar que la situación actual *"no es tan mala"* y que al contrario tiene ciertas ventajas y con esto dejar de aspirar a situaciones mejores, es como ponernos a nosotros

mismos dentro de la olla con agua y encenderla a fuego lento.

Esto lo pude observar conmigo mismo cuando después de mí separación me encontraba viviendo en un pequeño apartamento lleno de cajas con cosas que en su tiempo habían sido útiles pero que ya no me servían.

Me descubrí a mí mismo pensando: *"bueno este departamento, es pequeño pero es mío y estoy muy feliz ahí, no tengo que rendirle cuentas a nadie de lo que haga o no dentro de él y es mi espacio".*

En el mismo instante que acababa de pensar eso, me di cuenta de que ese pensamiento estaba enfocado en la mediocridad y que no era en absoluto lo que yo quería para mi vida; que pensando así los seres humanos vamos aceptando las cosas que tenemos y olvidamos las cosas que deseamos.

No quiero que se confunda este concepto con el agradecimiento, creo que es muy importante ser feliz con las cosas que se tienen y agradecer por las bendiciones que uno vive todos los días, sin embargo existe el potencial de tener todo cuanto queremos, en esta vida no hay límites y si hay alguien que lo ha logrado, nosotros también podemos hacerlo; es ahí donde se dirigen mis comentarios, me descubrí que pensando de esa manera no iba a poner mis motores en marcha para lograr algo mucho mejor, si no que me iba a estacionar y establecer en ese pequeño departamento; lo iba a hacer mi nido, mi cueva segura y después no iba a querer salir de ella.

Mis aspiraciones van mucho más allá y pensando de esa manera, solamente me iba a conformar con las cosas que *ya tenía, no las que yo deseaba realmente*; si bien agradezco profundamente lo que tengo, no es ni cercano a lo que yo quiero y tengo planeado para mi futuro y el de mi hijo; yo aspiro a mucho más y puedo lograr mucho más.

Por eso considero que acostumbrarse poco a poco a las cosas que tenemos es un anti capital, porque nos establecemos y nos vamos apagando las ganas de buscar cosas nuevas y tener mayores logros, porque tenemos el potencial y la capacidad de hacerlo.

Así que si te encuentras pensando que con lo que tienes estás contento y satisfecho, recuerda que estás establecido en una zona conocida y segura aunque no necesariamente te esté dando placer, alegría o confort, piensa que puedes moverte y cambiar esa situación en el momento que tú desees, solamente falta saber hacia dónde quieres llegar y ponerte en marcha.

"SI NO TE GUSTA LO QUE TIENES, ¡MUÉVETE! NO ERES UNA PIEDRA O UN ÁRBOL".
Bruno Caballero

ANTI CAPITAL
PROCRASTINAR

La procrastinación es la maldición del ser humano, todos somos presa de ello en algún momento, en mayor o menor medida; esto es dejar las cosas para después y cuando ya no hay remedio ponemos manos a la obra y las tenemos que resolver con la enorme desventaja de que ya no hay tiempo para aprender, cometer errores o hacerlo tranquilamente.

Creo que la procrastinación tiene que ver con dos temas principalmente y sostengo que cuando alguien no hace algo puede ser por estos dos motivos:

1. Que no quiera hacerlo
2. Que no sepa cómo hacerlo

Creo firmemente que la mayoría de las veces es porque no sabemos cómo hacer algo, no tenemos idea de cómo empezar o no tenemos bien claro el concepto por lo que postergamos algo.

Yo me he observado en ambos escenarios; la primera vez cuando no sabía cómo manejar un determinado programa de cómputo lo retrasé por meses, hasta que me hice el propósito y tuve la voluntad de superar esa deficiencia.

Así lo pude aprender y ahora ya no representa problema alguno; ya no pospongo algún proyecto que tenga que ver con ese tema, pues ya lo domino.

En otra ocasión a mi estudio llegó un muchacho para retocar la única foto que tenían de una bebé que había fallecido; debo decir que esta foto fue tomada mucho tiempo después del deceso por lo que su cuerpo ya no estaba en buen estado.

Yo no quería hacer este trabajo porque no quería enfrentarme a una situación triste, mi pequeño tenía un año y medio y era algo muy fuerte para mí en ese momento.

Así que este proyecto lo pospuse por algunos días hasta que finalmente pensé que esta persona había recurrido a mí porque sabía que yo era el mejor para hacer el trabajo, que él no tenía nada más que una fotografía como recuerdo de su hija y que yo podía darle algo que le trajera un poco de paz dentro de la situación tan dramática que estaba viviendo.

Con todo esto, pensé que en algún momento de cualquier manera lo iba a hacer; así que me armé de valor y completé un proyecto muy triste, pero que al final del día me enseñó el valor de la vida y hacer las cosas mientras hay tiempo, incluso sacar una foto, porque no sabes si tendrás otra oportunidad.

En cuanto a la procrastinación cada uno de nosotros tenemos diferentes motivos para postergar aquello que debemos hacer, ya sea por falta de tiempo, falta de conocimiento, falta de ganas, miedo, falta de dinero, que dependa de otras personas o por cualquier otro pretexto que se nos pueda ocurrir.

La verdad es que nada de esto es cierto, porque hacer algo no depende del ambiente externo, sino de las ganas y la voluntad que tengamos de hacerlo; hay personas que han salido de la más profunda pobreza y han formado imperios comerciales, una muestra de ello es Warren Buffett quien comenzó con unos pocos dólares vendiendo goma de mascar y periódicos de puerta en puerta, o Robert y Kim Kiyosaki, quienes durmieron en un auto por no tener casa y ahora son líderes financieros a nivel mundial.

¿QUÉ HAY DETRÁS DE LA PROCRASTINACIÓN?

Ciertamente existen muchos motivos por los que la gente no se pone en acción y hace las cosas que los llevaría a otra realidad, pero creo sinceramente que existen tres motivos principales por los cuales las personas no hacemos las cosas que queremos o tenemos que hacer.

1.- Salir de la zona segura.

Una vez más: el salir de la cueva segura para hacer cosas nuevas, el miedo que los provoca intentar algo diferente y fallar es en muchas ocasiones lo que nos mantiene solamente en el pensar y no en el actuar.

Acerca de esto puedo decir que la única manera de adquirir experiencia es cometiendo errores; aquellos que no les gusta fallar y prefieren mantenerse dentro de su zona segura jamás harán cosas que valgan la pena.

Así que si procrastinas por miedo o por fracaso, esta es la mejor manera que tienes para tirar tu vida por la coladera.

2.- Porque no nos gusta.

Otro de los impedimentos que puede haber para que las personas no hagan las cosas es el desagrado. Cuándo debemos estudiar para un examen del que no sabemos mucho o no nos gusta, lo vamos postergando hasta que es inminente y de todas maneras tenemos que estudiar y lo que es peor, hacer el examen.

Cuando tenemos que trabajar en un lugar que no nos gusta, podemos llegar tarde, tener accidentes, enfermarnos etc. Porque dentro de nosotros es algo que va en contra de nuestra naturaleza.

3.- Cuando no sabemos exactamente qué hacer.

Creo firmemente que esto es la principal causa de la procrastinación preferimos hacer cosas que conocemos y dominamos sobre aquellas que no tenemos ni idea de cómo se hacen.

Sin embargo y en mi experiencia personal me he podido dar cuenta que la mejor manera para terminar con esta situación es documentarse acerca del tema, hacerlo una y otra vez y aprender de los errores; así la información se acomoda en el cerebro y toma sentido poco a poco; de esta manera será más fácil hacer las cosas comprendiendo el problema y la solución.
En una palabra, sumergirte en el problema y manipularlo hasta que salgas a flote.
Eventualmente resolverás cualquier tipo de situación si te empapas en élla, buscas la documentación, la repasas 10, 20, 50 o 100 veces hasta que sepas de qué se trata el asunto y lo puedas resolver.

La mejor manera que he encontrado para eliminar la procrastinación es la siguiente:

- Tomar el asunto y no pensar mucho cómo se va a realizar, no importa realmente si no me gusta o no se exactamente que hacer, eso es irrelevante, hay que poner manos a la obra de inmediato.
- Escribir en un papel el tema principal y los subtemas que pueda englobar.
- FIJAR UNA FECHA DE ENTREGA MUY PRÓXIMA, SI SE PUEDE EN UNO O DOS DÍAS SERÁ MEJOR.
- Empezar INMEDIATAMENTE con el primer paso.

Cuando tú determinas una fecha compromiso o una fecha límite muy próxima, sucede un fenómeno muy interesante; los seres humanos amamos procrastinar, es decir nos distraemos con cualquier cantidad de cosas y no hacemos aquello que es realmente importante, cuando la fecha límite está a unos cuantos días o semanas es cuando ponemos manos a la obra.

Si tú decides una fecha límite muy próxima y haces el compromiso contigo mismo de cumplirla, lo que sucederá es que te habrás "saltado" toda la etapa de procrastinación y pondrás manos a la obra de inmediato porque la fecha límite YA LA FIJASTE A LA VUELTA DE LA ESQUINA.

Esto genera un fenómeno interesante ya que toda tu atención, concentración y habilidad están enfocadas en un solo asunto y es terminar la actividad antes de la fecha de entrega.

Cuando sucede esto, regularmente todo sale bien porque toda tu atención, habilidades y experiencia están concentradas en una sola cosa.

Cuando defines fechas de entrega muy próximas obtienes dos beneficios.

- Toda la atención se enfoca en una sola cosa, (como una lupa que quema un pedazo de papel).
- Terminas el proyecto rápido.

ANTI CAPITAL
LA SOBREPROTECCIÓN

Cuando somos pequeños nuestros padres nos proveen de todo cuanto necesitamos para sobrevivir; nos dan casa, alimentación y vestido; un bebé no es capaz de hacer nada por sí mismo y es la función natural de todo padre cuidar que no falte nada.

Esto es adecuado durante los primeros años de vida, sin embargo hay quienes continúan haciendo todo por los hijos aún cuando ya han entrado a la adultez.
La sobreprotección es muy común, y más si el pequeño en cuestión se encuentra en una situación vulnerable o tiene necesidades especiales.

Esto es perfectamente comprensible; sin embargo también aquí hay que dar oportunidad a los pequeños de poderse desenvolver y aprender hacer las cosas por sí mismos, ser independientes y poder manejar una vida en el mundo sin la necesidad de sus padres, porque un día ellos ya no van a estar presentes para ayudarles.
En este caso yo inventé una pequeña frase que envuelve esta propuesta un tanto difícil de entender para los padres de niños especiales y en un sentido más amplio de todo niño.

"SI ME AMAS, NO HAGAS TODO POR MI, MEJOR AYÚDAME A HACERLO POR MI MISMO"
Bruno Caballero

Hacer todo por los pequeños solamente los hará inútiles y dependientes de que alguien esté ahí 24/7 para solucionar sus problemas y proveerles lo que pueda necesitar.

Cosas que solamente los papás pueden hacer, porque las demás personas no tienen el amor o el compromiso necesario para ello.

En algunas ocasiones, hay padres que tratan así a sus hijos incluso cuando ellos no tienen necesidades especiales; el origen de todo esto creo que son el ego y el control más que el amor.

SOBREPROTECCIÓN POR EGO

Algunas personas necesitan el reconocimiento de manera inconsciente; buscan continuamente la aprobación social y en algunas ocasiones se convierten en una especie de "mártires" haciendo todo para probarse a sí mismos y a la sociedad lo buenos padres que son.

Esto nada tiene que ver con el amor que le tengan al pequeño, más bien con una necesidad interna de aprobación y una imagen social que continuamente buscan para satisfacer su propio ego, de manera inconsciente representan en sus mentes a la gente diciendo "mira qué buen padre es", y esta sobreprotección egoísta solamente condena al pequeño a crecer siendo un verdadero inútil y completamente dependiente de su padre o madre para hacer cualquier cosa, y cuando sea un joven o un adulto no tendrá las herramientas necesarias para salir adelante por sí mismo en un mundo donde no hay quién lo consienta como lo hacían sus papás y desgraciadamente ellos no estarán ahí todo el tiempo..

SOBREPROTECCIÓN POR EXCESO DE CONTROL

Hay padres que son excesivamente controladores y por ello no pueden permitir que los pequeños hagan algo incorrectamente; es tan grande su necesidad de que las cosas salgan perfectas (según sus propios parámetros) que es inaceptable que alguien más las haga de manera distinta a sus "estándares de calidad".

En capítulos anteriores hablamos de que el error es el padre de la maestría; cometiendo errores aprendemos hacer las cosas de manera perfecta, desgraciadamente en este plano material no hay otra manera de aprender si no es cometiendo muchos, muchos, muchos, muchos, muchos errores.

Para los sobreprotectores por control esta situación se extiende en el área laboral, teniendo que supervisar continuamente todo a su alrededor; incluso cuando no sea su responsabilidad, si son jefes se enfocan en la micro gerencia, esto es la necesidad de revisar hasta los correos que cada uno de los empleados envía, los horarios de entrada y salida, qué tipo de información está consultando en internet, cuánto tiempo se toman para comer, ir al baño etcétera.

Obviamente cuando una persona con estas características es padre o madre de un pequeño, las cosas toman un matiz obsesivo; todo tiene que ser absolutamente apegado al "manual" que el padre o la madre ha "autorizado" en su mente controladora.

El hijo de un sobreprotector puede convertirse en un completo inútil, incapaz de tomar una decisión por sí mismo ya que el niño no tiene la opción de echar a perder nada y aprender por medio del error; con esto no tiene la oportunidad de deducir cómo funcionan las cosas, ni desarrollar una manera propia o criterio para analizarlas.

Hay padres controladores que ni siquiera permiten que sus hijos gateen porque no quieren que la ropa se ensucie; la falta de gateo tiene repercusiones

delicadas en el desarrollo neuronal y afecta la conectividad entre los dos hemisferios cerebrales, capacidad cognitiva, visión, desarrollo del patrón cruzado, equilibrio, fortalecimiento muscular, los sentidos de orientación, habilidad motora y propiocepción (sentido del propio cuerpo).
Todo por una obsesión por el orden y la limpieza.

En mi país es muy común que existan madres sobreprotectoras por un supuesto cariño que yo creo Más bien es el disfraz del control y el ego.
Esto ha producido un efecto nocivo en la sociedad con jóvenes que no son capaces de adaptarse a un medio laboral y social en el que tienen que ser responsables y hacer las cosas por sí mismos.
No se sienten valorados, y al más mínimo reto desisten; se dan cuenta de que no son tan especiales y más bien son una pieza más del engranaje corporativo; ya no son el centro de la atención y el cariño, en una palabra han dejado de ser el niño o la niña consentida, se sienten desmotivados y entonces comienza una búsqueda por llegar a un lugar donde sí tengan esa importancia.

La situación aquí, es que en ningún lugar van a encontrar a su mamá que los proteja, los halague y los mime continuamente solamente por ser quienes son.
Esto se traduce en falta de compromiso en el sistema laboral y una rotación muy grande de empleados, debido a que estas personas nunca se hallan

satisfechas y reconocidas desde su propia perspectiva.

Desde mi humilde opinión, esto es una de las consecuencias que los padres sobreprotectores están sembrando en sus hijos sin tener conciencia de ello.

Si tú fuiste víctima de un padre sobreprotector las solución es dejar la creencia de que eres especial y que todo mundo te debe adoración o consideraciones, es mejor poner los pies en la tierra y comprender que hay 100 personas mejores que tú y más hábiles que desearían estar en tu lugar, creo que eso te ayudará a centrarte y a trabajar porque en cualquier momento alguno de esos 100 ocuparía tu lugar si no te pones alerta.

Si tú eres un padre sobreprotector, ahora ya sabes qué le estás haciendo a tu hijo sin quererlo o con plena conciencia de ello; así que déjalo cometer sus errores, déjalo crecer y déjalo aprender; entre más rápido sepa cómo hacer las cosas tendrá más herramientas para salir adelante en un mundo cada vez más competitivo, más poblado y veloz.
Conozco personas que no son capaces de ir por sí mismos a su trabajo, sus padres los deben llevar en auto todos los días.
Y madres de familia que son incapaces de cuidar a sus pequeños porque prefieren salir con las amigas a tomar el café y dejar a los bebés bajo el cuidado de las abuelas - madre. Esto es el resultado de no haberlos

dejado hacer sus cosas, cometer sus propios errores y crecer; los mantuvieron en un estado de infancia eterna y ahora no saben cómo lidiar con su vida de padres y empleados, dependiendo eternamente de sus padres para poder salir adelante.

Debo mencionar que en México el hecho de que ambos padres trabajen es una necesidad debido a los bajos salarios y en muchas ocasiones no hay dinero para pagar una institución o una persona que se haga cargo de los pequeños, en ese caso una práctica muy extendida es el dejarlos al cuidado de las abuelas.

Hablo del tiempo que podrían pasar con sus pequeños pero que prefieren usar para divertirse evadiendo las responsabilidades que tienen con sus hijos y que desde mi punto de vista son más importantes.

Recuerda que solamente estarás con tus hijos por unos años; después tendrán que arreglárselas por sí mismos con las herramientas que tú les hayas dado o sin las que tú les hayas escondido.

Esto definirá su éxito o fracaso en la vida, así que déjalos crecer y aprender solo con tu guía cercana y amorosa, pero responsables de sí mismos.

Sé por propia experiencia que es muy difícil liberarse de esta programación; a mí me tomó décadas comprender los conceptos que te he compartido en unos cuantos párrafos, aprendí que eso afecta severamente la vida y entre más rápido te puedas deshacer de esos programas o "borrarlos" de tu mente y seas más independiente, más rápido podrás salir adelante.

EL EXTRACTO DEL TRABAJO.

En el mundo de los perfumes hay un término muy conocido para un producto exclusivo, esta es la esencia que se vende en un envase muy pequeño y a un precio mucho mayor que el producto de línea; esto es el extracto del perfume, su esencia, lo que le da a esa fragancia su olor particular y personalidad.

El extracto del trabajo es un tema fascinante, es un término que deduje a partir de la observación de mi propia persona y de los compañeros de trabajo en las empresas donde colaboré como empleado.

¿Cómo llegué a estas conclusiones acerca del *"extracto del trabajo o "extract work o core work" y trabajo paja "straw work"*? déjame contarte:

En la oficina solía hacer algunas cosas de manera recurrente y casi siempre eran:

- Lectura y envío de correos electrónicos
- Llamadas telefónicas
- Hacer presentaciones y reportes de desempeño
- Asistir a juntas
- Revisión de avances
- Repetición del ciclo

Como dije antes todo esto se puede hacer fácilmente desde un teléfono inteligente.

Pero eso no es el punto, sino que dentro de toda esa operación las cosas importantes realmente eran muy pocas.

TRABAJO ESENCIAL / TRABAJO MEDULAR =
(EXTRACT WORK / CORE WORK)
TRABAJO PERIFÉRICO / TRABAJO PAJA =
(STRAW WORK)

Voy a poner un ejemplo para aclarar este punto, supongamos que llega a tu casa un paquete y dentro contiene una copa de cristal muy fino.
El paquete por supuesto tiene las siguientes características; una cubierta dura que en su interior contiene paja, burbujas de plástico o pequeños pedazos de unicel y en el medio se encuentra la hermosa copa de cristal.
La caja dura y el interior suave son necesarias para asegurar que la copa no se dañe ni se rompa en el trayecto.

El trabajo esencial, o medular, el centro del trabajo (core work) es la copa; son actividades muy específicas que requieren de un gran esfuerzo alrededor para que se puedan concretar; y lograr con todo eso el primer pedido del cliente.

Luego se activa el trabajo operativo, la paja (straw work) qué se tiene que hacer todo el tiempo.

Esto es contactar al cliente de forma continua para preguntar si necesita del producto, levantar pedidos, revisar inventarios, hacer órdenes de compra, integrar los elementos del envío, empacarlo, transportarlo, darle seguimiento al embarque, entregar, hacer la factura, ingresar el dinero al departamento de finanzas, declarar impuestos, pagar comisiones etc.

El trabajo medular, el trabajo central (core work), se hace una sola vez, el trabajo periférico (straw work) se tiene que hacer continuamente.

Incluso cuando ya se ha logrado el cliente, se tiene que hacer todo el trabajo paja para continuar surtiendo los productos o servicios que nos piden.

Es decir, el trabajo esencial es lograr el cliente y el primer pedido; el trabajo periférico es proveer continuamente lo que ese cliente requiere.

Los dos son necesarios para que funcionen las cosas, no se puede tener uno sin el otro, aun así el trabajo medular tiene mayor importancia que el trabajo periférico, pues son los diamantes que se han de encontrar después de picar la montaña durante algún tiempo.

El trabajo esencial no se hace siempre, solamente un poco cada determinado período, y el trabajo periférico o trabajo paja se tiene que hacer continuamente, para asegurar la continuidad y progreso de la operación.

Hablaré de mi actividad para dar un ejemplo; en mi caso debo de escribir cierto número de palabras todos los días pues ese es un trabajo medular ya que esto se quedará escrito por siempre y no tendré que volver a hacerlo jamás.

La parte de publicación en redes, creación de artículos, mercadeo, sociedades de negocios presentaciones, entrevistas, conferencias, asesorías y consultas son el trabajo periférico que se debe hacer todo el tiempo.

Es importante definir en tu actividad o tu proyecto cuáles son las partes esenciales, los objetivos que tendrás que alcanzar y cuál es la parte de la operación que tendrás que llevar a cabo para lograr dichos objetivos.

Enfoca tus esfuerzos, crea un plan y concéntrate en lograr el objetivo. Una vez que sepas cuál es la meta primordial; encamina tu energía tu inteligencia y tus acciones para alcanzarlo y mantenerlo; diseña una estrategia para poder llegar ahí y el trabajo periférico o trabajo paja lo definirás sobre la marcha.

Es conveniente documentar todo el trabajo periférico para que en un futuro alguien más lo pueda llevar a cabo y tú te concentres en el trabajo medular o extracto del trabajo.

Debo mencionar que cada empresa tiene trabajos medulares muy específicos, pero curiosamente el trabajo periférico que realizan casi nunca cumple con las necesidades del *core work* de la mejor manera.

Es una labor muy interesante definir estos puntos y cada empresa es diferente, ya que esto se hace de acuerdo a sus características particulares, como si se tratara de una huella digital.

EL TIEMPO Y EL TRABAJO

Cuándo desarrollé el concepto de trabajo medular y trabajo periférico, tuve entonces que deducir otro tema importante: ¿cómo interactúan en el tiempo estas dos variables?

HACER SOLO TRABAJO PAJA

La mayor parte del tiempo la pasamos haciendo trabajo periférico y el trabajo medular ni siquiera lo tenemos en cuenta; solamente nos enfocamos en la operación y en la administración de las cosas que se tienen que hacer cada día, perdiendo de vista el objetivo real de todo ese trabajo de soporte, que es solamente alcanzar el punto central, la meta, o sea el trabajo medular.

Es muy fácil olvidar lo que es realmente importante por estar enfocado en lo que hay que hacer de manera continua, por esto es recomendable segmentar el tiempo y definir tareas de acuerdo al nivel de importancia que tiene cada una de ellas; si pertenecen al grupo de trabajo periférico o pertenecen a las actividades medulares.

Priorizar las actividades y definir cuáles son primordiales y cuáles no; asignar un tiempo específico para aquellas que son realmente importantes y cumplirlas periódicamente, haciendo un espacio en el trabajo periférico, o bien asignando este tipo de labores de soporte a un tercero.

HACER TRABAJO LINEAL

Voy a retomar los conceptos que he mencionado anteriormente con respecto a las actividades de horneo.

La mayoría de las personas tendemos a hacer las cosas de manera lineal, esto significa que llevamos a cabo una tarea y cuando la hemos terminado, pasamos a la segunda tarea; cuando ésta ha llegado al final iniciamos una tercera.
Esto afecta al trabajo paja (straw work) porque lo retrasa exponencialmente, como vimos en la rueda de la fortuna, dejando al extracto del trabajo (extract work) fuera del panorama por estar enfocados a realizar "actividades paja" de manera sumamente ineficiente.

LOS BOMBEROS

Hay otras personas que operan de una manera distinta; inician una tarea y a la mitad la dejan pendiente para empezar algo nuevo o continuar con algo que dejaron inconcluso con anterioridad, dejando en pausa la primera tarea, luego aparece un imprevisto o una tercera tarea que requiere de su atención, dejando sin terminar las dos anteriores; en poco tiempo esto se convierte en un verdadero desastre, traduciéndose en una serie de pendientes que ya tienen sus tiempos de entrega cumplidos o por cumplirse.

Estas personas son aquellos que siempre están cubriendo fuegos laborales, en mi país los llamamos bomberos; siempre les urge todo, siempre tienen los tiempos de entrega al día siguiente o la semana siguiente y siempre están estresados tratando de solucionar los miles dependientes que ya tienen acumulados.

No necesito entrar en detalles para explicar que aquí toda la atención está enfocada en tratar de resolver retrasos del trabajo paja, siendo imposible siquiera considerar la existencia de un trabajo medular.

LOS PROCRASTINADORES

Y existen los famosos procrastinadores, estas personas tienden a ver los tiempos de entrega como fechas muy lejanas y tienen una característica muy particular; ocupan su tiempo en mil cosas que nada tienen que ver con lo que realmente deben hacer, dejan pasar los días hasta que ya tienen la fecha de entrega muy próxima, es entonces cuando se ponen nerviosos y desesperados porque se han dado cuenta de que ya se acabó el tiempo que tenían para completar su proyecto, entonces ya sin tiempo ni recursos, se ponen a trabajar en los pendientes, volviendo todo esto un mar de estrés, desorden y trabajo fuera de horarios; un verdadero caos, entregando resultados regulares debido a la falta de tiempo.

En este estilo de trabajo vemos como el straw work que ha de hacerse no tiene una prioridad real, mucho menos la tendrá un trabajo medular.

Pues estas tres formas principales de trabajo son las que he podido deducir que afectan enormemente tanto a las compañías como a las personas.
Quiero subrayar que todos tenemos esas características, esto es parte de la naturaleza humana; algunos tenemos más desarrollados una anti habilidad que otra, el truco aquí es darse cuenta en qué estamos

fallando y corregirlo, con la ayuda de estos consejos podrás empezar a modificar aquellas que no te sirvan.

TRABAJO MULTI PRODUCTIVO

Para poder ser eficaz y eficiente en tu actividad deberás definir algunos aspectos.

- Qué actividades son medulares.
- Cuáles son las actividades periféricas.
- Qué tareas debes de meter a hornear para que se vayan cocinando.
- Calificar cuáles son más importantes y darles prioridad.
- Organizar tu día para que con la mitad de trabajo y tiempo puedas terminar las labores asignadas para ese día.
- Definir un espacio de tiempo para imprevistos, este lapso ya sean 30 minutos o una hora, no podrá extenderse, de lo contrario estarás interfiriendo con el tiempo asignado para otras actividades.
- Sistematizar tus días y tus semanas para que todos los objetivos se cumplan de manera recurrente.

Al poner en un calendario semanal y mensual todas estas actividades tendrás la certeza de que no se te olvida hacer ninguna de ellas y poco a poco verás que tu trabajo va mejorando, pues todo se está cubriendo;

tanto las actividades periféricas como las de horneo y sobre todo las medulares.

Esto es una sencilla técnica pero muy poderosa que poco a poco irá construyendo las bases para que puedas enfrentar retos más grandes y complejos.

VALOR

Quiero aclarar este concepto y no se refiere a valentía o coraje para llevar algo a cabo, esto se refiere a compartir información valiosa para alguien.

Cuando compartimos algo que nosotros tenemos y que puede servir a alguien más, esto puede significar una diferencia importante para esa persona.
Todos tenemos aspectos valiosos, basta con preguntar a nuestros padres, amigos, o pareja sentimental (de preferencia si es reciente) cuáles son los aspectos valiosos de nuestra persona.
Yo te puedo decir aún sin conocerte, que un aspecto valioso de tu persona es buscar otras opciones, aprender cosas nuevas, interesarte por cambiar de situación y conocer posturas diferentes, formas de pensar distintas, tener el deseo de ser mejor.
¿Cómo lo sé? Es fácil, simplemente porque estás leyendo estas líneas.
   Por cierto te agradezco por leer mi libro y conocer mi forma de pensar.

Cuando aportamos valor para alguien, automáticamente esa persona nos pone en un lugar distinto de toda la multitud, porque algo que nosotros le hemos compartido sirvió para que dentro de él o ella hubiera un cambio positivo y esto produce un sentimiento de gratitud en su interior.

Esto es muy importante, y que en un mundo lleno de propuestas con miles de artículos y servicios todo llega a ser solamente ruido.

Las personas no queremos ruido, queremos cosas útiles y solamente vamos a prestar atención aquellos quienes nos ayuden a lograr lo que deseamos; en la medida que sus consejos nos den elementos para poder alcanzar nuestras metas, entonces nuestros oídos, nuestra mente nuestros ojos y nuestra atención se dirigirán hacia esa persona y aquello que diga será digno de ponerse a prueba.

En cualquiera que sea tu proyecto, piensa cuáles son las cosas valiosas que puedes aportar y a que personas puede ser útil eso que tú sabes, tienes o puedes hacer.

En la medida que ayudes a otras personas, esto tendrá un efecto retroactivo y multiplicado para ti mismo.

Debo decir que esto es opuesto a lo que lógicamente haría la mayoría de la gente, ya que la manera tradicional de pensar es esconder las cosas valiosas y solamente compartirlas a un alto precio.

Aquí vemos algo que está cambiando en todo el mundo.

Antiguamente la dinámica mundial se basaba en el individualismo y la competencia, la forma de progresar era:

- Acumular.
- Almacenar.
- Apoderarse o apropiarse de.
- Retener.
- Amasar aun cuando ya era suficiente.
- Acumular infinitamente.
- Atesorar bienes y conocimientos, etc.
- Adjudicarse.
- Acaparar.
- Ganar a otros algo.
- Despojar a alguien de algo que es suyo.
- Tomar algo que no te pertenece.
- Obtener por cualquier medio.
- Conquistar.
- Conseguir a cualquier precio.
- Pasar por encima de quién sea.
- Lograr no importa lo que hubiera que hacer
- Obtener beneficios, no importa si alguien sale perjudicado.
- No compartir.
- Esconder, ocultar.

Todo esto y cosas parecidas parten de la falta de conciencia y el egoísmo; así es como funcionaba el mundo hasta hace algunos años y tenía como finalidad únicamente la búsqueda del propio bienestar por encima de todos los demás.

Pero estas viejas estructuras de poder ya no pueden funcionar, las personas están cambiando y se están volviendo más conscientes de que todos formamos parte de una misma cosa y que todo lo que hagamos tendrá repercusión en nosotros mismos en algún momento, cercano o lejano.

En esta nueva era de conciencia, las sociedades de colaboración y el actuar con mentalidad de enjambre como lo hacen las abejas, los cardúmenes y parvadas es la forma de progresar y lo seguirá siendo en los tiempos por venir.

Explicado en otras palabras la mentalidad de enjambre sostiene que nosotros tenemos cierto grado de experiencia, conocimiento y habilidad; pero en conjunto, como un grupo, somos capaces de sumar las habilidades de cada persona para lograr cosas que de manera individual no podríamos hacer; ese es el secreto en el poder de las redes sociales, compartir sin esperar nada a cambio, y cuando piensas de esa manera el beneficio es exponencial para todos.

La mentalidad y el trabajo de enjambre se basa en la idea de que todos somos parte de un órgano llamado humanidad, que a su vez forma parte de un organismo llamado tierra.

Las células que no funcionan en colaboración con el órgano ni con el organismo y toman una función diferente, fuera de la armonía biológica se denominan malignas o cancerígenas.

Muchas personas tienen esta forma de funcionamiento individualista y egoísta, poniendo sus propios intereses pasando por encima de los demás.
Antes, a este tipo de personas se les llamaba "competitivas"; son los que buscan destacar por encima de sus compañeros de trabajo; para algunos es bien visto ser un individuo "competitivo", sin embargo yo creo que vale más un individuo "colaborativo", que puede ser tan bueno o mejor que el primero, ya que trabaja y cuenta con el apoyo de muchas personas y no busca solamente el éxito personal.

Esto es muy evidente en la política, en donde los protagonistas solamente trabajan para beneficiarse ellos mismos y no por la gente a la que se supone deberían servir, el resultado es que la política está destinada a desaparecer porque no es más que un freno y un lastre para el progreso de la humanidad.

Pero los sujetos "cancerígenos" se pueden encontrar en todos lados, son personas que pasan por encima de cualquiera para lograr sus propios objetivos.

Son fácilmente identificables, pues bloquean el flujo de trabajo, haciendo difícil la colaboración, ocultan información, tratan mal a los usuarios o clientes, no mantienen una relación cordial con las personas internas o externas, solicitan o reciben beneficios, sobornos o dinero por realizar su trabajo.

En mis asesorías empresariales propongo que cuando se han detectado a los "cancerígenos" la solución para este mal es extirparlos del organismo, eliminarlos de la ecuación y revisar si no han echado raíces, pues habrá que arrancarlas también.

De esto hablo en otro libro, pero por el momento era necesario explicar porque el individualismo no puede funcionar en un órgano y a su vez dentro de un organismo.

Yo sostengo que se puede tener mayor éxito trabajando en colaboración con todos y de este modo los objetivos serán más ecológicos y duraderos a largo plazo.

TRABAJAR UNA VEZ GANAR SIEMPRE

Este concepto lo trato más ampliamente en otro libro, pero por el momento solamente diré que tiene que ver con el extracto del trabajo.

Debes pensar cuál es el trabajo medular que más te puede redituar tanto a nivel personal como a nivel económico y ponerlo como número uno en tu escala de prioridades; de ahí diseñar todo lo que tenga que ver con actividades periféricas y desarrollar el calendario para poderlo llevar a cabo.

Esta actividad puede ser inventar una deliciosa receta para un platillo, esto será el trabajo medular primario, luego habrá que corregirlo y perfeccionarlo hasta llegar a su punto. Una vez que el *extract work o core work* esté bien definido y documentado, el siguiente trabajo medular será definir el procedimiento para hacer grandes cantidades del producto sin perder la calidad ni el sabor; encontrar proveedores confiables que entreguen materia prima con los mismos estándares en todo momento.

El siguiente *core work* será definir cómo vamos a conservar ese producto y por cuánto tiempo durará fresco y sabroso.

El trabajo medular que sigue tiene que ver con definir el empaque y la logística de transportación y entrega.

Una vez completadas esta serie de trabajos medulares, el *core work* posterior será buscar un cliente que compre el producto.

Cuando estos puntos ya estén definidos, el *extract work* será buscar este tipo de clientes una y otra vez.

El trabajo periférico de cada trabajo medular son cientos de tareas necesarias para lograr cada uno de estos objetivos, la ventaja de llevar a cabo esto y documentar todas estas actividades, es que se tendrá el conocimiento de cómo hacerlo y nunca más se deberá comenzar desde cero, solamente habrá que modificar las cosas que vayan cambiando sobre la marcha.

Esto es sólo un ejemplo y seguramente para desarrollar tu producto o servicio en particular habrá muchas otras cosas nuevas o diferentes qué hacer.

Tu define cuál es tu meta, cuáles son tus actividades medulares y el trabajo periférico que tendrás que llevar a cabo para llegar a esa meta.

Y una vez más, te aconsejo que hagas tus días productivos, haz un calendario con estas actividades y asegúrate de que por lo menos haya una acción en cada día que te acerque más a tu objetivo.

SENTIDO DE LA URGENCIA

En el mundo corporativo siempre existen fechas límite de entrega para cualquier cosa y los empleados tratan de cumplir con ellas, pues de esto depende su desempeño y seguridad laboral.

Cumplirlas es muy importante, pues la empresa es la que les provee lo necesario para que puedan continuar con sus vidas tranquilamente.

Pero cuando se trata de nosotros mismos la situación es distinta, porque regularmente no fijamos una fecha límite que nos comprometa a realizar alguna tarea o terminar un proyecto.

Somos muy complacientes con nuestra persona y no tenemos ninguna exigencia para cumplir nada, por lo tanto no existe compromiso alguno para hacer las cosas.

Yo pienso que la persona más importante en tu vida eres tú mismo y lo que hagas o dejes de hacer para ti repercutirá directamente en toda tu vida.

Define fechas de entrega y cumple; asigna horarios para cada actividad y apégate a ellos, fija un compromiso contigo mismo y date el nivel de importancia que tienes; nadie, ni tu empleador, tu pareja o tus hijos, tienen la importancia que tú mismo tienes para tu vida.

Una vez que hayas comprendido este concepto, determina fechas límite muy próximas para completar las etapas de tu proyecto y cúmplelas ante todo;

porque en la medida en que tú hagas el compromiso de llevar esto a cabo, empezarás a desarrollar un sentido de responsabilidad propia; esto significa que tú mismo serás tu propio centinela, vigilando que no te salgas del orden y que hagas las cosas para las cuales te has comprometido; piensa que si no lo haces la única persona que saldrá afectada eres tú mismo

LA LEY DEL TRABAJO ACUMULADO

Un buen consejo que quiero compartir contigo es la ley del trabajo acumulado; ésta funciona de manera muy parecida a una pared y a los platos de un restaurante.

Primero hablemos del ejemplo del muro.
Si tú haces una pequeña actividad cada día, es como si estuvieras poniendo un ladrillo en la pared, este ladrillo se quedará ahí y es necesario para poner el siguiente al lado y cuando llegue el momento colocar el de arriba; entre más ladrillos vayas poniendo, más ladrillos podrán ir soportando a los demás; este trabajo tiene que ser de manera gradual, así que lo más difícil será al principio; hacer los cimientos, poner varillas y guías para que estos ladrillos puedan ser colocados, después solamente colocarás un ladrillo cada día.
El trabajo que tú realices se acumula y no es estéril, te servirá para poder ganar experiencia y habilidad para los retos que siguen y colocar ladrillos cada vez mejor y más rápido.

Los platos de un restaurante también son un buen ejemplo para explicar esta ley; supongamos que tú eres el lavaplatos de un restaurante en el cual hay 100 platos, vasos, tazas y cubiertos, cada día en el restaurante llegarán personas que ensucian varios de estos platos y la persona responsable de que todos estén limpios eres tú. Pues bien aquí tienes un par de decisiones; la primera es lavarlos y ponerlos a secar para que al día siguiente estén listos para usarse.

La segunda decisión es no hacer nada y dejar que se acumulen; la situación aquí es que los platos no dejarán de llegar y la suciedad se puede retirar más fácilmente cuando está fresca, si ésta se seca, tendrás que invertir más tiempo, esfuerzo, agua y jabón para retirar lo que hubiera sido muy fácil lavar al principio.

Igual que en el pensamiento el lote del que hablé antes, yo sugiero que tus actividades vayan enfocadas a trabajar en lote, esto significa hacer la misma actividad para cada elemento y después pasar a la siguiente fase para todos ellos; en palabras simples, es más fácil enjabonar 100 platos de una vez y luego enjuagar 100 platos, para después ponerlos a secar, en lugar de enjabonar un plato enjuagarlo y secarlo para repetir el proceso con el siguiente, hasta terminar con las 100 unidades; esto te llevará muchísimo más tiempo que hacer las mismas actividades en lote.

NO PENSAR… HACER

Esta frase significa no detenerse en pensar demasiado las cosas pues si lo haces podrás estar dando entrada al ego, la inseguridad el miedo o cualquier otra cosa que solamente te impida hacer aquello que tienes planeado.

No lo pienses demasiado y coloca el ladrillo que te corresponde para ese día, no te detengas en considerar si está bien puesto o mal puesto, si el ladrillo es grande o si está suficientemente rojo, solamente coloca ese ladrillo y continúa con el que sigue; al principio estos ladrillos estarán mal colocados pues no sabes cómo hacerlo, pero no importa, tienes que aprender cómo se hace y esto lo harás únicamente colocando ladrillos; no lo aprenderás de ninguna otra forma.

Así que entre más rápido empieces a colocar ladrillos, más rápido vas a aprender cómo hacerlo de manera correcta y terminarás antes tu muro.

ANTI CAPITAL
TUS VICIOS

Este es un tema fascinante, lo descubrí cuando me di cuenta de las cosas que yo hacía por costumbre y que saboteaban mis actividades medulares y periféricas, me consumían recursos y tiempo alejándome de cumplir con mis metas, estos vicios retrasaban lo realmente importante que es mi proyecto; en este caso escribir este libro.

Un ejemplo de esto es que yo soy muy perfeccionista en ciertas cosas y para escribir algunos términos del libro me sumergía en Wikipedia y en 2, 3, 5, 10 o 20 blogs diferentes para comparar la información y escribir un párrafo.

Para colocar una imagen que pudiera representar algún concepto de mi blog buscaba 10, 20, 30, 50 o hasta 100 imágenes diferentes esperando encontrar la imagen perfecta (cosa que nunca sucede, por eso me convertí en fotógrafo) esto es un vicio que no aporta nada de valor y solamente absorbe muchísimo tiempo y recursos valiosos en los que podría estar escribiendo cosas muy interesantes y no andar navegando sin sentido para obtener algo sin importancia.

Esto es una actividad ociosa y obsesiva que solamente interfiere con lo que es verdaderamente importante, por lo tanto es un vicio.

Todos tenemos vicios diferentes de acuerdo a nuestros propios intereses, todos estos vicios distraen la atención y roban muchos recursos que podrían ser útiles si los aplicamos en otras áreas, uno de ellos es el tiempo.

Detecta si hay alguna actividad que no te aporte nada de valor pero que te absorba mucho tiempo, las más comunes son pasear por Facebook, chatear tonterías por WhatsApp, hablar horas por teléfono acerca de la vida de otros o de temas sin importancia, mirar videos huecos en YouTube acerca de diversos temas (youtubers graciosos, música, chismes, autos, series de TV, relaciones sentimentales, "los 10 más" de algo sin importancia), paginas XXX, buscar "nada" en Google maps o tratar de encontrar ovnis en Google earth etc. O cualquier otra tontería que no se me haya podido ocurrir.

TODO LO QUE NO TE APORTE UN BENEFICIO REAL A TU VIDA.

"SI NO TE APORTA NADA PRODUCTIVO Y TE CONSUME TIEMPO,
ENTONCES ESO ES UN VICIO".
Bruno Caballero

Los vicios nos dan alegría instantánea y son el aliado perfecto para la procrastinación, se desencadenan cuando hay un leve sentimiento de ansiedad inseguridad, miedo, incertidumbre, y luego se convierten en una adicción.

Desgraciadamente la droga más común extendida y aceptada es el teléfono inteligente; todas las personas estamos perdidos en la pantalla de nuestro dispositivo móvil, es como si fuera una ventana a través de la cual miramos el mundo que queremos ver, no el mundo real.

Si utilizas el teléfono para obtener información y realizar actividades importantes para tu proyecto está bien, pero tienes que ser muy crítico e imparcial contigo mismo y saber en qué momento estás tomando el teléfono para drogarte con tus vicios.

LAS VIRTUDES COMO UNA DROGA

Hay veces que las virtudes las puedes utilizar para drogarte; te explico a continuación.

A mí me encanta escribir y tengo la habilidad de generar cientos y miles de ideas continuamente, sin embargo esta habilidad la empecé a usar en los chats de WhatsApp en dónde seguía las charlas, chistes y memes; cuando había la oportunidad inventaba comentarios ingeniosos y graciosos que tenían que ver con la historia de las conversaciones y bromas de cada chat, me había convertido en una especie de comediante de Stand Up en cada foro.

Esto me requería el tiempo y esfuerzo mental para generar comentarios atinados y creativos a cada momento.
Cuando me di cuenta de esto y vi cuánto tiempo pasaba siguiendo las conversaciones y aportando comentarios chistosos y tontos, me dí cuenta de que esto ya se estaba convirtiendo en un vicio.
Me descubrí buscando fotografías y videos para editarlos y crear memes, entonces me di cuenta de que eso solamente estaba desviando mi creatividad y mi gran habilidad para escribir y crear cosas nuevas en algo completamente estéril, así que dejé de aportar tonterías en los chats para hacer reír a las personas y me puse mejor escribir cosas realmente importantes.

- *¿CUÁLES SON TUS VICIOS?*

- *¿QUÉ ES AQUELLO QUE DESVÍA TU ATENCIÓN?*
- *¿EN QUÉ PASAS MUCHO TIEMPO DEL DÍA SIN QUE ESTO TE APORTE ALGO IMPORTANTE O VALIOSO?*

Cuando detectes cuál es tu adicción o adicciones, entonces sabrás qué debes hacer para evitarlo; en cuanto sientas la necesidad y tu cuerpo automáticamente busque tu droga entonces puedas evitarlo para hacer algo productivo en lugar de drogarte; haz el propósito de poner un ladrillo más para construir tu futuro en lugar de darte un "shot" de felicidad instantánea.

ANTI CAPITAL
EL PERFECCIONISMO

El perfeccionismo es un anti capital del cual puedo hablar con plena autoridad porque yo lo tengo; yo sufro de esa enfermedad, y gracias a Dios pude deducir varias cosas que a continuación quiero expresar.

El proceso que yo recomiendo para hacer cualquier cosa es lanzarse a ello y después corregir sobre la marcha; esta es la manera más rápida de empezar algo y sacarlo a la luz pública, no se debe quedar solamente en la mente o ser un proyecto inacabado; hay que llevarlo al final aunque no sea del todo perfecto; luego ir modificando y corrigiendo lo que vaya surgiendo; sin embargo el perfeccionismo es un vicio que atasca al individuo en el ciclo *revisión-corrección, revisión-corrección, revisión-corrección* de manera indefinida.

Para mí esto era muy evidente porque el simple hecho de buscar una foto para un anuncio me podría llevar hasta un día tratando de encontrar aquella imagen perfecta que nunca llegaba; debido a esta situación tomé la decisión de convertirme en fotógrafo y crear mis propios conceptos, con los elementos que yo tenía en mi cabeza y eran los adecuados para expresar lo que yo quería exactamente.

El resultado de ésta característica de mi personalidad era contrario de lo que yo esperaba pues entregaba cosas visualmente perfectas y muy bien sustentadas teóricamente, pero mucho después de la fecha límite en que debían ser terminadas por lo tanto perdían todo su valor teórico y estético porque ya no servían, o por lo menos ya tenía una mala nota en mi desempeño profesional.

Esto sucedió de manera recurrente y me empecé a preguntar por qué me tomaba tanto tiempo en realizar cosas relativamente fáciles para mí, algo que debía tomar solo un par de horas se podía extender hasta varios días por diversas situaciones. Haciendo un análisis profundo de mi persona y de mi conducta pude llegar a la conclusión de que en algunos aspectos yo era perfeccionista, pude descubrir en qué momentos se disparaba el perfeccionismo y entraba en ese círculo infinito de producir y corregir, producir y corregir cosas sin sentido en busca de la supuesta perfección.

Pero el problema real no era el perfeccionismo, sino aquello que detonaba dicho perfeccionismo, lo que estaba detrás de él.
Entonces me fui más profundo, a estudiar mi mente en sus aspectos más ocultos, después de un tiempo de estar observando y aprendiendo acerca del perfeccionismo, me pude dar cuenta que detrás de él hay varios temas importantes que le dan vida.

El deseo de que las cosas salgan de manera perfecta, es decir no pueden ser buenas ni muy buenas, incluso cuando son las mejores, esto no es suficiente, pues continúa produciendo un cierto grado de insatisfacción en el perfeccionista, pues ya es una obsesión, esto no lo llenará ni significa nada para él, las cosas tienen que ser perfectas desde su propia perspectiva y es aquí donde se encuentra el problema, puesto que en el perfeccionismo se esconde un juez implacable que siempre encontrará una mancha incluso donde no la hay, pero esto es simplemente una percepción individual, en la realidad no es así.

En este caso el "juez" interno determina que el tono de "gris" que debe tener algo no es el correcto, así que todo está mal teniendo que corregir esa parte para luego encontrar una imperfección en otro punto y arreglarla, una vez hecho esto hallará algún error en otro lugar y lo tendrá que eliminar y así hasta el infinito. Aquí hay que mencionar una situación importante; el juez aparece como un mecanismo de defensa para el perfeccionista y a continuación explico por qué.

Detrás del deseo de lograr la perfección, solamente se encuentra la inseguridad y el miedo que representa mostrar algo que no cumpla con las expectativas de las otras personas; se trata de un tema de autoestima y desvalorización, donde se busca continuamente la aceptación y el reconocimiento; aquí es tan grande el temor al fracaso o al rechazo que dispara el bloqueo llamado juez para evitar que la persona entregue finalmente el proyecto, se encuentre vulnerable, expuesta y sometida a al escrutinio, análisis y juicio por parte de otras personas.

Esto produce una ansiedad terrible en el perfeccionista y es tan grande el miedo de quedar expuesto que para evitar la descalificación se asegura de que cualquier detalle, por muy pequeño que sea, esté corregido antes de poder mostrar algo.

Aquí debo mencionar dos cosas que aprendí de observar y analizar mi propio comportamiento

Quien solicita algún proyecto al perfeccionista es porque no tiene la habilidad, conocimiento o experiencia para hacer aquello que el perfeccionista sabe hacer.

Ellos no saben lo que va a entregar el perfeccionista.

¿Qué tan perfectas deben de ser las cosas que se entreguen? solamente el perfeccionista lo decide y es una apreciación personal únicamente, de tal modo que sólo él puede decidir hasta cuándo sostiene el círculo infinito de encontrar errores y corregirlos, es decir, la certificación de perfección solamente existe en la mente del perfeccionista y puede otorgarla a sí mismo en cualquier momento que desee.

Por supuesto habrá muchos tipos de perfeccionistas, yo solamente hablo de lo que pude descubrir dentro de mí, estoy seguro que habrá otros estilos de perfeccionismo, otras especies de perfeccionistas que vivan con esa obsesión por diferentes motivos que los míos, el secreto está en sumergirte dentro de ti y descubrir cuáles son las conductas que detonan tu perfeccionismo, cómo podrías controlarlas y luego eliminarlas.

Una buena herramienta que te puedo compartir si tú tienes características similares a las mías es que:

Hagas las cosas lo más rápido posible, utiliza los recursos mínimos indispensables para realizar tu proyecto.

Cuando aparezca el juez que detona el perfeccionismo e intente "corregir" lo que acabas de hacer, *no lo escuches*, tú continúa y termina el trabajo, esto es lo más importante, es la tarea medular; no hay nada que esté por encima de ella.

Cuando ya lo hayas terminado, no sucumbas a la tentación de revisarlo-corregirlo, recuerda que esto es una droga que alimenta tu inseguridad, no lo hagas.

Mira el trabajo y en voz alta di lo siguiente:

"(Tu nombre o cómo te gusta que te digan)... Buen trabajo, esto está bien hecho"

Esta herramienta la desarrollé después de estudiar hipnosis; fue entonces cuando pude comprender la importancia tan grande que tiene la mente subconsciente en nuestras vidas.

Cuando dices esto en voz alta la mente subconsciente, acepta esto como verdad y detiene el ciclo interminable del perfeccionista porque ya ha recibido el reconocimiento, la aceptación y la certificación de que eso en particular se concluyó de manera satisfactoria y el miedo al rechazo se desvanece gradualmente.

Prueba esta técnica la próxima vez que tengas la tentación de entrar en el ciclo del perfeccionista y podrás comprobar por ti mismo su gran efectividad.

ESTRATEGIAS PARA SABOTEARTE
ESTRATEGIAS PARA GANAR

Yo soy un apasionado de la PNL programación neurolingüística, me parece una disciplina extraordinaria que nos puede ayudar a lograr cosas que pensábamos imposibles de una manera efectiva y sin tantas complicaciones,

Gracias al estudio de esta disciplina me pude dar cuenta que yo ponía en marcha algunas estrategias que se detonaban bajo ciertas condiciones y una de ellas era el llegar tarde a determinados lugares y muy puntual a otros, entonces me puse a analizar porqué se presentaban estos eventos y bajo qué condiciones lo hacían, me pude dar cuenta de que cuando dentro de mí había algún lugar al que no quería asistir, se disparaba una estrategia que me retrasaba invariablemente, pero cuando tenía que asistir a lugares a los que sí deseaba ir, la estrategia de auto sabotaje simplemente no aparecía..

Aprendí entonces a controlar mis estrategias de auto sabotaje y definía sistemas de trabajo que pudieran evitar que yo mismo me pusiera el pie para tropezar, entonces fijé en el calendario mis horas de reunión a los lugares indeseables una hora y media antes de lo pactado y entrené a mi mente para "olvidar" la verdadera hora de reunión, tomando solamente la del calendario; cuando mi estrategia de sabotaje se detonaba y empezaba a buscar algo innecesario e irrelevante que tenía como objetivo retrasarme, lo detectaba y automáticamente sabía qué se trataba de la estrategia de sabotaje que se había disparado; entonces suprimía la acción de retraso y continuaba con mi objetivo primordial, que era llegar a la reunión indeseada.

Cada uno tenemos nuestras propias estrategias de sabotaje y estas se aplican en cosas tan sencillas como llegar a una reunión o situaciones más complejas como encontrar siempre a la persona incorrecta que nos hará pasar malos ratos, nos lastima y nos hará perder tiempo.

En el trabajo también se pueden encontrar estrategias de sabotaje, supongamos que alguien logra una buena posición laboral, pero requiere de muchas responsabilidades, entonces automáticamente entra la estrategia de sabotaje, haciéndolo cometer errores, rodeándolo de gente inútil o maliciosa, que solamente le meterá el pie o echando a perder proyectos y cosas importantes para finalmente deshacerse de la situación amenazante, que produce miedo en la persona por una falta de confianza en sí mismo y una autoestima baja, en otras palabras no se encuentra dentro de su zona segura, lo que le produce una gran ansiedad e incertidumbre.

Debo mencionar que sólo de este tema se puede escribir un libro entero; es muy extenso y fascinante pero el secreto está en detectar cuáles son tus

conductas de sabotaje, bajo qué circunstancias se detonan y que se encuentra debajo de ellas.
Cuando sepas esto entonces sabrás cómo reprimirlas o sustituirlas.

ESTRATEGIAS PARA GANAR

La PNL programación neurolingüística nos dice que no hay errores o aciertos, solamente existen estrategias y resultados; pongamos como ejemplo a una persona con sobrepeso, como la mayoría de la población en países desarrollados. La estrategia que durante años ha seguido esa persona le ha devuelto un resultado; es decir, la estrategia es comer en exceso cosas que engordan y el resultado lógico para esta acción es el exceso de peso y talla; esto es así de simple y no calificamos los resultados por buenos o malos; solamente son la consecuencia de seguir ciertas acciones de manera constante.

En tu vida has tenido diferentes aciertos aunque no te hayas dado cuenta; estos se presentan tanto en el aspecto personal como sentimental y laboral.
En algunas ocasiones las cosas han salido muy bien para ti; piensa, recuerda y analiza cuáles fueron los pasos que diste para que todo se diera de manera favorable, en una palabra *¿cómo hiciste para que todo fuera perfecto?*
Esto es muy importante pues de acuerdo a los principios de la PNL si lo hiciste una vez lo puedes volver a hacer en cualquier momento.

Es importante que pienses cuáles fueron los puntos o las etapas que se completaron para obtener algún resultado en particular; anótalos, repasa tus notas y compréndelos para poderlos repetir de manera sistemática y obtener buenos resultados una y otra vez.

Pongamos un ejemplo de esto; tal vez lo que hiciste para lograr un mejor empleo fue:

- Darte cuenta de que en dónde estabas no ibas a llegar a ningún lado o simplemente ya no querías estar ahí.
- Organizar tu información y hacer un currículum y una presentación muy buenos.
- Empezar a enviar los currículos a las empresas en las que te interesaba colocarte o podrías tener mayor desempeño.
- Investigar cómo lograr una entrevista de trabajo exitosa, repasar y aprender esos pasos.
- Practicar tus entrevistas, ensayar cuáles eran los temas que ibas a exponer y de qué manera hacerlo.
- Ir a las entrevistas y poner en práctica lo que habías ensayado.
- Como resultado de todo este procedimiento previo obtener un mejor empleo.

Aquí podemos ver la estrategia claramente; cumples con ciertos pasos previos que arrojan un resultado.

Este procedimiento es la base para crear los sistemas de negocio sobre los cuales se basan las franquicias.

Se documenta el procedimiento y se afina cada una de las etapas hasta lograr el mejor rendimiento, optimizando energía tiempo e insumos en la mayor medida posible.

La intención es definir por escrito las buenas prácticas, repetirlas y perfeccionarlas continuamente; esto es lo que asegura el éxito de una franquicia.

Sin embargo los seres humanos actuamos de manera errática, cuando tenemos *"suerte"* en algo no sabemos con exactitud qué fue lo que pasó o por qué se dio esta situación, por eso mismo no lo repetimos, ya que no supimos qué sucedió con certeza.

La intención de documentar todo es que tu sepas exactamente los pasos que seguiste para tener éxito en Algo; perfeccionarlos y repetirlos continuamente, de esta manera el éxito ya no será cuestión de "suerte" sino de un sistema perfectamente estructurado, documentado y conocido que se puede repetir una y otra vez por ti o por cualquiera otro obteniendo buenos resultados de manera lógica sin que esto dependa de la suerte o asistencia divina.

CAPITAL OBJETIVO

— Minino de Cheshire, ¿podrías decirme, por favor, qué camino debo seguir para salir de aquí?
— *Esto depende en gran parte del sitio al que quieras llegar — dijo el Gato.*
— No me importa mucho el sitio… — dijo Alicia.
— *Entonces tampoco importa mucho el camino que tomes — dijo el Gato.*
—… Siempre que llegue a alguna parte — añadió Alicia como explicación.
— *¡Oh, siempre llegarás a alguna parte — aseguró el Gato-, si caminas lo suficiente!*

Fragmento de la novela *"Las aventuras de Alicia en el país de las maravillas"* de Lewis Carroll.

En algún lugar escuché o leí acerca de una investigación en la que tomaron a un grupo de estudiantes universitarios y les preguntaron cuál era el objetivo que tenían en la vida; la mayoría de ellos no sabían, pero unos cuantos tenían objetivos muy claros en sus mentes de lo que querían lograr cuando terminaran la universidad.

Después de varios años volvieron a contactar a este grupo para saber qué había pasado con ellos, curiosamente las personas que no tenían un objetivo claro de lo que iban a hacer cuando terminaran la escuela no habían progresado mucho; cambiaron de empleo en algunas ocasiones, pero básicamente su desarrollo profesional no había despegado, seguían en la misma línea de arranque sin haber hecho grandes cosas; una situación diferente se presentaba para las personas que tenían claro un objetivo; en ese mismo tiempo las personas de este grupo habían tenido logros importantes que los colocaban muy por delante de aquellos que no tuvieron claro lo que deseaban para su futuro profesional.

Pero creo que el mejor ejemplo que te puedo dar acerca de este tema es el de un atleta olímpico; esta persona tiene un objetivo bien definido en su mente y se ve a sí mismo ganando la medalla de oro; esto es muy importante porque tiene una representación muy clara y perfecta de lo que desea; se imagina llegando a la meta antes que sus contrincantes, siente como ha roto su propia marca y ha superado a todos los competidores, se ve a sí mismo subiendo al podio de los ganadores frente a miles de personas, ahí están las cámaras de los periódicos y televisoras enfocando sus lentes hacia él, escucha la ovación de las personas y siente la emoción cuando todos los reporteros le preguntan cosas, en el momento cumbre imagina que está en la parte más alta del estrado de ganadores y se agacha para recibir la medalla dorada como premio a su esfuerzo y dedicación; con ello se coloca como el mejor de todos en el mundo, sin duda alguna, es el ganador indiscutible.
Aquí quiero subrayar algo de suma importancia y es que la medalla no es de bronce ni de plata, es de oro

puro; la representación del mayor reconocimiento al esfuerzo de un atleta; para un deportista no hay nada que supere una medalla olímpica de oro; no hay premio más grande que ese, es el objetivo más alto al que cualquier atleta del mundo pueda aspirar; es el pináculo de una carrera deportiva, el logro supremo, la meta más grande, más difícil y anhelada; no hay nada más valioso que "ganar" una medalla de oro en las olimpiadas.

Teniendo en cuenta esto, el deportista tiene un impulso muy poderoso en su mente; es una imagen tan clara, tan anhelada, tan alta, que lo hace levantarse temprano todos los días para entrenar; debo decir que el entrenamiento no es fácil; es una labor muy dura y exhaustiva, pero el atleta tiene un objetivo tan claro, una idea anclada en su mente y un deseo tan grande de obtener eso que su cabeza le muestra a cada momento que el entrenamiento, el sudor, el dolor y el cansancio no importan; lo único que vive en su mente es entrenar su cuerpo para vencer a 100 o 200 de los mejores atletas del mundo que están practicando en esos mismos momentos para vencerlo a él..

Los deportistas se levantan muy temprano para entrenar; prefieren hacer eso qué quedarse plácidamente dormidos en sus confortables camas envueltos en sus tibias sábanas descansando.
Un deportista de alto rendimiento se esfuerza más allá de los límites de su cuerpo, el cansancio y el dolor a veces son increíbles y esto es lo normal; para ellos no

existe el descanso y la tranquilidad, cada momento en su vida están pensando en entrenar porque hay un motivador tan fuerte que los lleva más allá de sus propios límites; esto es el motor y la inspiración que alimenta su fuego interior para lanzarse a lograr un poco más cada día.

El deportista sabe cuál es el récord y entrena cada día para acercarse a él o romperlo; si lo hace una vez será una satisfacción muy grande para él, pero eso no significa nada, no basta para lograr la medalla; tendrá que hacerlo varias veces y luego deberá ser capaz de lograr un tiempo muy bueno en las eliminatorias para asegurar que tiene la posibilidad de ir a las olimpiadas y aun así, esto no le garantiza el triunfo porque aunque sea capaz de romper dicho récord, tendrá aún que competir con atletas de todo el mundo y no sabe cuántos contrincantes son ni qué tan bueno es cada uno de ellos, la única referencia que tiene es la de sí mismo, lo que puede hacer y el tiempo con el que cuenta antes de las eliminatorias para mejorar sus marcas, que dicho sea de paso cada día se acaba y llegará el momento de hacer la prueba para calificar a las olimpiadas.

LA INCERTIDUMBRE COMO ALIADO

En el capítulo donde escribí acerca de los hombres de las cavernas y la angustia que les producía dejar la cueva para buscar algo nuevo y diferente, puse de manifiesto cómo las personas nos aferramos a lo que ya tenemos y no queremos movernos ni cambiar.

En el caso de nuestro deportista esto aplica de manera totalmente opuesta, ya que la incertidumbre de no saber contra quién se va enfrentar lo impulsa cada día a ser mejor.

Sabe qué habrá 10 o 20 competidores mejores que él y eso lo empuja a batir sus propios récords, a superarse a sí mismo, a salir de la zona que domina para poder alcanzar metas más grandes, la medalla está arriba esperando por la persona digna de ella y esto es un premio que puede ganar si se esfuerza lo suficiente.

Ahí está el momento glorioso en las nubes, con los aplausos la admiración y el reconocimiento de todo el mundo, pero el camino para llegar ahí no es fácil ni placentero, se parece más a un infierno lleno de espinas cargado con piedras y cuesta arriba.

Sólo para alcanzar ese día de ensueño en el que la medalla de oro es colocada sobre su cuello, se escucha un himno nacional y se toman fotografías.

Esos momentos representan una motivación más allá de todo lo que cualquier ser humano normal pueda comprender, pero es lo que lleva a estos hombres y mujeres a realizar hazañas impresionantes y extraordinarias.

Debo mencionar que ese momento dorado se alcanza solamente un día, pero la gloria permanece para siempre, hasta el final de su vida esta persona será recordada como aquel que ganó la medalla de oro.

- ¿Y tú qué motivación tienes?
- ¿Has pensado cuál sería tu medalla de oro?
- ¿Sabes cuál es tu momento glorioso, el pináculo de tu existencia, lo que coronará todos tus esfuerzos?
- ¿Qué te haría despertar todos los días a las 4 de la mañana y abandonar tu cama tibia para lanzarte a lograr ese objetivo?
- ¿Cuál es el hambre que hay dentro de tu corazón, tu alma, tu cuerpo y tu mente?
- ¿Qué es aquello con lo que sentirías que todo lo que has pasado antes ha valido la pena?
- ¿Qué infierno o infiernos estarías dispuesto a cruzar para llegar a ese objetivo?
- ¿Qué sería aquello que importara más que cualquier otra cosa en tu vida como para enfocar tu mente, tu tiempo y tus esfuerzos para lograrlo?

- ¿Tienes un objetivo?
- ¿Sabes qué deseas más que nada en la vida?
- ¿Sabes hacia dónde diriges tu velero?

El objetivo es como si fuera un cofre de tesoro enterrado en una isla.

Si sabes cuál es ese tesoro, entonces debes fabricar un mapa que señala el lugar al que deseas dirigirte si quieres desenterrar ese cofre.

El velero representaría tu cuerpo, tus herramientas, tus habilidades y todas las cosas con las que cuentas para llegar ahí y obtener ese cofre.

El viento y el agua son los factores externos que ayudan a tu velero a llegar a destino, sin embargo a veces las condiciones externas cambiarán y lejos de acercarte parecerá que te alejan, depende de ti, de la habilidad y determinación que tengas para mover las velas y el timón aprovechando los vientos en contra para avanzar hacia tu objetivo aun cuando el clima sea adverso.

Hace tiempo me fijé una meta y era publicar este libro en Amazon, Google o mi propio sitio web, pero esta meta es solamente romper el récord, es decir, no basta con eso, es solamente el principio de algo mucho más grande; tengo metas más altas en mente pero primero debo cumplir con esto, no basta con tener un libro publicado, no basta con haber leído más de 50 libros en un año, algunos hasta 6 veces, no basta con levantarse a las 6 de la mañana todos los días para escribir, no basta con escribir por las noches en mi blog, no basta con tomar conferencias todos los días acerca de diversos temas, esto es solamente el entrenamiento, mi momento glorioso está mucho más allá que todo esto y esa imagen alimenta mi espíritu, mi cuerpo y mi mente para levantarme todos los días y escribir.

Esta meta representa en mi mente una imagen de felicidad, tranquilidad, amor y satisfacción de vida tan grandes y diferentes a la que vivo hoy en día que se ha convertido en una obsesión, un sueño que puedo hacer realidad y para ello hay que pagar el precio y ese precio es muy alto.

Sin embargo, a diferencia del deportista, el despertar cada día y escribir como primera cosa en la mañana me dá un placer inmenso e indescriptible que me llena de alegría y gozo por dentro, es algo que se da naturalmente y de manera inexplicable, es una habilidad que se conecta con un don que he tenido desde siempre y que lejos de parecerme tortuoso, me llena de felicidad el corazón, la capacidad de compartir tantas ideas que llegan a mi mente y que pueden cambiar la vida de alguien, en algún lugar del mundo es una sensación sorprendente.

Para mí esto no es un martirio en ninguna forma, por el contrario es algo tan bonito y que me da tanta alegría que yo lo considero una bendición y ansío todas las noches despertar para escribir nuevas y maravillosas ideas.

En otro libro hablo de esto de manera muy extensa, pero espero que haya podido dejar claro mi punto.

"DEFINE UN OBJETIVO PARA TU VIDA, UN MOMENTO DORADO QUE CORONARÁ TODOS TUS ESFUERZOS Y ENTONCES ACTÚA EN CONSECUENCIA PARA ALCANZAR ESE DÍA GLORIOSO".

Bruno Caballero

Si no lo haces, en lugar de ser un velero, solamente serás como un barquito de papel, navegando sin rumbo hacia donde la circunstancias externas te lleven, sin llegar nunca a tu isla de ensueño.

"DEJA DE SER UN BARQUITO DE PAPEL Y CONVIÉRTETE EN UN VELERO CON UN DESTINO"

Bruno Caballero

CORREGIR EL RUMBO, MANEJAR EL TIMÓN Y LAS VELAS

Mientras te diriges hacia tu destino, debes corregir constantemente el rumbo cambiando las velas de posición y moviendo el timón para avanzar hacia tu objetivo de acuerdo a las condiciones que se van presentando. Es ilógico navegar siempre en línea recta, si un velero nunca corrigiera el trayecto se estrellaría, y tristemente eso es lo que sucede con muchas personas al final de sus vidas, cuando se encuentran viviendo limitadamente por no haber tenido un objetivo hacia dónde dirigirse y simplemente navegar a dónde los llevaba el viento.

Al igual que él velero, las condiciones que nos rodean cambian; la situación económica del país, las personas a nuestro alrededor, nuestra pareja, nosotros mismos cambiamos, nuestros deseos y aspiraciones nuestros gustos y desagrados se modifican con el tiempo; es antinatural seguir igual toda la vida, es irreal. Cómo he dicho antes, esto es una ley del universo:

"LO ÚNICO QUE NUNCA CAMBIA EN EL UNIVERSO ES QUE TODO CAMBIA"
Bruno Caballero

ES DE SABIOS CAMBIAR DE OPINIÓN

Cuando somos pequeños nos enseñan a obedecer y a seguir órdenes porque no tenemos el tamaño, la fuerza ni el carácter para imponer nuestras ideas, esto graba en nuestro inconsciente un programa que nos hace obedecer las órdenes de alguien con mayor autoridad que nosotros, aún sobre nuestros propios deseos; esto funciona cuando somos pequeños para poder sobrevivir en el ambiente familiar.

Al paso de unos años, vamos a la escuela donde tenemos que seguir las órdenes de alguien con mayor autoridad; en este caso es el profesor, después de unos 20 años de seguir esta dinámica, salimos al ambiente laboral y entonces debemos seguir las reglas de alguien con mayor autoridad llamado jefe o patrón.

Así pasamos otros 40 años hasta que llega el momento de retirarse, entonces es cuando estamos perdidos, no tenemos ni idea de qué es lo que deseamos, porque no tenemos una voz de mando que nos dirija y nos ordene qué es lo que debemos cumplir, como sucedió toda nuestra vida.

Esto le sucede a la mayoría de las personas; el programa que nos impide hacer lo que deseamos, para hacer lo que nos ordenan se pone en marcha continuamente como una voz de mando que dice lo que "hay que hacer" incluso cuando no nos gusta lo que tenemos o pensamos en iniciar algo nuevo.

La voz interna dice
> *"Me gustaría ser…"*

El capataz interno entonces responde:

- *Sí pero eso es sumamente difícil.*
- *Tienes obligaciones que cumplir.*
- *No estás en edad de hacer eso.*
- *No sabes nada acerca de ello.*
- *¿Qué crees que las personas pensarían de ti si lo haces?*
- *Solamente harías el ridículo.*
- *¿Dejarías esto que tienes por un sueño estúpido?*
- *¿Quién te dijo a ti que puedes hacer eso?*
- *Ni siquiera tienes lo necesario para hacerlo.*
- *Piensa mejor en tus obligaciones antes que andar soñando.*
- *Recuerda que debes de cumplir con el pago de las deudas mensuales.*
- *¿Cómo piensas pagar todo eso si te pones a hacer algo que ni siquiera tienes la seguridad de que te va a dar dinero para vivir?*
- *Además eso está muy competido.*
- *Hay gente mucho más calificada que tú, ¿cómo podrías competir con ellos?*
- *Hay gente que lleva años haciendo eso y son muy buenos.*
- *¿Quién te dice a ti que vas a poder destacar en esa actividad?*

Y muchas cosas más parecidas a todo lo que acabo de decir.

Pero aunque sea demasiada la información que nos han programado para mantenernos en la cueva segura, yo creo que es válido cambiar y moverse hacia otros rumbos; solamente tenemos una vida para vivir y sostengo firmemente que estamos aquí para ser felices en todo momento, si hay algo que ya no te hace feliz no tienes por qué vivirlo, sean cosas sencillas como la ropa o deshacerte de artículos que ya no usas, cosas medianas cómo un auto o un empleo, o cosas más complejas como una casa o la pareja que tienes.

Si aquello que sabes hacer ya no te gusta, aprende algo nuevo, desarrolla alguna de tus habilidades que te haga sentir pleno, empieza a trabajar en ella y poco a poco irá creciendo hasta que te dé la posibilidad de cambiar tu empleo y dedicar tu tiempo y esfuerzos completamente a aquello que te gusta.

Si quieres alcanzar una nueva meta entrénate para poder lograrlo, aunque no sepas hacerlo, todo se puede aprender, como he dicho antes solamente debes invertir tiempo y pensar por supuesto que nada es imposible.

CAMBIAR PARÁMETROS Y ASPIRACIONES

Volviendo al ejemplo del deportista olímpico, su entrenamiento siempre estará enfocado a aumentar el desempeño, por lo tanto, a medida que su condición física va aumentando el entrenamiento tiene que ser diferente, más intenso, más difícil, con objetivos más altos, adecuado a las nuevas características físicas que ahora tiene el deportista.

Algo parecido debería de suceder con nosotros, sin embargo cuándo obtenemos un grado universitario o un empleo, nos enfocamos a cumplir con nuestro trabajo sin pensar siquiera cómo hacerlo mejor o cómo elevar nuestra calidad de desempeño con nuevas habilidades que podemos adquirir.

Por el contrario, nos estacionamos en un círculo constante de satisfacción de requerimientos corporativos sin tener en cuenta que existen cientos de oportunidades para poder crecer y aprender nuevas cosas.

Creo que el truco aquí es solamente fijar nuevos objetivos, cada vez más altos y de acuerdo con ellos cambiar el tipo de entrenamiento, haciéndolo más intenso y especializado, si hacemos esto entonces estaremos escalando continuamente una ascendente de desempeño; es importante no esperar que las cosas se presenten desde el exterior para poder fijar las nuevas metas, lo que quiero decir con esto es que la mayoría de las personas hacemos un trabajo normal esperando que un día llegue un ascenso y entonces tengamos actividades que requieran de un mayor grado de responsabilidad.

Es decir, se tiene que cumplir una condición externa para qué entonces podamos elevar nuestro nivel de desempeño.

Sin embargo, yo creo que esto debería ser lo opuesto; los objetivos se deben de fijar primero en la mente y después entrenarnos para poderlos alcanzar, justo como la medalla de oro.

En la medida que tengamos más fortaleza y mejor condición física, podemos entonces aspirar a dichos objetivos.

Esto también aplica en un negocio; si tú haces galletas deliciosas puedes tomar dos caminos; seguir haciendo tus galletas deliciosas y crecer a un ritmo normal de acuerdo a tu capacidad de producción o bien fijar una nueva meta y pensar cómo hacer el doble de galletas con el mismo horno, podrías forzar a tu mente a encontrar nuevas formas para ser más productivo ese horno y tal vez podrías poner una segunda charola dentro, lo que te permitirá incrementar la capacidad de producción sin invertir prácticamente nada; esto es solamente un simple ejemplo de cómo podrías elevar tus metas y objetivos si tienes la firme intención de hacerlo y empiezas a buscar la manera de alcanzarlos.

Probablemente, además de hacer galletas con ese mismo conocimiento podrías empezar a hacer pastelillos; entonces estarás en posibilidad de abrir un mercado similar con los mismos conocimientos herramientas y clientes que ya tienes para cocinar galletas.

Tal vez tu cliente que consume galletas, también consume café y entonces puedes abrir una sección nueva en tu negocio que se dedique a vender café selecto; con esto podrías abarcar una nueva área de negocio totalmente distinta pero que también puede generar muchos beneficios; aquí tendrías que aprender acerca de los diferentes tipos de café, sus procesos y cómo mezclarlos.

Sin embargo esto representa un universo muy distinto al de las galletas, con ello tendrías que iniciar una curva de aprendizaje, pero la puedes empezar en cualquier momento y aprovechar el mismo canal de venta que usas para tus galletas.

Y así existen cientos de ejemplos de cada tipo de negocio, en otro caso, el dueño de un taller automotriz podría fácilmente y sin esfuerzo iniciar una escuela para técnicos mecánicos, con ello podría estar ganando dinero en sus horas muertas, con la misma superficie y herramientas de su establecimiento.

Un contador podría llevar la administración de impuestos de pequeños negocios de manera independiente; lo único que tendría que hacer sería contactarlos y ofrecerles sus servicios; ya cuenta con los conocimientos y las habilidades necesarias, sólo debe buscar esos pequeños negocios y dedicarles medio tiempo extra al término de sus horas laborales.

Incluso podría hacerlo dentro de su oficina mientras espera a que el tráfico vehicular disminuya, así podría convertir el tiempo muerto qué invierte en regresar a su casa en tiempo productivo, sembrando una semilla que podría dar muchos frutos más adelante si la cuida y la trabaja todos los días.

EL ENFOQUE

Cuando yo era niño jugaba a quemar una hoja de papel con una lente.
Para hacer esto, la lente tenía que estar apuntando hacia el sol, concentrando los rayos en un pequeño punto sobre el papel y mantener inmóvil la lente a una cierta distancia durante un determinado tiempo.

Los rayos del sol tienen por sí mismos una energía muy grande, pero esos rayos tienen que concentrarse en un solo punto para que puedan quemar la hoja de papel.
Cuando esto sucede aparece un círculo de luz sobre la hoja de papel; si alejas o acercas la lente, este círculo se hará más grande o más pequeño, hay que probar diferentes distancias hasta que ese círculo de luz se convierta en un pequeño punto, lo más compacto posible, se debe mantener así durante algún tiempo, pueden ser 30 segundos, un minuto o dos, pero pronto verás cómo empieza a salir humo de la hoja de papel, esto significa que se ha empezado a

quemar; si esperas un poco más, podrás darte cuenta que una pequeña llama sale de él.

Este fuego podrá consumir toda la hoja de papel en poco tiempo.
¿Pero de dónde salió este fuego?
¿Qué lo produjo?

La respuesta es muy sencilla; al concentrar los rayos del sol, estos crearon un aumento en la energía sobre un punto específico; esta concentración de energía genera una temperatura tan alta que un material frágil y combustible como el papel se quema.

El secreto de todo está en la concentración de los rayos sobre un punto determinado durante un tiempo específico.
Lo interesante es que si cambias la hoja de posición, tendrá que empezar de nuevo todo el proceso, porque será un nuevo punto de concentración.
Si tú alejas la lupa no sucederá nada porque los rayos no están concentrados en un punto sino que están dispersos; si tu la acercas en exceso tampoco se quemará porque el punto de concentración no estará bien ubicado.

Entonces el secreto para tener éxito al quemar una hoja de papel consiste únicamente en 4 cosas;

1. **Materia prima**: Tener un material que se pueda quemar ya sea una hoja de papel una hoja seca de árbol o un pedazo de madera.
2. **Herramienta**: Contar con una lente.
3. **Posición**: Buscar el ángulo y distancia exactos para concentrar los rayos del sol en un punto determinado de la hoja de papel.
4. **Tiempo**: Mantener los rayos en su punto de mayor concentración sobre la hoja de papel durante un tiempo determinado hasta que el papel empiece a humear y luego a quemarse.

Si no existiera alguna de esas cuatro cosas no se podría quemar el papel, así que tanto el material como la lente, el enfoque y el tiempo son necesarios para esto.

Al igual que este ejemplo necesitas estas 4 cosas para poder emprender un negocio:

Materia prima para hacerlo: (tú mismo, tu conocimiento, tu producto o tu servicio).

Herramienta: Facebook, pagina web, contactos, computadora, smartphone etc.

Posición: Estar donde tu producto o servicio sea necesario.

Tiempo: Aquí tenemos que considerar dos cosas:

1.-Atacar en el tiempo adecuado para que tu producto o servicio sea valorado y útil.

2.-Anunciarse por un tiempo adecuado para que te identifiquen en el nicho donde es necesario tu producto.

El tiempo aquí es muy importante, ya que WhatsApp no valía ni un centavo en los 80´s y seguramente no valdrá nada en 30 años.

Estas 4 cosas son necesarias para entrar en cualquier mercado.

Pero ahora hablemos del enfoque.

Llevar al parque a mi hijo y verlo jugando junto a otros niños me mostró un aspecto muy interesante de nuestra conducta como seres humanos que nunca antes había visto y es determinante para alcanzar las metas.

Cuando un bebé está aprendiendo a caminar, mantiene una conducta muy peculiar; intenta levantarse y andar, pero debido a su falta de habilidad y control sobre su cuerpo cae después de 1 o 2 pasos; inmediatamente intenta levantarse de nuevo y seguir caminando, pero su pequeño cuerpo no tiene mucho control sobre el peso, el balance y el movimiento, estos factores lo hacen caer una y otra vez, sin embargo su joven e inexperto cerebro está aprendiendo a una gran velocidad y con cada error hace los ajustes necesarios para corregirlo, esto hace que poco a poco tenga el conocimiento y la habilidad necesaria para caminar.
Cuando mi hijo creció, íbamos a un parque donde había un trampolín para saltar; me pude dar cuenta de un fenómeno muy interesante; mi hijo subía a brincar en el trampolín con gran felicidad, luego llegaban otros

niños y él saltaba junto con ellos, después de un corto tiempo los demás niños se bajaban para ir a otros juegos, sin embargo mi hijo continuaba brincando muy feliz, podía seguir así por una o dos horas sin problema alguno, ahí me pude dar cuenta de que los otros niños iban a los columpios, y luego corrían hacia el tobogán, se deslizaban dos o tres veces, luego se balanceaban en los columpios, subían al barco pirata, al castillo inflable y cada uno de los juegos que había en el parque.

Pero mi hijo amaba rebotar sobre todas las cosas y pasaba mucho tiempo haciéndolo, hasta que finalmente se cansaba y se bajaba del trampolín para jugar un poco en los demás juegos, y luego pedirme que nos fuéramos de ahí.

Aquí pude comprender por qué las personas que se encuentran dentro del espectro autista son genios en algún área en particular, como las matemáticas, el dibujo, un deporte o desarrollar una memoria prodigiosa.

Una teoría que yo deduje después de ver este comportamiento en el parque de diversiones es que no tiene que ver mucho con que tengan características diferentes a las de un ser humano común y corriente; que su cerebro funcione distinto, que tengan algún tipo de Don especial o que posean una inteligencia superior.

La explicación podría ser mucho más simple y es que debido a su alta sensibilidad al ambiente, ellos "bloquean" todo, con excepción de aquello que les produce una gran alegría; la realizan continuamente durante largos periodos de tiempo involucrando sus sentimientos y con ello el aprendizaje se imprime de forma permanente en el cerebro.

Ellos tienen una capacidad de concentración muy superior a la de los demás seres humanos que pasamos de una actividad a otra de manera errática y esporádica.
Me di a la tarea de experimentar esta teoría conmigo mismo y me pude dar cuenta de que cuando enfocaba toda mi atención y concentración para comprender _una sola cosa_, la podía asimilar mucho más rápido que sí estaba pensando en 3 cosas distintas a la vez.

Otro aspecto muy interesante fue que si además de enfocar como un láser mi atención, el tema me gustaba mucho, entonces el aprendizaje se hacía muy profundo y extremadamente rápido.

A partir de esto puse en práctica la técnica de olvidarme de todo para enfocarme en una sola cosa involucrando mis emociones.
Los resultados que obtuve con estos experimentos fueron sorprendentes, porque aprendí las cosas mucho más rápido y eran más lógicas en mi cerebro.

Haciendo esto en mi persona, me di cuenta de que la mente funciona como una especie de catálogo que presenta cientos de páginas continuamente, cada una de esas páginas son ideas fugaces y muy distintas entre sí; éstas llegan de manera recurrente a tu cabeza y tienen que ver con diferentes aspectos de tu vida como el trabajo, los hijos, la pareja, el dinero y cosas que no existen como recuerdos o situaciones imaginarias agradables o desagradables.

El punto es que de manera continua la mente está trayendo imágenes diversas y estas nos pueden distraer muy fácilmente de aquello en lo que deberíamos concentrarnos.

El truco consiste en tomar aquello en lo que queremos enfocarnos, poniendo toda nuestra atención en ese tema; olvidando y dejando pasar todo lo que pueda distraernos aunque sea por un instante y si por casualidad perdemos la concentración, inmediatamente regresar y retomar nuestro pensamiento principal.

Concentra tu rayo de atención para quemar la hoja de papel que deseas; no te distraigas, domina las distracciones de tu mente; conserva el control de tus ideas y cuando sientas el deseo de hacer algo más, regresa a tu punto de enfoque.

Cuando te descubras a ti mismo pensando o haciendo algo diferente, regresa inmediatamente a lo que estabas enfocado y continúa con ello.

Más adelante explico esto cuando te cuente cómo fue mi primera sesión de meditación, pero te diré que mi cabeza me bombardeaba con cientos de pensamientos inútiles y diferentes, y sé por experiencia propia que al principio resultará sumamente difícil porque tu mente está acostumbrada a brincar de un pensamiento a otro continuamente, pero con el tiempo podrás dominar este hábito inconsciente de tu cerebro para enfocarte en aquello que deseas.

CHUNKING

Este término es muy común en el súper aprendizaje; significa fragmentar la información, una explicación muy simple que yo le daría sería la de comerse un elefante en pequeños bocados.

Regularmente, los seres humanos podemos manejar de dos a seis fragmentos de información, esto lo podemos ver cuando deseamos aprender un número telefónico y lo separamos en pares; para la mente es muy fácil manejar pedazos pequeños de datos y relacionar algo nuevo con lo que ya conoce el individuo. Si concentramos nuestra atención en un solo tema y lo fragmentamos en pequeños pedazos que la mente pueda relacionar y manejar fácilmente, entonces será más fácil aprenderlo.

"ENFÓCATE EN ALGO Y DIVÍDELO EN PEDAZOS QUE TE PUEDAS COMER"

Bruno Caballero

MULTI TASKING

Muchas personas alardean de tener la capacidad de hacer diferentes cosas a la vez, pero la verdad es que el multi tasking no existe; la gran mayoría de las personas no tiene la capacidad para poder llevar dos cosas a la vez, el llamado multi tasking o multifuncionalidad es una especie de salto entre una actividad y otra pero que requiere del 100% de la atención para realizar cada una de ellas, haciendo que el enfoque en el otro tema se desvanezca.

En el programa Juegos Mentales de Nat Geo, se lleva a cabo una prueba en la que un hombre de negocios supuestamente capaz de llevar muchas actividades al mismo tiempo es puesto a prueba.

Esta evaluación consiste en que el sujeto conduzca un automóvil a través de un camino hecho por conos naranjas; este camino tiene curvas y delante de él va una camioneta con grandes pelotas de hule llenas de aire que le serán lanzadas; el objetivo del experimento es que el hombre de negocios conduzca el automóvil sin golpear alguno de los obstáculos.

Parece una prueba sin mayor complicación ¿cierto? Sólo se trata de girar el volante y frenar si es necesario.

En el transcurso de la evaluación recibe una llamada telefónica en la cual debe contestar, algunas preguntas como cuánta nieve cayó en ese día, como llega a su casa desde Salt Lake o cuando empezó a usar auriculares.

El resultado de esta serie de tareas mentales, es que el hombre empieza a golpear las pelotas, salirse del camino y cortar la conversación con su interlocutor porque debe cambiar el foco de su atención continuamente.

Como esta persona en realidad no puede ejecutar varias actividades a la vez, lo que sucede es que su cerebro toma una de las muchas tareas que tiene al frente y concentra todo su enfoque en ella, la lleva a cabo por unos instantes, después cambia a otra y pone toda su atención en eso, inmediatamente pasa a la tercera y repite el proceso.

Tratar de hacer varias tareas a la vez o multi tasking, solamente resulta en una atención dispersa, que no se completen a cabo de manera correcta, que tengan un mayor número de errores y que tome mucho más tiempo terminarlas.

Si quieres ver el video de esta prueba, aquí te dejo dos enlaces, el primero en inglés y el segundo en español para que puedas comprobar por ti mismo lo que he dicho.

Inglés
https://youtu.be/mjHxypw1bDQ?t=151

Español
https://youtu.be/mjHxypw1bDQ?t=108

HACER UNA SOLA TAREA HASTA EL FINAL

Uno de los más grandes genios de la época moderna fue Henry Ford; quién desarrolló la producción en línea, en este modelo de trabajo el proyecto se divide en diferentes etapas y en cada una de ellas se realiza una sola actividad, es decir un automóvil se arma a lo largo de su paso por la fábrica.

Este trayecto es guiado por una cadena que transporta a los automóviles por todo el recorrido y a medida que cruza por cada fase, los trabajadores agregan diferentes partes hasta completar un vehículo completamente armado al final de la línea.

Esto incrementó exponencialmente la capacidad de producción de automóviles que antiguamente se hacían a mano de principio a fin.

Al aumentar la productividad, los ingresos de la compañía crecieron, los costos de producción y los precios de los automóviles bajaron hasta hacerlos accesibles para las personas comunes y corrientes, entonces la cantidad de automóviles se disparó replicando sin problema alguno el proceso en cada nueva fábrica.

La idea central de la producción en línea es muy simple; cada trabajador hace SOLAMENTE UNA COSA.

De este modo un trabajador coloca el chasis sobre la línea de producción, en la siguiente etapa hay otro trabajador poniendo el piso sobre el chasis, en la siguiente había otro trabajador poniendo el motor sobre el chasis y así hasta completar todas las partes que arman un automóvil.

Es muy conveniente aplicar esta misma filosofía a la vida diaria ya que nos permite completar un pequeño paso cada vez en la línea de producción de un proyecto o idea que tengamos en mente.

NO CONFUNDIRSE CON LAS ACTIVIDADES DE HORNEO Y LAS PRIORIDADES

No hay que confundir el concepto que anteriormente expuse para poder hacer más productivo el tiempo realizando diferentes tareas en un mismo período.

En realidad no es hacer varias tareas a la vez, sino completar cada una en su totalidad, pero de acuerdo a las prioridades y tiempo de ejecución se pueden tener varias tareas completas trabajando al mismo tiempo.

Pues bien, cada una de esas tareas ocupa toda la atención y es única; es decir no se están haciendo diferentes actividades a un mismo tiempo, más bien se completa una sola de principio a fin para pasar a la siguiente, esto se hace DE MANERA INTELIGENTE Y MULTI PRODUCTIVA no de manera lineal, tomando en consideración las prioridades por importancia, tiempo y horneo que expliqué antes.

Por ejemplo: se inicia la primera tarea, se termina y se deja horneando, luego se pasa a la prioridad "B" según los parámetros de importancia y ejecución, esta tarea se completa de principio a fin y se dá por terminada, después pasar a la prioridad "C" y darle fin; para tareas que requieren inversión de tiempo como conducir, transportarse hacia el trabajo, caminar, correr, ir de compras al supermercado, tomar un baño o cocinar, se puede incluir una tarea importante sustituyendo a otra sin importancia, por ejemplo en lugar de escuchar música tomar un curso en audio o escuchar un libro durante ese lapso de tiempo muerto que generalmente se desperdicia, convirtiendo períodos vacíos en tiempos productivos.

ES MUY IMPORTANTE RESPETAR LOS DÍAS Y HORARIOS QUE TIENES EN TU CALENDARIO DE TAREAS, PORQUE ASÍ LAS PODRÁS COMPLETAR TODAS.
NO OMITAS NINGUNA Y NO TE EXTIENDAS EN NINGUNA PORQUE HACER ESTO SOLAMENTE RETRASA TODAS LAS DEMÁS TRAYENDO DESORDEN Y CAOS A TODO EL SISTEMA.

AQUÍ DEBO HACER UNA ACLARACIÓN MUY IMPORTANTE:

RENUNCIA DE RESPONSABILIDAD

- *LA EJECUCIÓN DE UNA TAREA PARALELA MIENTRAS SE CORRE, SE MANEJA O SE CAMINA DEBE HACERSE EN UN AMBIENTE TOTALMENTE SEGURO PARA EL LECTOR Y LAS PERSONAS ALREDEDOR Y NO DEBE EN NINGUNA FORMA DISTRAER LA ATENCIÓN DEL QUE LA EJECUTA, PUES ESTO PUEDE TRADUCIRSE EN UN ACCIDENTE CON CONSECUENCIAS INCIERTAS.*
- *LA INFORMACIÓN SE DEBE ESCUCHAR, NUNCA SE DEBE COMPROMETER LA VISIÓN EN NINGUNA ACTIVIDAD PARALELA.*
- *NUNCA SE DEBE HACER UNA ACTIVIDAD PARALELA SI LA TAREA PRINCIPAL ES DELICADA, COMO MANEJAR MAQUINARIA PESADA, PROCEDIMIENTOS QUE INVOLUCREN LA SALUD O SEGURIDAD PROPIA O DE TERCEROS, CONDUCIR TRANSPORTE PÚBLICO O CUALQUIER OTRA ACCIÓN POTENCIALMENTE RIESGOSA.*
- *EL LLEVAR A CABO ACTIVIDADES PARALELAS ES UNA ELECCIÓN LIBRE DE CADA LECTOR Y EL AUTOR SÓLO HACE UNA RECOMENDACIÓN, LA CUAL PODRÁ SER ATENDIDA O NO POR EL LECTOR.*
- *EL AUTOR RENUNCIA A TODA RESPONSABILIDAD LEGAL, MORAL O DE CUALQUIER OTRA ÍNDOLE DERIVADA DE ESTO.*
- *SI EL LECTOR NO TIENE LA CAPACIDAD DE ATENDER UN AUDIO MIENTRAS TOMA UN BAÑO, SE VISTE, MIRA LA TELEVISIÓN O CUALQUIER OTRA ACTIVIDAD NO RIESGOSA, NO ES RECOMENDABLE QUE CONSIDERE ESTA OPCIÓN.*

ANTI CAPITAL
RUIDO MENTAL

El cerebro tiene la capacidad de manejar cantidades de información inmensas; aun cuando tú piensas que estás recostado sin hacer nada, tu cerebro está manejando cientos de miles de paquetes de información al mismo tiempo; está procesando los impulsos de temperatura, presión, textura y sensaciones de cada una de las áreas de tu piel, con ello deduce qué es lo que está en contacto con ella según sus recuerdos.

Gracias a los sentidos y los archivos mentales, determina si el cuerpo está acostado o de pie, en reposo o movimiento, en qué lugar se encuentra, cuál es el ambiente que lo rodea, qué hora del día es, qué día de la semana, si el cuerpo tiene alguna necesidad biológica en particular como ir al baño o comer y en qué grado habrá de satisfacer dicha necesidad, si es urgente o puede esperar para hacerlo más tarde; el cerebro además está procesando de manera interna la producción de hormonas, la ejecución de tareas como respirar, digerir alimentos, bombear la sangre, eliminar toxinas, combatir organismos extraños, mantener la temperatura corporal, etc.

Además de todas estas funciones, también está tomando decisiones que ni siquiera tenemos en cuenta, cómo ir a trabajar o quedarnos acostados, prender la TV o la radio, asistir a un empleo que no nos gusta o dejarlo, comprar unos zapatos o un bolso.

En los primeros momentos después del sueño, el cerebro abre cientos de cajones de información y empieza a sacar pequeños archivos para poner en marcha nuestro cuerpo y levantarlo de la cama, ponerse pantuflas y caminar, llevar a cabo los movimientos necesarios para sentarse, expulsar desechos corporales, recordar cómo hacer un café, o manejar un horno de microondas, qué tipo de comida se va a cocinar, hacer los cálculos necesarios de las actividades contra el tiempo disponible, mientras se va repasando mentalmente una lista de los pendientes y las actividades que habrán de llevarse a cabo durante el día, y por supuesto junto con toda esta cantidad tremenda de información, ejecutar además nuestros programas basura, creencias limitantes, juicios de valor, vicios ocultos y programas antiguos que se encuentran funcionando para sabotearnos desde hace décadas.

Todo esto pasa en poco tiempo desde que se abandona el sueño.

En unos cuantos párrafos hemos repasado cientos de actividades que el cerebro procesa de manera simultánea; es como un malabarista que tiene una sierra eléctrica encendida, un tambor, una pelota, una pluma y una copa de cristal en el aire, y hace malabares con ellos mientras avanza sobre una cuerda floja, en un monociclo, con los ojos vendados.

El inmenso poder del cerebro para manejar estas cantidades de información, en muchas ocasiones puede ser contraproducente, porque al tratar de mantener nuestro enfoque en una sola actividad, la naturaleza multitarea del cerebro nos llena la cabeza con pensamientos diversos que no tienen una utilidad inmediata para cumplir con lo que tenemos al frente, a esta serie de ideas inútiles yo las llamo **ruido mental**.

Recuerdo que en alguna ocasión cuando tomé mis primeros cursos de reiki apareció un personaje muy peculiar.

Era un tipo totalmente rapado con ojos pequeños y profundos de color azul, una barba sumamente larga y una voz muy grave.
Su figura era delgada y muy larga, no llevaba zapatos y solamente vestía una túnica de color gris, parecida a la de los practicantes de Aikido.

Nos explicaron que era un maestro zen de origen rumano y que él nos iba a enseñar lo que era la meditación.
Recuerdo muy bien lo que esta persona dijo y fue lo siguiente: *"yo les voy a enseñar a meditar, esto es básicamente dejar su mente en blanco; puede sonar sencillo, pero créanme al principio no lo es"*.
Continuó diciendo:
"Siéntense y pónganse lo más cómodo posible, es muy importante que estén confortables y que no los molesten sensaciones incómodas".

Nos dieron una especie de bancos para sentarnos y así lo hicimos.

Nos explicó acerca de la respiración diafragmática, de la posición de la columna y la relajación del cuerpo,
Dijo que debíamos mantener la mente libre de todo pensamiento y que la idea era vaciar todo lo que traíamos en la cabeza, solamente estar ahí siendo conscientes de nuestro cuerpo y la energía que nos conecta con el todo.
Recuerdo muy bien sus palabras cuando dijo que si podíamos hacer esto por un minuto era maravilloso, era la primera vez en mi vida que intentaba hacer meditación y recuerdo claramente decir para mis adentros: *"¿Cómo no voy a poder mantener mi mente en blanco durante un minuto?"*

Pues bien el sonido de fondo era de cuencos de cuarzo y así comenzamos.

Quiero mencionar que he hecho cosas difíciles en mi vida, pero esto me resultó casi imposible, durante los primeros 10 o 15 segundos mi mente estaba imaginando cómo serían las cosas que hacían ese ruido de fondo, traté de callar ese pensamiento y enseguida vino otro que tenía que ver con los pequeños bancos que nunca había visto y que me resultaban muy extraños, traté de callar ese pensamiento y enseguida llegó otro acerca del maestro y me preguntaba cómo había llegado a ser maestro zen, al tratar de callar ese pensamiento llegó otro inmediatamente que me preguntaba ¿qué es un maestro zen y qué hace?, traté de callar ese pensamiento y enseguida llegó otro que me preguntaba de dónde obtiene dinero un maestro zen y cuánto cobraba, y así cada vez que trataba de callar un pensamiento uno nuevo llegaba; para "huir" de esta serie de pensamientos me dispuse a pensar en una pared en blanco y que yo estaba frente a ella; entonces la pared empezó a presentar una textura y mi mente inmediatamente empezó a pensar en el polvo que se podía asentar en esa textura, y cómo podría hacer yo para limpiarlo.

Esto fue caótico e increíblemente difícil, me pude dar cuenta que mi mente no dejaba de hablar y no sé callaba con cientos de pensamientos que llegaban de manera continua a inundar mi mente con ideas *absolutamente inútiles*; entonces descubrí el potencial tan grande que tiene la mente de llenarnos de basura continuamente, nunca me había dado cuenta de ello y me sorprendió la cantidad de tonterías que era capaz de pensar en un lapso tan pequeño de tiempo.
Son aspectos de mi mente que nunca había conocido y lejos de sentirme mal conmigo mismo me dejó sorprendido la manera en que podemos generar tantas ideas de la nada prácticamente.

Debido a mi gran condición física, a los 5 o 6 minutos mis piernas empezaron a enviar un mensaje de incomodidad debido a la posición que mantenía y a la falta de costumbre por mantenerme quieto durante un lapso "tan largo" de tiempo.

Recuerdo que traté de dejar pasar ese pensamiento, sin embargo con cada segundo que pasaba la sensación lejos de irse, iba aumentando, al cabo de un minuto o dos, mis piernas empezaron a hormiguear, mis rodillas y la parte trasera de mis muslos me incomodaban en exceso, recuerdo que mi mente empezó a enfocarse en el dolor que crecía y el hormigueo, mi cabeza me decía continuamente que las piernas se estaban durmiendo, me estaban doliendo cada vez más y que esa posición era sumamente incómoda.

Para terminar de platicar mi experiencia les diré que tuve éxito en mantener mi mente en blanco, aunque solo fuera durante unos 10 segundos.

Toda esta historia sirve para ejemplificar lo que quiero exponer a continuación.

Nuestro cerebro es el órgano gestor de todas las funciones corporales y su característica principal es la multifuncionalidad, de ahí que nosotros pretendemos hacer muchas cosas al mismo tiempo, sin embargo somos torpes y no podemos hacerlo, esto es un hecho científico, quien afirme lo contrario está viviendo una ilusión autoconstruida de su propio ego.

Debido a la naturaleza de nuestro cerebro, continuamente manda cientos de ideas que ni siquiera tomamos en cuenta, pero que ahí están todo el tiempo;

enviando mensajes, dándonos instrucciones, analizando y controlando todo cuanto nos rodea.

Como mencioné anteriormente, la mejor manera de ser productivo es siendo *mono tasking* o enfocándonos únicamente a una sola tarea y completarla de principio a fin, para luego pasar a la siguiente, como he dicho hay que darles prioridad y ver cuáles se pueden terminar de manera rápida y dejarlas cocinando.
Pero siempre hacer una sola actividad y tratar de llevar a cabo tareas similares en lote y siempre completar una a la vez.

¿COMO SABER QUE ES RUIDO MENTAL Y QUE NO?

Sencillo: el 95% de mis pensamientos eran ruido mental.

No creo que alguien en el mundo sea capaz de saber que piensa otra persona pero creo sinceramente que los seres humanos, al igual que yo, tendemos a ocupar nuestros cerebros en pensar cosas inútiles y llenarnos de eso, de tal modo que no creo que alguna otra persona no llene su cabeza principalmente con ruido.

El ruido mental son pensamientos vacíos que llegan para distraernos o añadir información "basura" que no nos ayuda para completar cosas importantes; es un proceso interno sumamente difícil de controlar al principio, ya que está enlazado con la función natural de nuestra mente de realizar decenas o cientos de tareas al mismo tiempo.

Es como si estuviéramos sentados frente a 100 pantallas de TV con 100 programas distintos tratando de ver uno de ellos.

Para dominar esto debemos enfocarnos en la tarea principal y cuando detectemos que aparece algún pensamiento basura que no aporta nada, dejarlo pasar, no sucumbir ante la tentación de engancharse a esa idea y que nos lleve como un globo hacia otro lado, para luego adherirnos a otro pensamiento basura que nos lleve a un lugar distinto y así ir viajando de pensamiento en pensamiento hasta olvidar que estábamos haciendo originalmente.

Si esto es difícil sin tener distracción alguna, imagina tratar de hacerlo en una oficina donde recibes llamadas, solicitudes y pendientes todo el tiempo; digamos que tú estás tratando de hacer un reporte y te sientas con la firme intención de terminarlo, tu mente en ese momento tal vez no te esté diciendo nada, pero en ese momento suena tu teléfono móvil con un mensaje de WhatsApp y entonces se dispara la ansiedad incontrolable de revisarlo para ver qué cosa tan importante debes atender en ese preciso momento y que no puede esperar.

Entonces lo miras y como de costumbre es algo gracioso y te ríes; entonces tu mente dice *"esto lo voy a compartir antes de que alguien más lo haga... solo me toma un minuto y luego empiezo el reporte"* y así tu actividad principal, la que es realmente importante, queda relegada al lugar número 5 o 7 de tus prioridades (después de leer todos los memes de WhatsApp).

Mientras estás escogiendo las personas y los grupos a los que vas a enviar este meme, entonces alguien te pide otra cosa, recibes una llamada del jefe y llegan cientos de ideas absurdas a tu mente para evadirte de lo que originalmente tenías planeado hacer.

El ruido mental es parte de la naturaleza humana, es muy difícil deshacernos de él sino tenemos la firme convicción de hacerlo y nos entrenamos cada día en dominarlo; es una actividad que requiere esfuerzo y constancia.

La meditación es una práctica sumamente útil si deseas controlar el ruido mental, te ayudará a enfocarte en una sola cosa y determinar qué es basura y cómo alejarte de todo eso.

El ruido mental es como un perro malcriado que quiere jugar todo el tiempo, ladra y se mueve por todos lados, se hace pipí y popó y se sube para lamerte, morderte o corre a tu alrededor, debes poner firmeza y educar a ese perro loco para que haga lo que le ordenas.

Una buena práctica de inicio, sería fijar bien tu objetivo y si es necesario escribirlo en una nota adhesiva o post it, pegarla frente de ti y llevar a cabo las acciones necesarias para terminar esa tarea de principio a fin, sin importar todo el ruido que llegue a tu mente, todas las solicitudes que te hagan y todos los mensajes de tu celular que puedan sonar; la prioridad número uno en ese momento es lo que está escrito en la nota y que se encuentra frente a tus ojos.

Inicia y termina está tarea, una vez completa podrás revisar todos los memes que quieras, recuerda que si alguien tiene una emergencia no te mandará un meme, hará una llamada o 2 o 5 o 20 hasta que finalmente contestes el teléfono.

"NINGÚN MENSAJE DE WHATSAPP ES MÁS URGENTE QUE UNA LLAMADA TELEFÓNICA"
Bruno Caballero

Recuerda que nada es importante; solamente lo que existe en esa nota frente a tus ojos todo lo demás puede esperar.

Repite este ejercicio en tu casa; enfócate en una sola idea y todo lo que vaya llegando alrededor déjalo pasar, elimina esos pensamientos y enfócate únicamente en aquello que deseas llevar a cabo, piensa que si logras ese objetivo vas a tener grandes beneficios y todo el ruido mental solamente es basura que no te sirve de nada; su única función es postergar o hacer que olvides y deseches esa idea o proyecto que tienes en mente.

VISIÓN

Este término está muy prostituido últimamente y ha caído en un sobre uso gracias a las corporaciones que incluyen el tan conocido "Misión y visión" en las políticas de calidad.

Gracias a las certificaciones ISO, esto se ha popularizado tanto que nadie sabe realmente qué es o cuál es su función y no comprenden el valor que tiene en realidad.

La visión no es lo mismo que el objetivo, es mucho más grande y va mucho más lejos.
Volvamos al ejemplo de las galletas; imagina por un instante que esta persona tiene un proyecto en la mente; quiere hacer galletas deliciosas y vivir de ello, por supuesto su intención es tener un mejor nivel de vida que con su actual empleo. Esto podría ser la meta y para alcanzarla hay cientos de tareas que llevar a cabo, mucho trabajo periférico por hacer para lograr el principal de los objetivos medulares; tener un negocio rentable que ofrezca mayores beneficios que un empleo.
Esto es tangible y cuantificable, se puede alcanzar paso a paso y medir el progreso.

Pero ahora digamos que está persona tiene una visión muy diferente para su negocio, su sueño es tener una empresa internacional que haga las mejores galletas en todo el mundo y que se vendan en lugares muy lejanos como la India, Hong Kong o Roma.

Desde mi perspectiva personal la visión es *hasta dónde podrías llegar con tu proyecto;* cuál sería el mejor escenario posible y entonces llevar esto a niveles extraordinarios.

LA BEBIDA NEGRA

Hablemos de la soda más vendida y famosa de todo el mundo; su inventor, John S. Pemberton tenía *un objetivo* que era el fabricar una bebida que ayudara con los problemas digestivos, el dolor y además diera energía; de ese modo empezó a experimentar con diversos ingredientes hasta que finalmente encontró la fórmula correcta.

El objetivo se cumplió, el producto tuvo gran aceptación en el mercado y se empezó a vender muy bien.

Fue en ese entonces que apareció en escena Asa G. Candler, quien fue empleado farmacéutico en sus inicios para después manufacturar medicinas de patente. Al darse cuenta del enorme potencial que tenía la bebida, el Sr. Candler tuvo una visión y esto hizo que hoy en día sea el artículo más vendido en la historia del mundo.

La visión difiere del objetivo porque ésta es mucho más grande y duradera que un objetivo, de hecho gracias a ella se van formando pequeños objetivos que estarán encaminados a cristalizarla.

La visión de Candler lo llevó a adquirir la fórmula de Pemberton.

En pocos años las ventas del producto fueron tan grandes que los objetivos cambiaron y ya no era simplemente vender el producto en una farmacia cómo fue originalmente, ahora el objetivo era colocar el producto en otros estados de la Unión Americana.

Como el producto ganaba popularidad y mercado, los objetivos crecieron con él para llevarlo a otros países del mundo.

Este breve ejemplo sirve para demostrar cómo una visión puede ser la diferencia en el logro de nuestras metas; al escribir este libro yo tenía varios objetivos en mente pero la visión de este trabajo no es simplemente terminar un libro y que lo lea mi madre, mis familiares y amigos o algún día narrar a mis nietos una y otra vez la misma aburrida historia de cómo lo hice.

Esto es solamente el primer paso de un proyecto de dimensiones enormes, la visión que yo tengo requiere que este sea uno de los ladrillos de base para construir algo mucho más grande.

Esto es la diferencia entre tener objetivos y tener una visión.

> *"UN OBJETIVO ES UNA META*
> *QUE SE QUIERE ALCANZAR,*
> *UNA VISIÓN ES UN MUNDO CONSTRUIDO*
> *POR GRANDES OBJETIVOS"*
> *Bruno Caballero*

El objetivo es saber hacia dónde quieres llegar y qué es lo que debes hacer para ello, como dije antes si tienes un objetivo, tienes el mapa del tesoro y entonces sabrás hacia donde mover las velas y el timón conforme las condiciones del clima lo demanden.

Hacer todo el trabajo periférico y corregir los errores conforme vayan surgiendo te ayudará a alcanzar tus objetivos.

La visión es fijar una imagen en la mente que rebase cualquier expectativa que pudieras tener, es soñar muy alto; el problema con la visión es que la mayoría de nosotros no tenemos ni siquiera un objetivo claro en nuestras mentes; a veces ni siquiera tenemos objetivos, más bien tenemos compromisos que adquirimos sin pensar y que debemos cumplir, por ejemplo pagar la mensualidad de un automóvil que no necesitamos, la pantalla de TV o de un teléfono inteligente.

Queremos llegar al viernes para poder despertar tarde al día siguiente, salir un fin de semana o de vacaciones dentro de unos meses; desgraciadamente la rutina nos despoja de objetivos claros y nos sumerge en un vaivén que nos adormece, hace que olvidemos nuestros sueños y que solamente tengamos como meta llegar al siguiente cheque de pago y cubrir deudas.

Yo también estuve en esa situación y es como estar aletargado constantemente, repitiendo las mismas tareas un día tras otro sin tener una ilusión en el corazón.

Cuando finalmente me di cuenta de todo esto, me fijé un objetivo en la mente y no deje que nada, ni siquiera yo mismo pudiera evitar que lo alcanzara.

Me puse en marcha y a medida que avanzaba hacia mi objetivo, me di cuenta de que era capaz de hacer cosas mucho más grandes, que tenía el potencial para lograrlo y que solamente era mi decisión si quería hacerlo o no.

Sabía que la visión era 100 veces más trabajo que el objetivo inicial de escribir un libro y venderlo por todo el mundo, sin embargo había tomado la decisión de hacerlo y ahora que mi objetivo está muy próximo, tengo pendientes otros 10 objetivos más complicados que éste, pero la decisión ya está tomada y el quedarme en el objetivo de vender el libro ya no es suficiente.

Yo te invito a que primero te fijes un objetivo pequeño y alcanzable en un corto plazo; cuando logres ese objetivo te darás cuenta de que puedes hacerlo y qué es válido volver a tener sueños como cuando éramos niños; fija entonces en tu mente un segundo objetivo más ambicioso que el primero, determina una fecha próxima y cumple con ese compromiso.

Debo mencionar que estas metas y compromisos los debes hacer contigo mismo; que no tengan que ver con tu empleo o cosas que estén fuera de ti ni de tus propios deseos; sé que es muy difícil al principio volver a soñar porque nos han dicho tantos años lo que debemos hacer que hemos olvidado quiénes somos realmente y que queríamos.

No te tomes mucho tiempo en descubrir esto y actúa en consecuencia; no dejes que la vergüenza, la procrastinación, la cueva segura o cualquier otro anti capital entre en tu mente y sabotee tus sueños.

Cuando sepas qué es lo que quieres hacer realmente y empieces a tomar acción, fija un objetivo pequeño, por ejemplo hoy mismo busca un artículo acerca del tema que te interesa; en lugar de revisar tus memes de WhatsApp mejor lee esa información y entonces habrás empezado a gatear hacia tu objetivo.

Te voy a platicar una historia:

Aunque nunca se haya contado antes, esta historia ocurrió en realidad, no es ficción y tuvo lugar hace mucho tiempo, cuando nuestros abuelos ni siquiera habían nacido, pero yo te llevaré hasta allí para que la vivas y aprendas la lección que encierra.

Es la Navidad de 1887 y nos encontramos tú y yo en una cena frente a un hombre que no nos puede ver, somos como una especie de fantasmas que viajaron en el tiempo hasta ese momento.
La persona que está frente a nosotros está a punto de cambiar la historia, este hombre es John S. Pemberton y mientras está frente a la mesa, en el interior de su cabeza hay una idea que está dando vueltas; *¿cómo modificar la fórmula de su jarabe para poderlo vender?* No sabe que muy pronto dará con la fórmula correcta para fabricar la bebida más popular del mundo y el artículo más vendido en la historia de la humanidad.
Este hombre tiene mucho conocimiento acerca de fórmulas químicas y ha estado experimentando con diferentes ingredientes, sin embargo todavía hay algo que falta.

En ese momento está sucediendo algo dentro de su mente que no podemos ver pero qué te voy a explicar: El señor Pemberton tiene un problema que debe resolver; los elementos están ahí, son su conocimiento y experiencia con las sustancias y las mezclas, pero a pesar de que domina la química, esto es una especie de rompecabezas desordenado, en el que las piezas están revueltas y no halla la manera de unirlas para que todo tenga sentido.

Dentro de su mente se ha fijado un objetivo claro que es encontrar la fórmula perfecta para su jarabe de cola.

Esta ha sido la instrucción que el señor Pemberton ha enviado a su mente subconsciente, la cual se ha puesto a trabajar para unir las piezas del rompecabezas; el señor Pemberton no tiene idea de lo que está sucediendo dentro de su cerebro, simplemente sigue pensando y dándole vueltas al asunto, imaginando nuevas combinaciones.

En los días subsecuentes el señor Pemberton se mete en su laboratorio y experimenta con distintas mezclas, hasta que finalmente su mente subconsciente resuelve el acertijo y le entrega la información; *¡ahí está la mezcla correcta que cumple con todos los requerimientos del problema!*

El señor Pemberton entonces combina los ingredientes en las proporciones indicadas por la mente subconsciente y es entonces cuando surge la magia; ¡la bebida más famosa de toda la historia ha nacido!

¿Qué quiero decir con esto? y esta es la lección que deseo compartir contigo acerca de esta breve historia.

El señor Pemberton tenía un problema y un objetivo que era resolver dicho problema; su mente subconsciente tomó todo su conocimiento, experiencia y habilidad para llegar a la fórmula correcta y de esa manera resolvió la tarea que se le había encomendado.

Se cumplió el objetivo y fue brillante, pues creo algo que sin duda cambió la historia de la humanidad para siempre, sin embargo solamente fue un objetivo; este hombre no tenía la visión de Candler, quien a pesar de no contar con el conocimiento, la habilidad ni la experiencia de Pemberton pudo llevar este producto a otro nivel.
Este hombre se dio cuenta del potencial enorme que tenía ese jarabe y tuvo la habilidad de colocarlo primero en una droguería y luego en toda la unión americana.
Este personaje tal vez no podía mezclar azúcar y café, pero lo que sí tenía era una visión de negocios más allá de lo que la gente normal podía ver.
Pemberton tenía el objetivo de inventar una bebida que diera energía y aliviara el dolor de la gente, quería venderla en las droguerías cercanas, pero Candler quería otra cosa muy diferente; él tuvo la visión de vender ese producto al mundo entero.

El objetivo de Pemberton se cumplió.
La visión de Candler se cumplió.

Pero los resultados no fueron los mismos.

¿Comprendes ahora cuál es la diferencia entre un objetivo y una visión?

Objetivo es saber a dónde quieres llegar, qué deseas lograr y cómo hacerlo.
El objetivo es lograr una meta, alcanzar un punto y ahí es donde termina.
La visión va mucho más allá; es hasta dónde *podrías* llegar en el mejor de los escenarios.

"EL OBJETIVO TIENE UN LÍMITE,
QUE SE ALCANZA CUANDO LO CUMPLES.
LA VISIÓN NO TIENE LÍMITES NI TIEMPO".
Bruno Caballero

ASPIRACIONES

¿A qué aspiras en tu vida?
¿Cuál es el objetivo qué esperas cumplir al final de tus días?
¿Qué crees tú que mereces por lo que eres y lo que haces?

A lo largo de mi vida he conocido a muchas personas distintas, de países, religiones y formas de pensar muy diversas.
Sin embargo me he podido dar cuenta que hay un común denominador en la mayoría de ellas.
Yo me considero una persona promedio y creo que ese es el problema de las personas promedio; fuimos

educadas por personas promedio y las aspiraciones que tienen las personas promedio no son muy altas, son aspiraciones *"promedio"*.

Las personas regulares aspiran a tener un buen trabajo y formar una familia, tener una casa y viajar una vez al año; creo que esa es la principal diferencia con los grandes hombres de negocios que están acostumbrados a manejar las vidas de miles de personas promedio; las aspiraciones que tienen estos hombres son muy diferentes, están muy por encima de las personas comunes y es por eso que su mente está fija en otros objetivos.

Utilizan sus pensamientos como herramienta para alcanzar grandes metas y esto se cumple gracias a que tienen la certeza de que pueden lograr cualquier cosa que se fijen en la mente, a diferencia de las personas comunes y corrientes.

Pregunta a una persona promedio si puede ganar un millón de dólares en un año, probablemente la respuesta será que es muy difícil si no imposible.

Pero hay personas que pueden ganar eso en el lapso de unas cuantas horas; cualquier cantante de talla internacional lo hace en un solo concierto.

Todo está contenido en el tamaño de las aspiraciones que tengamos, si las aspiraciones son pequeñas, entonces nuestra mente subconsciente trabajará para obtener resultados pequeños, en cambio si nuestras aspiraciones son grandes, nuestra mente subconsciente recibirá la orden de cumplirlas y trabajar en función de eso.

Tal vez las personas que nos educaron no sabían nada de esto, sin embargo ahora que lo sabes, empieza analizar cuál es el tamaño de tus aspiraciones y porque las tienes (o no).

Piensa también si podrías tener aspiraciones más altas y cuáles son las ideas que te impiden hacerlo.

Por mucho tiempo yo esperaba tener un buen puesto en una empresa, pero cuando lo tuve me di cuenta de que eso no era realmente lo que yo quería, yo pensaba que sí, pero dentro de mi corazón sentía que no estaba hecho para eso y que debía hacer algo diferente; fue entonces que mi mente subconsciente se puso en marcha y buscó ese "algo" para lo que estaba hecho; cumplió las órdenes que yo mismo le dí y mi trabajo corporativo terminó; aunque esto no fue de la manera más sutil, el comando se cumplió: fui arrojado a un bosque oscuro, sin ropa, en medio de la noche, el frío y la lluvia; y para mi buena suerte caí en arenas movedizas.

No sabía qué hacer ni hacia dónde moverme, estaba demasiado enojado, triste, desesperado, deprimido, confundido, y con una imagen de mi persona muy devaluada; una autoestima que estaba en el fondo de las arenas movedizas... en una palabra, no tenía nada.

Fue entonces que una voz dentro de mí gritó y me hizo reaccionar, me preguntó si quería quedarme así el resto de mi vida o iba a hacer algo al respecto, en ese tiempo yo solamente estaba llorando y sollozando mi pena, pero esa voz me habló como si se tratara de un teniente del ejército y me gritó preguntándome qué quería para mi vida, qué merecía y que podía lograr con lo poco que tenía.

No sé si fue más un acto de enojo o de venganza, pero ese día decidí que iba a hacer algo extraordinario con mi vida, algo que nadie más había hecho y que me pudiera sentir orgulloso de mi mismo; entonces no sabía cómo, pero no me importó, como pude empecé a mover mis brazos para salir del fango en el que me encontraba y cuando pude hallar la primera piedra, me agarré fuertemente de ahí, entonces tuve la determinación de llegar a un lugar tan maravilloso que fuera como un cuento de hadas.

Fue entonces que el deseo empezó como una leve llama en mi corazón, estaba tan lastimado que esa luz era lo único que me daba esperanza, entonces la hice mi guía; la alimentaba todos los días con la imagen de mí mismo parado en la cima de una montaña, mirando todo lo que había conquistado para llegar ahí y aun cuando estaba todavía dentro del fango, supe entonces que inevitablemente ese era mi destino porque así lo grabé en mi mente.

Poco a poco y con mucho esfuerzo fui saliendo del lodo, aunque afuera seguía lloviendo hacía frío y era de noche, continué hasta que saqué mi cuerpo de ahí; entonces sin pensarlo me puse a caminar.

En el trayecto hacia esa montaña, me di cuenta de que mis aspiraciones habían sido muy pobres hasta ese día y que no tenía realmente nada, pero eso era bueno porque no podía perder nada y no deseaba más que alcanzar la cima de la montaña que había imaginado, así la lluvia comenzó a lavar mi piel y a dejar los restos del fango atrás.

Conforme fui caminando me encontré herramientas que me podían ser útiles para llegar al lugar donde quería y más adelante me encontré con relatos maravillosos de personas que habían alcanzado la cima de sus propias montañas.

Fue mucho tiempo el que estuve noqueado y hundido en el fango, pero eso me sirvió para dejar atrás todo lo que creía que deseaba, recapitular, hacer una revisión en mi vida y definir una nueva dirección hacia un lugar distinto, que nunca hubiera tenido si hubiera seguido inmerso en esa obra de teatro que llamaba mi vida.

Entonces decidí que si iba a tener aspiraciones, serían las más altas que pudiera tener y que si había alguien que había alcanzado eso yo también podría hacerlo, no importa que no supiera cómo, lo importante era fijar mi mente en ello.

Ahora te pregunto querido lector, ¿cuáles son las aspiraciones que tienes para tu vida y cuánto tiempo tienes para lograrlas? si respondes con un no sé, eso está bien porque entonces ya sabes que no sabes y ya sabes lo que debes buscar.

"DEL TAMAÑO QUE SON TUS ASPIRACIONES
SON EL TAMAÑO DE TUS ACCIONES
Y SON EL TAMAÑO DE TUS RESULTADOS".
Bruno Caballero

LAS EMOCIONES

Las emociones juegan un papel primordial para fijar imágenes mentales en la cabeza, en la medida que imprimas emoción a tus proyectos estos saldrán mucho mejor; en mi experiencia personal te puedo decir que cuando hago un video realmente no sé cuál es el resultado final, sin embargo tengo muy claro cuál es el sentimiento y lo que quiero transmitir con ese video; es entonces que todo empieza a caer en su lugar por sí mismo, creo que cuando das paso a las emociones para realizar algo, las cosas fluyen de manera más natural, cuándo entra la razón y el análisis en juego, entonces las cosas no tienen esa magia que el sentimiento les imprime; son más mecánicas y no tienen vida, solamente un objetivo definido y cuantificable.

Creo que la diferencia entre algo bueno y algo maravilloso es precisamente la reacción que las personas tienen hacia ello.
Probablemente algunos les sea muy difícil contactar con sus sentimientos, esto debido a su historia y enseñanzas; creo que para las mujeres esto es mucho más fácil, debido a su naturaleza, pero una vez más estas son sólo suposiciones; de lo que sí estoy seguro es que la habilidad para contactar con tus sentimientos es un ejercicio que debe practicarse todos los días; para aquellas personas que no tengan desarrollada esta habilidad podría parecerse a hacer malabares con 3 pelotas cuando nunca se ha intentado hacerlo.

Eventualmente ganarás la habilidad para mantenerlas en el aire por un tiempo decente.

Para aquellas personas que estén acostumbradas a expresar sus sentimientos y a contactar con esa parte íntima será más fácil imprimir esas sensaciones en su proyecto personal.

Piensa en las emociones como un potenciador, amplificador y reforzador de las ideas, productos o servicios que pretendas ofrecer con tu proyecto.

Si no sabes cómo puedes imprimir sentimientos en una galleta te sugiero que veas la película o leas el libro *"Como agua para chocolate"* de Laura Esquivel; ahí podrás darte cuenta de la relación tan íntima que guardan los sentimientos y la cocina.

Si tienes habilidades para la mecánica, puedes imprimir ese sentimiento de poder y sincronía en tu trabajo, hay infinidad de programas de TV en los que restauran aparatos, fabrican autos y motocicletas fuera de lo común, eso es imprimirle sentimiento a las máquinas.

Si tu trabajo tiene que ver con gente, ya sea niños pequeños o grandes audiencias; una herramienta muy buena es transmitir lo que uno está sintiendo en ese momento más que las palabras o conceptos que puedas exponer.

Las emociones son la catapulta, el *booster* para cualquier cosa que desees hacer.

Siempre que puedas, imprime emoción en tus proyectos, no importa si es una simple presentación, una llamada telefónica para prospectar un cliente potencial o la confección de un vestido; todo es lo mismo, lo que tú hagas es parte de tí y en medida que le pongas un poco de tu alma, eso se convertirá de algo ordinario en algo extraordinario.

Los sentimientos tienen un efecto poderoso en la psique y gracias a ellos podemos vivir una experiencia sin realmente estar ahí; esto de alguna manera se transmite y es comprendido por los seres humanos que entran en contacto con lo que está impregnado de sentimiento.

Un ejemplo de esto son las canciones que realmente mueven algo en nuestro interior, a diferencia de las canciones que se ponen de moda porque sólo son agradables o tienen ritmo.

Los compositores plasman en sus obras parte de sus vivencias y sentimientos para compartirlas con el mundo; sigue esta misma fórmula y verás que tus productos o servicios tendrán una mayor aceptación si los haces con el corazón.

MOTIVACIÓN: LA ALEGRÍA, LA NECESIDAD O LA DESESPERACIÓN

Todos tenemos una motivación para hacer algo en la vida, por desgracia el motivador más común es el dinero, las personas hacemos todo tipo de cosas por dinero y en función de obtener mejores condiciones de vida apostamos todo para que llegue a nuestras manos, incluso cosas que no son agradables o que pueden llegar a ser ilegales.

Como dije anteriormente, estoy plenamente convencido de que cuando miramos hacia nuestro interior las cosas funcionan de una manera distinta.
En lugar de tener motivadores externos como el estatus social, ser físicamente atractivos, tener un puesto importante, poseer un auto de lujo, la pareja sofisticada, viajar a lugares exóticos y exclusivos y todos estos motivadores que están alimentados por la vanidad y el ego.

Los motivadores que debemos tener en mi opinión, son aquellos que realmente importan como la autorrealización, la felicidad interna, el compartir con las personas parte de lo que somos en nuestra experiencia de vida, pasar el tiempo con aquellos que más amamos, vivir agradecidos por cada uno de nuestros logros por muy pequeños o muy grandes que sean y ayudar a otras personas a progresar; este último me parece muy importante porque según las leyes del universo, cada uno de nosotros estaremos en posición de ayudar temporalmente a alguien y llegará el momento en que necesitemos temporalmente de ayuda.

No debemos de calificar a nadie por su posición social, por su gran éxito o su incapacidad para alcanzarlo, recordemos que el éxito es un concepto muy subjetivo y tal vez para alguien signifique tener varios millones en el banco, mientras que para otra persona pueda significar el haberse despojado de todas las posesiones materiales y ser feliz.

¿Cuáles son los motivadores que tienes en tu vida?

¿Tienes motivadores? o ni siquiera te has puesto a pensar por qué haces lo que haces cada día.

¿Estos motivadores son externos o vienen de tu interior?

¿Los motivadores que tienes los aprendiste de algún lado?, ¿estás imitando a alguien? o son genuinos y vienen de tus propios anhelos y aspiraciones.

¿Es parte de lo que ves en la televisión y los medios? o piensas que debes de cumplir con ciertos parámetros para ser aceptado y sobresalir en un determinado grupo.

Para las madres solteras el motivador más grande que existe son sus hijos, esto las lleva a realizar grandes cosas que la mayoría de las personas no logran.

Al parecer está todo en su contra y sin embargo salen adelante sosteniendo a toda una familia cuando el padre se ha ido.

Encuentra un motivador; algo que te impulsa a levantarte cada día aun cuando no lo deseas, si no tienes claro un motivador piensa que alguien más depende de ti para poder sobrevivir.

Si no tienes a nadie puedes conseguir una mascota o ser padrino de una persona en situación vulnerable, ya sea un niño pequeño en un país necesitado, un anciano, o una institución, esto le dará sentido a tu vida y te llevará a realizar cosas diferentes, porque ya no eres solamente tú, sino que existe un compromiso con alguien más para que tú sobresalgas.

Piensa por un momento qué repercusión tendrá tu acción o falta de ella en las vidas de otras personas y podrás darte cuenta que realmente lo que haces o dejes de hacer es muy importante para muchos otros que tal vez ni siquiera han nacido aún.

Las decisiones y la acción que tomes hoy resonará a niveles que ni siquiera te puedes imaginar; piensa a cuántas personas podrías ayudar si quisieras poner en marcha ese proyecto que tienes en mente, podrías cambiar sus vidas para mejorarlas y esto afectaría a sus hijos o nietos, solamente porque tú tomaste una decisión y pusiste manos a la obra para concretar una idea que daba vueltas en tu cabeza y que finalmente tuviste el valor de hacerla realidad.

Encuentra ese aliciente Más allá de tus miedos e inseguridades para obligarte, para empujarte a ti mismo a lograr eso que tanto te gustaría pero que por alguna razón no has iniciado.

CAPITAL TALENTO

Este es un tema muy controvertido y lo he clasificado como un capital porque realmente puede serlo, pero no necesariamente debe estar presente para tener éxito.

Un talento es como un regalo de Dios para quien decide explotarlo; es como un cheque en blanco y al portador; como si fuera un boleto con todo pagado para unas vacaciones en una playa exótica muy lejana.
Es parecido a tener un pase directo para no formarte en la fila para la rueda de la fortuna o la montaña rusa. Es como si te regalaran un boleto para ver el Súper Bowl en un palco.

¿Qué quiero decir con todo esto?

Imagina este ejemplo: un niño es sumamente gracioso y bonito físicamente, hace comentarios ingeniosos y acertados, además tiene carisma y le cae bien a la gente, por si fuera poco también es buen bailarín y tiene una linda voz para cantar, además de ser entonado.
Lo más Lógico es que este niño sea una especie de showman, actor, cantante o bailarín, que esté involucrado en una actividad para la cual sus aptitudes físicas y de personalidad le ayuden.

Sin embargo lo más probable es que acabe estudiando una carrera y ejerciendo una profesión común y corriente.

Yo estoy convencido de que cada ser humano sobre la faz de la tierra tiene un talento único e irrepetible, tal vez algunos son sumamente extraños como poder guardar el equilibrio de una escalera sobre la frente, trazar un círculo perfecto con la mano, o tener una piel que se estira como si fuera de hule.
Pero hay otros que son más comunes y prácticos.
Existen personas que tienen talento para la cocina y sin embargo no son chefs.
Hay quienes tienen talento para hablar y no son conferencistas.
Hay personas como en mi caso que tiene la habilidad de escribir pero que nunca se habían dedicado a hacerlo de manera profesional.
Hay quienes tienen una gracia natural para contar chistes y hacer reír a la gente; sin embargo no son comediantes.

El talento es la habilidad natural para hacer algo muy bien y que los demás no tienen; ya sea cantar, bailar, escribir historias, nadar, jugar basquetbol, pilotar un avión, incluso existen personas que descubren su talento en una nueva manera de ordenar los objetos de una casa.
Hay un muchacho que me parece extraordinario; tras sufrir un accidente empezó a tartamudear, con esta situación, lo último que alguien pensaría es pararse en

un escenario para hablar, pues bien, este joven se ha convertido en un comediante muy famoso, su nombre es Drew Lynch.

Solamente menciono algunos de los talentos más comunes, pero existen tantos talentos como personas hay en el mundo y cada uno de ellos es maestro en su propio talento.
Este es un aspecto muy ambiguo, porque el talento tiene la capacidad latente de llevar a las personas a otro nivel de vida de forma casi instantánea; tal es el caso de un famoso cantante que vendía teléfonos celulares, su nombre es Paul Potts y en YouTube puedes ver el video en el que su talento es descubierto y cambia su vida para siempre, debo decir que este video es extraordinario.

Aquí puedes verlo https://youtu.be/1k08yxu57NA

Un talento basta para llevar a niveles insospechados la vida de una persona, Incluso si no sabe hacer alguna otra cosa, tal vez el caso más famoso qué puedo citar es el de Stephen Wiltshire, quien es un joven extraordinario, que fue diagnosticado con autismo y ha viajado alrededor del mundo porque tiene una habilidad que al parecer nadie más posee en la tierra y es una memoria fotográfica perfecta. A este jóven lo pasean por alguna ciudad en helicóptero y él recuerda cada edificio con ventanas, plazas, parques, árboles, lagos, calles con curvas y monumentos para luego plasmarlos con su pluma en largos lienzos de papel haciendo dibujos perfectos en detalle de cada ciudad.

Hay quienes mueven su cuerpo de una manera excepcional y pueden sobresalir fácilmente en el baile, este es el caso de Maddie Ziegler, quién es una bailarina que tiene la peculiaridad de "inventar" sus rutinas sobre la marcha, solamente deja que su cuerpo se exprese y ella simplemente se deja llevar.

El talento es como una potente arma secreta que está ahí esperando para ser usada, y tiene un efecto muy peculiar sobre las personas.

Yo imagino al talento como una especie de antorcha en un cuarto oscuro que atrae a las personas y les da calor; el talento logra una comunicación a nivel de conciencia y se conecta automáticamente con ellas.

En México existió un cantante muy particular que se llamaba Alberto Aguilera; la gente lo conocía como Juan Gabriel, sus canciones eran tanto alegres como tristes, pero lo interesante es que sus temas tienen una conexión muy fuerte con las personas; en su juventud Juan Gabriel no quiso hacer otra cosa más que cantar y yo creo que hubiera sido un terrible contador, ingeniero, doctor, arquitecto o cualquier otra cosa que no haya sido cantante.

Existen diferentes niveles de talento y hay quienes tienen un talento que alcanza niveles divinos, tal es el caso de Mozart, quien además de ser un extraordinario músico sus composiciones dieron origen al llamado *efecto Mozart*, y su obra es utilizada como estimulante neuronal para lograr mejor desempeño académico y cognitivo.

Pero de todos los artistas, políticos, activistas sociales, músicos, cineastas, actores, deportistas y cualquier otra persona que ponga en práctica su talento para sobresalir, desde mi particular y humilde punto de vista el más grande de todos fue Leonardo Da Vinci.

Este hombre fue un polímata florentino del Renacimiento italiano.
Mundialmente conocido por su obra La Gioconda, tuvo diferentes talentos y destacó en cada uno de ellos.

- Pintor,
- Científico
- Anatomista
- Arquitecto
- Paleontólogo
- Botánico
- Escritor
- Escultor
- Filósofo
- Ingeniero
- Inventor
- Músico
- Poeta
- Urbanista

Este personaje tenía una personalidad muy peculiar y era famoso por iniciar una obra y no terminarla, en vez de esto brincaba a otro proyecto que le pareciera más interesante en ese momento, ya que la perfección en el ser humano no existe, nuestro amigo Leonardo padecía de inconstancia crónica, por desgracia no tenía el segundo capital más importante; la constancia y sin embargo es recordado como la mente más prodigiosa que haya conocido la historia.

Gracias a su extensa producción tanto artística como científica y mecánica, Leonardo pudo alcanzar niveles sociales muy altos y la inmortalidad debido a sus múltiples talentos.

Claro que Leonardo es un ejemplo único en la historia y los seres humanos comunes y corrientes sólo podemos tener alguno o algunos talentos, pero eso no importa, usados de manera inteligente los talentos pueden cambiar la vida de alguien de manera muy favorable.

Por ejemplo, si tienes el talento de hacer un solo platillo de manera excepcional pues lo que puedes hacer con este talento es poner un pequeño restaurante donde se sirva ese platillo, verás que este talento te dará mucha abundancia solamente por el hecho de compartirlo con las demás personas; ellas agradecerán que lo pongas a su servicio y acudirán una y otra vez para probar eso que sabes hacer.

¿Tienes alguna duda que un solo platillo pueda darte riqueza y reconocimiento de por vida?, más adelante revisaremos la vida del Coronel Sanders y te podrás dar cuenta de algo muy interesante.

- Don Miguel de Cervantes Saavedra y William Shakespeare solamente tenían un talento y era escribir.
- Mijaíl Barýshnikov, Ana Pavlova y Rudolf Nureyev solamente tenían el talento de bailar.
- Enrico Caruso, Luciano Pavarotti y Plácido Domingo el talento de cantar.
- Charles Chaplin tenía el talento de hacer reír a la gente.
- Rocky Marciano, Muhammad Alí y Julio César Chávez solamente tenían un talento y era golpear a las personas y lo hacían con gran inspiración ;) .
- John Lennon Freddie Mercury y Ray Charles tenían un gran talento y era escribir canciones.

No necesitas ser multitalentoso solamente necesitas practicar y potenciar tu mejor talento.

Debo mencionar que esta cuestión de los talentos vienen de nacimiento, naturalmente tenemos cierta habilidad para hacer tal o cual cosa, pero eso no basta; la gente talentosa debe trabajar para pulir ese talento y llevarlo a niveles extraordinarios; la situación aquí es que les será mucho más fácil destacar con algo que naturalmente hacen muy bien, que aprender algo y desarrollar una habilidad competitiva.

Supongamos que alguien es un terrible deportista, pero sabe ser buen entrenador, entonces este talento lo llevará a entrenar a deportistas que tengan gran potencial y habilidades, con su ayuda podrán alcanzar otros niveles; todos sabemos que un gran deportista es producto de un gran entrenador.

Hay quienes tienen el talento de saber meter un balón en una portería, este único talento los lleva a ganar sumas extraordinarias de dinero.

Otros tienen talento para las ventas y esto sobra decir que asegura un gran ingreso y buenas relaciones personales con la gente.

Hay personas que tienen una gran imaginación y pueden crear aparatos nunca antes vistos, que llamen la atención y sean de gran utilidad para la gente, este fue el caso de un genio llamado Steve Jobs, su Macintosh y su famoso iPod entre muchos otros inventos.

Si tu talento es confeccionar ropa, entonces debes de hacerlo ya que esto te traerá muchos clientes buscando aquello que sabes hacer como nadie, este fue el caso de Coco Chanel.

Si tienes un especial talento para cortar el cabello, entonces debes de dedicar tu vida a perfeccionar y mejorar esa habilidad, esto te puede llevar a conocer el mundo entero.

Y así podría escribir todo un libro acerca de qué talentos tienen las personas y como la sociedad nos enseña a enterrarlos para dedicarnos actividades estandarizadas y grises.

En mi próximo libro hablo de la importancia tan grande que tiene este tema.

Sin embargo debo decir que aunque este es un boleto para la gloria no es el capital más importante para tener éxito.

Existen miles de personas talentosas que nunca hacen nada; no destacan ni tienen vidas maravillosas.
Esto es gracias a los anti capitales: la inseguridad, miedo, vergüenza o algún otro.
Pero cualesquiera que sean los motivos por los cuales estas personas no explotan sus talentos, los condena a vivir una vida gris, sin alegría ni gloria; es el precio que deciden pagar por no tener el valor de expresar su verdadero ser.

Si explotas tus talentos, estos te llevarán a un mundo completamente nuevo y maravilloso muy rápido, pero si no lo haces siempre puedes aprovechar los otros capitales, recuerda que esto es un regalo que puedes desechar.
Si haces esto, estarás tomando la decisión de vivir la misma vida que las personas sin talento, luchando y

sufriendo cada día para progresar y aspirar a una vida un poco mejor.

¿Cómo saber si tienes talento en algo?
Es muy simple, Sigue a tu corazón, él te indicará hacia donde está tu talento natural.

En mi página de internet
http://www.brunocaballero.net/consultoria/cursos/
habrá un curso para poder descubrir tus talentos.

> *"EL TALENTO ES COMO LA GANSA*
> *DE LOS HUEVOS DE ORO,*
> *YA LA TIENES,*
> *PERO LA DEBES CUIDAR Y ALIMENTAR*
> *PARA QUE TE OBSEQUIE SUS HUEVOS;*
> *SI LA DEJAS MORIR*
> *ENTONCES NO HABRÁ NINGÚN HUEVO*
> *QUE RECOGER".*
>
> *Bruno Caballero*

CAPITAL CREATIVIDAD

Este término es a la vez ambiguo, fugaz, fascinante y algunas personas creen que no tienen acceso a él. Muchas veces cuando menciono la palabra creatividad recibo más o menos la misma respuesta.

- "Es que yo no soy creativo",
- "Para ti es fácil decirlo porque eres muy creativo"
- "La creatividad a mí no se me dá"
- "Soy mejor siguiendo procedimientos que creando cosas"
- "No sabría qué hacer"

Yo creo firmemente que todos somos creativos y lo digo por muy buenas razones; a lo largo de nuestra vida tomamos miles de decisiones, algunas de ellas muy importantes y otras no tanto pero definitivamente todas tienen repercusión en nosotros.

Hay actividades que son creativas por naturaleza como el baile, la música, la pintura o cualquier actividad artística; sin embargo también hay creatividad en las leyes, para poder usar los recursos y elementos disponibles en un juicio para favorecer un resultado, en la medicina se aplica la creatividad para poder realizar un procedimiento quirúrgico de manera diferente, en la psicología para tratar a una persona con diversas técnicas y con ello poder lograr progresos en su conducta.

Definitivamente la cocina es una disciplina donde la creatividad juega un papel vital, al mezclar sabores, formas y técnicas distintas para lograr resultados fuera de lo común.

Tal vez en actividades muy concretas como correr los 100 metros o lanzar una jabalina no haya mucho espacio para la creatividad, sin embargo, aquí también se pueden incluir distintos tipos de respiración, representaciones mentales, movimientos corporales que puedan ayudar a mejorar el desempeño en alguna actividad determinada.

Siempre hay espacio para la creatividad, nosotros somos seres creativos por naturaleza, Aunque pensemos lo contrario, en algún momento de nuestras vidas hemos tenido que pensar Cómo resolver algún problema o situación en la que nos encontrábamos y a la que dimos una solución satisfactoria, eso es pensar de manera creativa.

La creatividad unida al talento ha llevado a artistas a presentar su obra de una manera totalmente diferente, pasando de ser simples ejecutantes a destacarse sobre todos los demás.

Hace poco vi un video en el que unas jóvenes integran un cuarteto de cuerdas y piano, ellas presentan fragmentos de diferentes obras muy conocidas, no hay nada de extraordinario en eso, pero lo hacen de una manera tan ingeniosa y graciosa que definitivamente se separan del resto y se convierten en extraordinarias.

La creatividad no está limitada a alguna actividad en particular; está confinada a tu propia imaginación, yo estoy convencido de que se puede ser creativo en cualquier área del conocimiento humano, hasta para pedir limosna, alguien puede hacerlo de una manera tan ingeniosa que la gente no se le resista y le dé dinero.
Hace poco circuló un video por WhatsApp en donde aparece una persona que está pidiendo dinero en la calle, está disfrazado de Donald Trump enano y él está montado en sus hombros, el hombre que lo está grabando le llama para darle unas monedas, esto es una muestra perfecta de cómo una idea creativa te puede producir dinero por sí misma.

La creatividad puede ser un potenciador muy fuerte del talento si se desarrolla y puede multiplicar su poder por 10, 20, 50 o 100 veces.
He visto personas trabajar en el circo del sol y viajar por todo el mundo solamente por su habilidad extraordinaria para votar pelotas.

El mismo circo del sol es un concepto brillante que surgió por la idea de suprimir a los animales del espectáculo para unir el teatro, la danza, la pantomima, la ópera, la música, la acrobacia y el performance en un solo espectáculo completamente diferente a todo lo que había existido hasta ese momento.

Curiosamente si eres creativo no necesitas siquiera ser talentoso, nunca sabremos si el inventor de la Coca Cola, el señor Pemberton era talentoso o no, lo único que sabemos es que solamente tuvo que ser creativo para inventar una sola receta en toda su vida, eso fue suficiente para cambiar el rumbo de la historia.

¿Te das cuenta cómo la creatividad puede ser algo extraordinario y convertirse en un capital súper potente?

Sin embargo la creatividad es como un músculo que se debe trabajar, entrenar y fortalecer.
Si nunca has movido ese músculo, no esperes poder levantar 100 kilos de peso, imagina que eres un bebé que empieza a gatear, analiza tu actividad y piensa en dónde podrías aplicar alguna manera distinta o innovadora de hacer algo para obtener mejores resultados; piensa qué elemento podrías añadir a esa receta de galletas para hacerlas extraordinarias, tal vez sea el tiempo de cocción o el tipo de mantequilla, alguna hierba especial o la temperatura, siempre hay un secreto por investigar o descubrir.

Cualquier cosa es susceptible de ser mejorada, simplemente hay que buscar maneras diferentes e innovadoras para hacerlo, eso es ser creativo.

Todos somos creativos, es parte de los regalos divinos que se tratarán en otra ocasión, pero por el momento quiero compartirte algo de mucho valor.

La estructura que uso y me gusta para la creatividad es:

- Analizar un problema desde diversos ángulos.
- Analizar las opciones, herramientas y los elementos existentes en el medio que puedan ser de utilidad para crear o dar solución a dicho problema.
- Unir dichos elementos de manera adecuada y diferente para resolverlo.
- Determinar una solución óptima y una o más soluciones aceptables.

"LA CREATIVIDAD ES ENCONTRAR FORMAS NUEVAS E INGENIOSAS PARA RESOLVER UN PROBLEMA, HACER O MOSTRAR ALGO DE UNA MANERA NUNCA ANTES VISTA".

Bruno Caballero

La creatividad inicia con un problema; ya sea que lo detectes o que llegue solo.

Se da cuando no hay una solución satisfactoria; ya sea por falta de recursos o bien porque no existe.

Cuando encuentras una solución diferente para un problema entonces has aplicado tu creatividad en esto.

Aquí te comparto los videos de los que hablé

Cuarteto de cuerdas y piano:
https://youtu.be/BKezUd_xw20

Donald trump enano: https://youtu.be/sQmXDbkd7po

Circo del sol: https://youtu.be/u86op0LwwAM?t=68

CRISIS CAPITAL O ANTI CAPITAL

Una crisis es el rompimiento brusco de un patrón estable, donde el curso natural es interrumpido provocando incertidumbre y cambios profundos en algún ambiente o situación.

La forma más común de ver la crisis es desde el ego y la pérdida, cuando pensamos en el dolor y el sufrimiento que causa el cambio en el tablero de juego. Esto es natural, puesto que en nuestra mente existe un mundo ficticio que se resiste al cambio; nos empeñamos en mantenernos dentro de la cueva segura y conocida, perdiendo de vista que el cambio va a llegar aunque no nos guste, esto es una ley universal y todos estamos sujetos a ella.

Cuando finalmente se cumple el plazo y llega el cambio, esto provoca un desequilibrio inesperado en nuestra vida; la mayoría de las personas tendemos a enfocarnos en el enojo y la frustración.

En muchas ocasiones nos empeñamos en machacar nuestro cerebro con la misma situación que nos provoca dolor, llevándonos a nada, solamente a sufrir y a consumir nuestros recursos y haciéndonos mucho daño interiormente.

Pero no te preocupes si tienes este tipo de reacciones, porque esto es lo normal para el ser humano promedio; de alguna extraña manera tendemos a pensar esas cosas porque así fuimos construidos; es nuestro cableado y programación "de fábrica".

Pero hay otra forma de ver las cosas y es que cada crisis es el término de un ciclo para comenzar uno nuevo; si tú comprendes esto y estás consciente de que cuando algo termina es que otra cosa está comenzando, podrás adoptar esta forma de pensar y aceptarla sin cuestionamientos ni argumentos "basura" provenientes del ego; entonces el cambio te será más fácil y tendrás la cabeza clara para enfocarte en aquello que está comenzando y no en lo que ya se terminó.

Es cierto que algo que tenías te fue despojado, así funciona la vida, todo tiene un principio y un final, todo ocupa un lugar en el espacio y no hay dos cosas que puedan tener el mismo lugar; así que para obtener algo nuevo debes liberar ese espacio, esto también aplica a la crisis, siempre hay algo que llegará, tal vez está al lado o enfrente y probablemente no te has dado cuenta aún, recuerda el cubo.

"SI LEES UN LIBRO LLEGARÁS A UN PUNTO, LUEGO HAY UN ESPACIO Y LUEGO SIGUE UNA NUEVA PALABRA".

Lo mismo sucede en nuestras vidas, llegará el momento en que se termina una frase, un párrafo y un capítulo llegue al final con un punto; entonces será momento de hacer una pausa y pasar la hoja para continuar leyendo lo que viene adelante.

La crisis puede ser un capital o un anti capital, depende de la manera de pensar de cada persona, y como ya he mencionado antes en este libro: todos, absolutamente todos llegaremos a un punto en el que las cosas cambien de manera inesperada y dramática; por lo regular esto sucede en un breve periodo de tiempo, incluso puede ser en un día, unos minutos o en un instante, nos toma por sorpresa y nos saca de la dinámica en la que estábamos.

Esto es una crisis y todos, absolutamente todos los seres humanos sufrimos 1, 2, 3, 5, 8, 13 o más crisis a lo largo de nuestras vidas, es algo totalmente normal y desgraciadamente te puedo asegurar que van a llegar a ti.

Las crisis son momentos para reflexionar, analizar y entender qué fue lo que salió mal y aprender de nuestros errores, es tiempo de estudiar y comprender lo que sucedió, reconstruirnos y fijar nuevos objetivos, hacer un recuento de los daños, tomar lo que sirve y conservarlo, lo que no nos sirve desecharlo y lo que nos hace falta buscarlo y encontrar dónde está o quién lo tiene, después integrarlo a nuestra persona; fijando una nueva meta, una ruta distinta y empezar a movernos hacia allá sin tardanza.

RESIGNIFICANDO LAS CRISIS

En mi experiencia las crisis están directamente relacionadas con los apegos y el ego; la magnitud de una crisis es directamente proporcional al apego que tiene la persona por el evento que ha cambiado.
El dramatismo que alguien vive en una crisis está definido por el tamaño de su ego; es decir en la medida en que alguien piense que las cosas deberían de suceder de acuerdo a sus propios intereses y conveniencia y no como están sucediendo.

El daño y duración de una crisis están directamente relacionadas con la incapacidad de la persona por aceptar el cambio y adaptarse a él.
Una crisis puede llevar a la muerte a alguien si se aferra a sus convicciones sin aceptar el cambio que ya llegó y decide ver las cosas de forma negativa, enfocarse en aquello que ha perdido en lugar de lo que puede aprender y lograr con ese conocimiento nuevo.

Al final como todo en la vida es una cuestión de simple percepción; qué tan bueno o qué tan malo sea este cambio solamente tú podrás definirlo y será tu responsabilidad el jugar a la víctima y lamentarte, o aceptar que las cosas han cambiado simplemente porque es una ley y las cosas llegan a un final inevitablemente. En este mismo sentido llegará un día en que nuestro ciclo también se cumpla y termine.

Cuanto más tengas conciencia de que nada es eterno y solamente estamos de paso por unos años en este mundo, podrás manejar de una mejor forma las crisis.

Podemos pensar de dos maneras acerca de una crisis; pensar en negro lo que nos va a destruir y a consumir por dentro o pensar en blanco que nos va a ayudar a mejorar y progresar; yo elijo pensar que cuando un ciclo se termina es porque debo de subir al siguiente escalón en mí camino hacia la cumbre, es cierto que hay que dejar cosas atrás y muchas veces duele; somos seres humanos antes que cualquier cosa y sé perfectamente lo que es soltar algo que te gustaba mucho y te hacía sentir bien; un lugar que dejó huella en tu corazón, un amigo, una mascota o una persona a la que amaste profundamente.

Sin embargo la vida continúa y hay muchas cosas nuevas por delante, debemos seguir caminando; ya están ahí solamente hay que llegar a ellas.

Concluyo este capítulo con una frase que le dije a una cliente hace unos cuantos días.

"NO TE AFERRES EN TRATAR DE RETENER LO QUE SE VA DE TUS MANOS, MEJOR ÁBRELAS, DÉJALO IR Y MANTÉN LAS MANOS ABIERTAS Y LIBRES PARA RECIBIR LO QUE VENDRÁ".

Bruno Caballero

CAPITAL
DINERO

Siempre que les pregunto a las personas porque no inician un negocio, una de las respuestas más comunes es la siguiente:

"No tengo el capital para hacerlo" Refiriéndose al dinero.

Sin embargo en todos los capitales que hemos visto anteriormente nunca mencioné el dinero como un elemento necesario para usarlos, de hecho el dinero *es producto* de hacer uso de los capitales.
Todos y cada uno de estos capitales ya los tienes dentro de tí, simplemente es cuestión de descubrirlos y cultivarlos para que crezcan y se fortalezcan.
Nuestra sociedad nos ha *"amaestrado"* tan bien y nos ha hecho tan dependientes del dinero que no pensamos que podemos hacer algo sin ayuda de él; sin embargo nuestras habilidades y talentos están ahí y no necesitan de nada más que tiempo y dedicación para que puedan producir beneficios.

Muchas personas nos hemos detenido en tomar decisiones para iniciar un nuevo proyecto por causa del dinero; esto es perfectamente comprensible aunque no del todo correcto.
Muchos de los hombres más ricos del mundo iniciaron sus negocios con muy poco dinero; sin embargo

pusieron en práctica algunos de los capitales que hemos visto a lo largo de este libro.

- Los pensamientos
- El tiempo
- El conocimiento y la información que elijas meter en tu cabeza
- Elegir a tus amigos
- Ser coherente contigo mismo
- Conocer y evitar tus vicios ocultos
- Compartir cosas valiosas con la gente
- Pensar en blanco
- Tener la decisión de hacer algo y el deseo de cambiar
- Dominar el miedo, la vergüenza, las dudas, la procrastinación, y toda esa basura.
- No ser conformista, no acostumbrarte a lo que tienes.
- Salir de la zona segura.
- Hacer productivo tu trabajo.
- No sabotearte.
- Tener un objetivo.
- Callar todo el ruido mental que tengas.
- Tener deseo de hacer algo grande, y tener aspiraciones altas.
- Desarrollar una visión para tu vida.
- Encontrar una motivación interna o externa para hacerlo.
- Encontrar tu talento especial.
- Poner en marcha tu mente creativa.
- Usar los momentos de crisis para crecer.

En ningún momento mencioné que necesites cantidad alguna de dinero para llevar a cabo cualquiera de estas cosas; todo esto es UNA ELECCIÓN y un CAMBIO EN TU MANERA DE PENSAR.
Nada más.

Dicho esto podemos continuar con el tema del dinero

"EL DINERO QUE TIENES
NO ES EL DE TU CUENTA DE BANCO.
ES EL QUE RECIBIRÁS CUANDO DECIDAS
COMPARTIR LO QUE TÚ ERES
Y TIENES CON EL MUNDO"
Bruno Caballero

Volvamos al tema de WhatsApp; esta aplicación fue comprada por 19,000 millones de dólares en octubre de 2014.

Imagina si el norteamericano promedio gana 50,000 dólares al año, esto significa que 10,000 norteamericanos tendrían que trabajar por 38 años sin gastar un centavo para pagar esa suma de dinero.

Tomaremos este ejemplo más adelante.

Los músicos internacionales ganan tanto dinero, porque comparten lo que ellos hacen con el mundo y le dan un poco de felicidad a las vidas de las personas que los siguen.

¿Cuánto cuesta una guitarra o un piano? ¿Un pedazo de papel y una pluma?
¿Cuánto dinero ganan ellos por usar estos elementos para crear música?
No son los objetos de afuera, sino lo que llevan dentro y comparten con la gente.

Por eso dejé este tema casi al final, porque primero quería dejar bien claro que lo más importante es lo que tú tienes dentro, no el dinero con el que cuentes para iniciar algo.

Las situación es al revés de cómo piensas; primero comparte las cosas que llevas dentro con la gente y el dinero llegará en la medida que tú ayudes a más personas.

El dinero es la retribución a las cosas únicas que nosotros hacemos y compartimos;
Entre más personas ayudes con lo que tú sabes más dinero tendrás.

El paradigma ahora ha cambiado y las personas poco a poco se darán cuenta de que su tiempo y sus conocimientos valen mucho más de lo que están recibiendo en un empleo.

Yo estoy escribiendo estas líneas esperando que en algún lugar lejano del mundo alguien las lea y tenga ese momento de revelación en el que se enciende una luz en la obscuridad y sepa que cuenta con todas las herramientas necesarias para salir adelante y tener éxito con lo que sea que quiera emprender.

Entre más personas lean este libro, más personas podrán cambiar sus vidas si tienen el deseo de hacerlo; el trabajo realizado dentro de un pequeño departamento influenciará a personas que ni siquiera han nacido.

Yo sé que este tipo de actividad tiene consecuencias y estas llegarán inevitablemente a mi vida; esto es parte del ciclo; si das algo, recibes algo y el universo multiplica muchas veces aquello que des, y así podrás dar a más personas.

"LA MEJOR FORMA DE TENER MUCHO ES DANDO A MUCHAS PERSONAS"

Bruno Caballero

APALANCAMIENTO

Este es un término muy familiar para los emprendedores y consiste en asociarse con otras personas para poder formar un grupo que pueda hacer frente a un proyecto que de manera individual sería muy difícil completar.

Te comparto este concepto porque muchas veces pensamos que necesitamos ahorrar el dinero para emprender algo y no necesariamente tiene que ser así; en el caso de algunos chefs muy talentosos se unen con socios capitalistas que tienen el dinero, pero evidentemente no las habilidades para cocinar platillos extraordinarios, así que el chef pone sus habilidades y creatividad mientras que el socio capitalista monta el restaurante.

Hay diferentes formas de apalancamiento; existen sociedades de desarrolladores en los que cada uno es experto en un tema y juntos forman una compañía que ofrece una gama de servicios útiles para un nicho de mercado.

Volvamos al caso de la persona que quiere hacer galletas.

Supongamos que tiene una receta exquisita para galletas, pero no tiene dinero para empezar su negocio; la situación aquí podría parecer difícil, sin embargo, con un poco de inteligencia y creatividad se resuelve fácilmente.

Lo único que tiene que hacer esa persona es hornear en casa de su madre o de algún conocido unas 100 o 200 galletas, luego empacarlas de una manera muy vistosa y agradable, visitar a los posibles compradores de su producto como restaurantes, tiendas de regalos, tiendas de souvenirs en los hospitales, cafés, etcétera.

Este proceso seguramente lo tendrá que hacer muchas veces, hasta que llegue alguien que esté dispuesto a comprar sus galletas, es aquí cuando esta persona podrá hacer dos cosas:

1. Pagarle una pequeña proporción de las ganancias a alguien que le deje hornear sus galletas.
2. Comprar a crédito un horno para fabricar su propio producto.

Hay que mencionar que esto no es una deuda, es una inversión ya que se paga con las mismas ventas de sus galletas.

En la medida que su producción de galletas aumenta esta persona podrá decidir cuáles son las inversiones correctas para hacer crecer su negocio.
Iniciar con un emprendimiento no requiere de mucho capital financiero pero sí de otros capitales que hemos visto antes.

CREAR UN PROYECTO

Esta es la manera en que muchas personas inician grandes imperios; no tienen capital y no tienen infraestructura, lo que sí tienen es una idea grandiosa y se apresuran a crear un proyecto; aquí no invierten más que tiempo y conocimiento, además del coraje de pararse frente a las personas indicadas y vender su idea cientos de veces si es necesario.

A las personas de negocios les gusta ganar dinero, ellos solamente invierten si ven la oportunidad de multiplicar sus inversiones varias veces.
Si tú presentas una buena idea, que represente una oportunidad de hacer dinero, bien sustentada a un hombre de negocios es difícil que se resista, pero debes ser muy cuidadoso y asegurarte de que esa idea funciona, tenga usos prácticos y lo más importante, que genere grandes dividendos; hay que cuidar todas las variables que se pudieran presentar para minimizar el riesgo en la medida de lo posible, aunque siempre exista este factor.
Si cumples con estos puntos tienes altas probabilidades de obtener el dinero que requieres para emprender.

PENSAR EN EL DINERO DE MANERA DISTINTA

El dinero es como el empleo, cuando no tienes no te llega, pero cuando no lo necesitas llega en montones.

La mente subconsciente funciona de maneras misteriosas, no se si a todos, pero a muchas personas les ha sucedido que se encuentran en un período de búsqueda laboral en la que no se pueden colocar; entonces la mente empieza a enfocarse en una idea, y esa idea está etiquetada con la frase "falta de trabajo" se fija en la carestía y empieza a pensar que efectivamente necesitan trabajo y no tienen dinero para cubrir los gastos, es por eso mismo que una propuesta laboral no llega; porque la mente está enfocada en la carestía y es eso lo que se manifiesta en el mundo real.

Cuando finalmente la persona que está buscando empleo logra colocarse, sucede otro fenómeno muy curioso, recibe llamadas con propuestas de otros lugares.

Esto sucede porque la mente cambió el enfoque de carestía por el enfoque de suficiencia.

Pensamiento de carestía *"No tengo empleo"* = El universo responde *"Ok no tienes empleo"*

Pensamiento de suficiencia *"Tengo empleo"* = El universo responde *"Ok tienes empleo", "Ok tienes empleo", "Ok tienes empleo"... etc.*

Así funciona la mente y el universo, es metafísica básica, es la primera ley universal; aquello que ocupa la mayor parte de tu pensamiento es lo que se manifiesta en la realidad, así que si te estás enfocando en el dinero por qué tu pensamiento detrás de él está basado en la carestía, el dinero no va a llegar porque la prioridad de pensamiento *es la carestía en sí misma, la falta de dinero* y eso es lo que se manifiesta afuera: *falta de dinero*.

Por otro lado, cuando cambias el enfoque de tu mente y empiezas a pensar que el dinero está ahí esperando solamente para que tú lo tomes porque ya es tuyo entonces el dinero empezará a fluir porque tu mente tiene la idea de que el dinero está a tu disposición en cualquier momento.

EL DINERO VS EL VALOR

Yo te sugiero dejar de enfocarte en la cantidad de dinero para enfocarte en el valor y la ayuda que puedas proporcionar al mayor número de personas posibles; si tú concentras tu mente en ayudar a la gente, esto te dará muchos beneficios además del dinero.

Enfoca tus esfuerzos en hacer cosas útiles para la gente.
Elige un público específico al que puedas ayudar fácilmente de acuerdo a tus habilidades y experiencia; agrupa estas personas, Investiga qué cosas podrían necesitar, cuáles les podrían facilitar algún aspecto de

su vida y por cuales estarían dispuestas a pagar para obtenerlas.

Cuando tengas bien definido qué tipo de persona es la que necesita algo que tú puedes proporcionar, sabes qué son las cosas que consumen, cuáles les gustan, que clase de problemas tienen y qué podrías hacer tú para ayudarles a mejorar cualquiera de estos temas, entonces tienes un grupo de clientes potenciales.

Puedes crear una muestra de tu producto o un piloto de tu servicio y empezar a investigar con este grupo de personas que piensan de tu propuesta, si les parece adecuada y cuáles son los puntos que deberían modificarse.

Después de recibir los comentarios, una buena sugerencia es hacer las correcciones necesarias y volver a presentar el producto, este proceso hay que hacerlo de manera continua para lograr que el producto o servicio se mantenga vigente.

Una vez que tus clientes potenciales aprueben tu producto o servicio, entonces tendrás la seguridad de que cientos o quizás miles de personas similares podrían adquirir lo que tú haces.

DEJAR DE PENSAR QUE SOLAMENTE TRABAJANDO SE OBTIENE DINERO.

Como he dicho en repetidas ocasiones, el trabajo es la manera que aprendimos para generar dinero de nuestros padres, abuelos, bisabuelos, tatarabuelos y así hasta tiempos inmemoriales.

Volvamos al caso de WhatsApp.
Un norteamericano promedio tendría que trabajar 380,000 años para poder igualar la suma que fue pagada por la compra de WhatsApp, si tenemos en cuenta que WhatsApp se fundó en 2009 y se vendió en 2014, esto significa que el promedio de valor por año de WhatsApp era de
$3,800,000,000 USD
$10,410,959 USD por día.
$ 433,790 USD por hora.
$ 7,230 USD por minuto.
$ 120.50 USD cada segundo.

Ni el empleo mejor pagado del mundo puede acercarse lejanamente a esta suma.

Como dato curioso el músico y compositor más exitoso en la historia de la música pop, Paul McCartney, uno de los profesionales mejor pagados en el mundo, se estima gana 71 millones de dólares al año.
Esto significa que tendría que trabajar alrededor de 267 años para poder pagar la suma por la que se vendió WhatsApp.

UNA DE LAS PEORES FORMAS DE GANAR DINERO.

Creo que el punto es suficientemente claro por qué un empleo es una de las peores formas de ganar dinero.

No estoy diciendo que la gente que lea este libro automáticamente renuncie y se ponga a buscar algo que los haga millonarios; el camino hacia la libertad financiera no es fácil y requiere de mucho, muchísimo conocimiento y habilidades adquiridas sólo con la práctica; lo que sugiero es que cuanto antes definas cuál es tu primer objetivo y con eso ponerte en marcha, aprende y practica mientras avanzas, hay mucho que debes conocer, mucho que debes hacer, errores que vas a cometer, cosas que debes corregir y logros que alcanzar antes de que consideres dejar tu fuente de ingreso principal, pero en cuanto más pronto empieces andar ese camino más pronto llegarás a tu primer objetivo.

¿Porque digo que un empleo es una de las peores formas de ganar dinero? Porque depende directamente de tu tiempo y de que tú estés físicamente en el lugar de trabajo.
Esto elimina automáticamente toda posibilidad de investigar nuevos productos, buscar clientes potenciales o desarrollar un servicio o artículo diferente, porque tu atención, tiempo y presencia están

enfocados en tu empleo; no tienes muchas posibilidades de hacer cosas diferentes en el tiempo que estés en tu lugar de trabajo.

Obtienes sólo una línea de ingreso por todo tu tiempo y tu capacidad intelectual; si esa única fuente de ingreso se termina toda tu estabilidad personal y familiar se pone en riesgo.

¿Se puede tener un emprendimiento aun cuando todo el tiempo está comprometido en un empleo?

La respuesta es que TODO ES POSIBLE, lo único que hay que hacer es aprovechar de manera más inteligente tú tiempo y poner el triple de esfuerzo para levantar el negocio.

AUTOEMPLEO

Los auto empleados son los dentistas, terapeutas, psicólogos, choferes de taxi, técnicos etc. Si bien estas personas no tienen un horario fijo y deciden cuándo trabajar y cuando no, el riesgo aquí es mayor que en un empleo.

Cuando tienes un autoempleo la situación es peor porque no tienes la seguridad ni el respaldo de una empresa y estás solo; dependes únicamente de tus conocimientos, tus habilidades, tu tiempo y además tu salud para poder generar un ingreso que es inconstante e inestable.

La ventaja de estar aquí es que tienes disponibilidad del mayor capital de todos: El tiempo y si lo usas de manera inteligente lo puedes capitalizar sin problemas.

TENER UN NEGOCIO

Cuándo tienes un negocio pequeño o mediano el panorama es diferente (no hablo de un local donde tu tengas que trabajar, sino un negocio que funcione sin tu presencia), porque este modelo trabaja por sí solo, no necesita de que tú estés personalmente atendiendo los pendientes para que funcione, hay personas que se ocupan de afinar los detalles para que el negocio siga y genere sus propios gastos.

Aquí tienes la libertad de hacer lo que quieras con tu tiempo y cuentas con la tranquilidad de tener un ingreso constante.

INVERSIONES E INGRESOS PASIVOS

Los ingresos pasivos son aquellos que generan dinero sin que tengas que mover un dedo para recibirlo, por ejemplo tener una casa por la que te paguen una renta o comprar un auto y ofrecerlo a un conductor para que lo trabaje como taxi, mientras que tú recibes dinero sin hacer nada.

Otro tipo de ingresos pasivos son los que obtienen los escritores de libros y canciones que solamente se escriben una vez y generan dinero cada ocasión que alguien los descarga o desea hacer negocio con ellos; también producen este tipo de ingresos los derechos sobre patentes, fórmulas o artículos diversos, así que si eres creativo puedes inventar algo y obtener ganancias por eso.

Volvamos una vez más al ejemplo del inventor de Coca Cola, esta persona invirtió unos meses en desarrollar una fórmula ganadora que ha generado miles de millones de dólares por décadas en todo el mundo.
Ese es el verdadero valor del tiempo y el conocimiento _BIEN APLICADOS_.

Imagínate ahora a la escritora de Harry Potter, cuánto tiempo invirtió en escribir cada una de esas novelas y en comparación el dinero que ha recibido gracias a ello.
Piensa ¿qué clase de _súper empleo_ puede igualar esas ganancias?

Con estos dos ejemplos te das cuenta de que realmente no necesitas dinero para tener una actividad o generar muchos ingresos.

Lo que necesitas Es solamente una buena idea y *TRABAJAR EN ELLA TODOS LOS DÍAS.*

Si tú tomas la lista de los capitales que he expuesto en este libro y los pones en acción; tomas la lista de los anti capitales y los vicios para erradicarlos de tu vida, muy pronto te encontrarás en una situación completamente distinta, gozando de los beneficios de compartir las cosas que tú tienes con los demás.

HACER NEGOCIOS EN LA ERA DE INTERNET

Estamos en una época privilegiada, antiguamente para poder competir con un gran almacén necesitabas una inversión fenomenal y tener una tienda con cualidades similares a tu competidor, de tal modo que si querías rivalizar con Wal-Mart debías contar con una infraestructura muy parecida y eso cuesta miles de millones de dólares.

Sin embargo con los conocimientos indicados y una baja inversión se puede montar una tienda en línea que comercialice productos y haga entregas a domicilio de manera muy similar a Wal-Mart.

Los negocios en la era digital dependerán cada vez menos de establecimientos físicos y cada vez más del servicio, la calidad, la entrega y la colaboración de la sociedad.

Debo decir que montar una tienda en línea no es un asunto sencillo, es tan complicado como montar una en la vida real y hay muchas cosas que se deben tener bajo control; como proveedores, existencias, logística y envíos.

Sin embargo esto es infinitamente más sencillo que manejar productos físicos en un almacén de grandes superficies.

Jack ma fundador de Ali Babá dice que para que Wal-Mart tenga 10,000 nuevos clientes tiene que construir un nuevo almacén, esto y aquello, mientras que Alí Babá para expandir su negocio en la misma magnitud, solamente necesita adquirir un par de servidores más.

Si quieres tener un gran negocio en internet ahora es muy fácil, solamente tienes que elegir el tipo de producto o servicio que quieras ofrecer, construir una página web sólida y bien hecha que tenga las características que tu negocio necesita y tener cubierta la demanda que tus clientes pudieran solicitar; contar con una mensajería que pueda hacer envíos a cualquier lugar del mundo, vender tus productos en línea o conseguir socios en diferentes lugares que te ayuden a distribuir por una comisión; entonces estás listo para iniciar un negocio a nivel mundial, el que sólo una persona pudiera acceder a los mercados globales era prácticamente imposible hace 20 años.

Si tu producto o servicio es lo suficientemente bueno, entonces ya no tendrás que preocuparte por el dinero, esté llegará de manera automática mientras tú continúes ofreciendo artículos o servicios útiles y valiosos.

> *"EL DINERO NO ES UN MEDIO*
> *PARA EMPRENDER UN NEGOCIO;*
> *ES LA CONSECUENCIA*
> *DE OFRECER ALGO ÚTIL Y NECESARIO".*
> *Bruno Caballero*

LA TECNOLOGÍA Y LA MOVILIDAD

Estamos en una época privilegiada: la revolución digital nos ha dado la gran oportunidad de poder acceder a cosas que todas las generaciones de seres humanos antes ni siquiera hubieran soñado. Ahora es muy sencillo hacer un video llamada o enviar un mensaje a alguien que está del otro lado del mundo; las distancias han desaparecido y el contacto entre las personas ahora es inmediato.

Seguramente en tu teléfono tienes a una persona que vive lejos y que nunca ves físicamente, pero sí puedes contactarla en cualquier momento solamente con enviarle un mensaje.

Esto trae una ventaja enorme para todas las personas ya que poco a poco se va perdiendo la necesidad de asistir a una oficina para trabajar.

Tu puedes sacar ventaja de esta situación para empezar o hacer crecer tu proyecto; solamente es cuestión de organizarse con las labores que deberás llevar a cabo.

Aprovecha todas las ventajas que tienes al contar con un teléfono y una conexión a internet.

Tu tienes en la palma de tu mano todo lo que necesitarías dentro de una oficina.

- Navegar por internet
- Puedes enviar y recibir correos electrónicos
- Tener grupos de WhatsApp
- Tomar fotografías
- Enviar imágenes
- Grabar audio
- Asistir a juntas virtuales
- Hacer conferencias telefónicas
- Hacer video llamadas
- Buscar clientes
- Enviar presupuestos
- Buscar proveedores
- Pedir cotizaciones
- Hacer documentos de texto
- Hacer hojas de cálculo
- Crear presentaciones con diapositivas

Incluso podrías estudiar una nueva profesión, idioma o especialidad desde tu teléfono.

En una palabra, todo lo que puedas hacer en una oficina lo tienes en la palma de tu mano y si crees que no se puede trabajar desde el teléfono te voy a decir algo que es cierto.

Tu teléfono cuenta con más tecnología de la que utilizó la NASA para enviar a un hombre a la luna.

Por desgracia no sabemos usar nuestros dispositivos móviles nada más que para chatear, enviar chistes, memes o vídeos por WhatsApp, sacar selfies y videos de nuestros hijos, amigos, parientes o mascotas, escuchar música o consultar Facebook, Twitter o Instagram.
Sin embargo todas las posibilidades están ahí para que tú las puedas usar en el momento que decidas.
Recuerda que para tener éxito debes tener en cuenta solamente una cosa.

"NO ES LO QUE TENGAS O LO QUE SABES, SINO CÓMO LO ESTÁS USANDO Y PARA QUÉ".

Y como dije antes,

"TODO SE PUEDE HACER, PERO HAY QUE TENER LA VOLUNTAD DE HACERLO"

Bruno Caballero

Si tienes algunas preguntas o comentarios al respecto de este o algún otro capítulo, por favor ve a http://www.brunocaballero.net/comentarios/ y escríbeme ahí. Las solicitudes más frecuentes se concentrarán en un ebook próximo.

CAPITAL #2
PERSEVERANCIA / PERSISTENCIA / CONSTANCIA / INSISTENCIA

– ¡Oh, siempre llegarás a alguna parte – aseguró el Gato-, si caminas lo suficiente!
(Diálogo entre el gato y Alicia)

Fragmento de la novela *"Las aventuras de Alicia en el país de las maravillas"* de Lewis Carroll.

> *EL CAPITAL MÁS IMPORTANTE QUE EXISTE*
> *ES EL TIEMPO*
> *PERO SIN DUDA, EL SEGUNDO*
> *ES LA PERSEVERANCIA.*
>
> Bruno Caballero

"La diferencia entre perseverancia y necedad son los resultados"

Podríamos hablar mucho tiempo acerca de la perseverancia pero en su lugar quiero compartirte algunas historias de gente que con su perseverancia logró cosas muy importantes.

ABRAHAM LINCOLN

- 1816.- Con tan sólo 7 años Tuvo que empezar a trabajar para ayudar con los gastos pues su familia fue expulsada de su hogar.
- 1818.- A los 9 años falleció su madre.
- 1831.- A los 30 años había fracasado en cada negocio que había emprendido.
- 1832.- Compitió para la legislatura estatal y es vencido además fue despedido y rechazado para ingresar a la escuela de leyes.
- 1833.- Después de la derrota solicitó un préstamo para iniciar un nuevo negocio en el que fracasa y pasa 17 años de su vida trabajando para pagar la deuda.
- 1834.- Se vuelve a enrolar la competencia por la legislatura estatal y ganó.
- 1835.- Se compromete en matrimonio pero su prometida falleció.
- 1836.- Debido a la gran tensión sufre una crisis nerviosa que lo lleva a la cama durante 6 meses.
- 1838.- Compite esta vez para la presidencia de la cámara estatal y una vez más es derrotado.
- 1840.- Ingresa a su postulación para gobernador y una vez más es superado en las elecciones.
- 1843.- Compite para una posición en el congreso federal y pierde.
- 1846.- Una vez más se postula para el congreso y esta vez gana.

- 1848.- Es derrotado en su reelección para el congreso.
- 1849.- Se postula para oficial estatal y es rechazado.
- 1854.- En su candidatura para senador vuelve a ser derrotado.
- 1856.- En su postulación para la vicepresidencia tiene menos de 100 votos.
- 1858.- Vuelve a competir para senador y nuevamente es derrotado.
- 1860.- Es elegido presidente #16 de la Unión Americana.

Aquí vemos como la perseverancia rindió frutos después de mucho esfuerzo, tiempo y paciencia; Hoy en día Abraham Lincoln es recordado como uno de los mejores presidentes que ha tenido la Unión Americana.

CORONEL SANDERS (*KFC*)

- Su padre falleció cuando él tenía 5 años, por lo que tuvo que trabajar y aprendió a cocinar.
- Abandonó la escuela a los 12 años para ayudar en la granja familiar
- A los 15 años se enlistó en el ejército de los Estados Unidos de Norteamérica.
- Fue marino mercante, vendedor de seguros, bombero en los ferrocarriles y granjero.
- A los 39 años abrió una estación de servicio con un pequeño restaurante donde cocinaba pollo entre otras cosas.
- Su popularidad como cocinero fue tan grande que el gobernador de Kentucky lo nombró "Coronel de Kentucky"
- Un año después construyó un restaurante con un comedor para 142 comensales donde comenzó a preparar su tan famosa receta de pollo Kentucky.
- Su fama se disparó cuando en 1939 el crítico gastronómico Duncan Hines lo incluyera en su guía de restaurantes.
- La segunda guerra mundial hizo que cerrara temporalmente su restaurante debido al racionamiento de la gasolina.
- Vendió su propiedad en 1950 porque la construcción de la interestatal 75 reduciría el tráfico de la carretera donde se encontraba su restaurante.

- Con 60 años de edad y con gran visión de negocios aprovechó la fama de su pollo frito y empezó a ofrecer franquicias bajo el nombre de Kentucky Fried Chicken, en donde ganaría 5 centavos de dólar por cada pollo que se vendiera
- En 1964 vendió la compañía a un grupo inversor por 2 millones de dólares más un salario vitalicio de 40000 dólares.

Aquí podemos encontrar varios puntos que hacen a un gran empresario:

- Siguió su propio camino: tuvo empleos, pero no destacó en ellos, donde realmente prosperó fue teniendo sus propios negocios.
- Usó sus habilidades y talento: desde pequeño desarrolló una habilidad, que después se convirtió en talento.
- La persistencia: siempre se mantuvo firme en cocinar.
- Fue creativo: Con sus conocimientos, habilidades, experiencia y talento puso en marcha su creatividad y desarrolló una única cosa que lo llevó a otro nivel; la receta de su mundialmente famoso pollo Kentucky (sólo una receta, al igual que Pemberton).
- Tuvo apalancamiento con personas clave que lo impulsaron, Duncan Hines el crítico que lo incluyó en su guía de restaurantes y con esto

Sanders se apoyó en su fama y reconocimiento social disparando su negocio a las nubes.

- El valor de su idea: al deshacerse de su restaurante comprendió que el negocio no era el local, sino la receta del pollo.
- La crisis como oportunidad para crecer: al cerrar su restaurante, pensó en blanco y vio la oportunidad que le traía la libertad de poderse mover para multiplicar su negocio por todo el país, en lugar de pensar en negro, que era un hombre de 60 años y ya no tenía el restaurante que era su modo de vida.
- Visión: tuvo una gran visión de negocios e imaginó en su mente cientos de locales de pollo Kentucky por todo el país.
- Con su creatividad desarrolló un plan de negocios atractivo que le asegurara el cierre de tratos por todos lados y que le diera ingresos pasivos por el resto de sus días para ganar dinero sin trabajar.
- Saber cuándo delegar: cuando llegó el momento, cedió el control de la compañía a terceros para disfrutar de lo que ya había hecho.

WALT DISNEY

- Walt Disney no fue un buen estudiante, era propenso a soñar despierto y hacer garabatos en papel durante las clases.
- Trabajó un tiempo como historietista para un periódico
- 1920 Inició su propia compañía Iwerks-Disney Commercial Artists y fracasó.
- En 1922 fundó la empresa Laugh-O-Gram Films que se declaró en bancarrota en junio de 1923
- Se trasladó a Hollywood con la intención de abandonar el cine de animación por no poder competir con los estudios de Nueva York, y ser director de películas de acción real pero recorre todos los estudios en busca de trabajo sin éxito.
- Decide entonces regresar a la animación y montar un estudio en el garaje de su tío.
- Envía su película inconclusa "Alice in wonderland" a la distribuidora neoyorquina Margaret Winkler quien muestra un gran interés y le encarga diversos proyectos combinando animación e imagen real.
- Es entonces cuando empieza a producir las "Comedias de Alicia" y funda *Disney Brothers' Studio*
- En 1927 le encomiendan la creación de películas de animación con el conejo Oswald, que tuvo gran éxito, pudiendo así re contratar a todos sus dibujantes de nuevo.

- En 1928 le anuncian que Oswald es propiedad de los estudios Universal, que sus dibujantes han sido contratados por fuera y que no necesitan de él para realizar las películas de Oswald.
- Después de haber perdido los derechos de Oswald, Walt Disney y su amigo Ubbe Iwerks crean al mundialmente famoso Mickey Mouse.
- 1935 - 1937 Inicia la "locura de Disney" un proyecto que sería la primer película de dibujos animados de la historia con un nivel técnico y artístico nunca antes visto, algo que nadie hubiera pensado en hacer.
- Todo el mundo decía que era una locura y que estaba destinado a fracasar, su hermano Roy y su esposa Lillian trataron de disuadirlo de realizar ese proyecto.
- Walt Disney se queda sin fondos para continuar su proyecto, inicialmente estaba proyectado en 250.000 dólares, pero acabó costando 1.488.000 dólares.
- Tuvo que pedir dinero al banco de América.
- Blancanieves fue el primer largometraje animado de la historia, tomó el movimiento real de las personas y lo transportó a los dibujos animados, imprimió personalidad a los personajes, incluyó efectos especiales, desarrolló procesos únicos de trabajo, construyó elementos como la cámara multiplano que no existía en ese tiempo, este fue un invento de su amigo Iwerks que servía

para lograr efectos tridimensionales de animación, fue el primero en utilizar Technicolor entre muchos otros adelantos de su época.

La historia de Disney tiene muchas enseñanzas:

- Tenía un talento natural que usó para vivir de ello.
- Fue perseverante al nunca dejar su vocación.
- Fracasó varias veces, sin embargo nunca se rindió, se levantó cada vez y continuó con sus sueños.
- Se asoció con personas más competentes que él.
- Se apalancó con personas y compañías que le ayudaron para despegar, cuando llegó el momento se apalancó con un banco para conseguir el dinero y poder concluir su proyecto.
- Cuando fue traicionado por sus trabajadores y su patrón, inició de nuevo.
- Se dio cuenta de que el negocio no era el conejo Oswald, era la creatividad de Disney y las habilidades técnicas de Iwerks
- Fue un visionario, al llevar la animación a niveles nunca antes vistos, integrando elementos que no se conocían en la época y adelantándose a su tiempo.
- Pensó en blanco, creyó en sí mismo cuando todo mundo le decía que no iba a tener éxito.

Yo considero que la perseverancia es el segundo capital más importante y el primero que depende de nosotros, porque el tiempo es incierto y no sabemos cuánto tenemos, pero la perseverancia, esa sí que la podemos manejar,
Si tienes perseverancia puedes tener cualquiera de los otros capitales:

- **Los pensamientos**: si eres lo suficientemente perseverante tus pensamientos empezarán a enfocarse en qué puedes tener éxito a pesar de todo lo que esté en contra si continúas adelante.
- **El tiempo**: Utilizarás el tiempo para desarrollar tu proyecto si es media hora u 8 horas usarás tu tiempo de manera productiva y constante.
- **El conocimiento y la información que elijas meter en tu cabeza**: si tienes constancia cada vez tendrás más conocimiento y la información que ingreses a tu cerebro será útil y productiva para aquello que estás haciendo.
- **Elegir a tus amigos**: si eres constante inevitablemente conocerás a personas del medio y con su experiencia y habilidades podrás crecer personalmente e incluso formar sociedades cómo lo hizo Walt Disney.
- **Ser coherente contigo mismo**: debes de ser constante con las cosas que realmente te llenen, de esa manera será más placentero el camino al éxito; pero aún si fueras constante en

algo que no te llena del todo, de cualquier manera crecerás y puedes destacar.
- **Conocer tus vicios ocultos**: con la constancia poco a poco te darás cuenta de aquellas cosas que estorban en tu vida y esas conductas que no te llevan a nada, si eres constante todos esos vicios se eliminarán, porque sólo consumen tu tiempo y la energía que necesitas para llevar a cabo tu proyecto, al usarlas de manera productiva "no quedará nada" disponible para usarlo en tus vicios.
- **Compartir cosas valiosas con la gente**: si eres constante poco a poco desarrollarás mejores formas de hacer tu trabajo y esto va a afectar de manera positiva a quienes reciban el producto de tu esfuerzo.
- **Pensar en blanco**: si eres constante ganarás habilidad y confianza en ti mismo y que lo que haces es correcto, con esto el miedo o las dudas se disipan, esto es pensar en blanco.
- **Tener la decisión de hacer algo** y el deseo de cambiar: si eres constante la decisión viene implícita y el cambio es la consecuencia de la constancia.
- **Dominar el miedo, la vergüenza**, las dudas, la procrastinación, y toda esa basura: la constancia crea confianza y esto elimina automáticamente las dudas la vergüenza o el miedo, entre más habilidad ganes los pensamientos basura se desvanecen.

- **No ser conformista, no acostumbrarse a lo que tienes**: cuando eres constante las cosas empiezan a cambiar por sí mismas, por tanto tu entorno cambiará, tu situación financiera e incluso tu misma actividad se volverá más grande e interesante, en lugar de aburrida y monótona.
- **Salir de la zona segura**: la constancia crea un efecto inverso y muy interesante; al principio tal vez te sentías inseguro en un nuevo campo, pero si eres constante, entonces tu zona segura será aquello que hayas emprendido, con esto te sentirás confortable en un lugar que antes resultaba desconocido, pero que con la constancia la llegaste a dominar.
- **Hacer productivo tu trabajo**: si enfocas tu trabajo de manera inteligente y constante siempre será productivo.
- **No sabotearte**: la constancia hace que elimines cualquier conducta que te haga fallar o desistir, y aun cuando esta aparezca volverás a la normalidad de tu constancia.
- **Tener un objetivo**: aún y cuando no tengas un objetivo si eres constante esto te llevará algún lado aunque no quieras (lo dijo el gato, solo tienes que caminar lo suficiente y llegarás).
- **Callar todo el ruido mental** que tengas: la constancia enfoca la concentración y los esfuerzos en algo productivo eliminando todos los pensamientos basura.

- **Tener *DESEO*** de hacer algo grande, y tener aspiraciones altas: aún cuando no tengas deseo o aspiraciones, la constancia te llevará a lograr cosas mejores de lo que tienes ahora.
- **Encontrar una motivación** interna o externa para hacerlo: aún si no tuvieras una motivación si eres constante las cosas se te darán.
- **Encontrar tu talento especial**: aunque pienses que no tienes un talento especial, si eres constante desarrollarás una habilidad y luego maestría en cualquier actividad que desees, esto puede llegar a ser un talento.
- **Poner en marcha tu mente creativa**: si eres constante, tu mente en automático encontrará mejores maneras de hacer las cosas, más fácil, más rápido y luego de una mejor forma, un antiguo proverbio dice *"domina la técnica, luego da paso a la creatividad"*.
- **Usar los momentos de crisis para crecer**: Si eres lo suficientemente constante llegarán momentos de crisis y los podrás manejar de manera más inteligente y sacarles provecho para que te ayuden a crecer.

Se constante en cualquier cosa que elijas para tu vida, no abandones pues la constancia es la madre de todas las virtudes, cada día levántate y haz eso que tienes en mente sin esperar que las cosas cambien rápidamente, al principio es necesario cubrir la curva de aprendizaje que es muy lenta, pero poco a poco y con la habilidad que ganarás esa curva de aprendizaje será cada vez más y más corta y el progreso cada vez más y más grande, llegará el momento en que seas tan hábil y experto que cualquier crisis la puedas manejar fácilmente y usarla a tu favor.

Recuerda que solamente hay una forma de alcanzar la cima de la montaña y esa es caminando un paso cada día hasta que hayas llegado.

"Nada en este mundo puede tomar el lugar de la persistencia.
El talento no: nada es más común que los hombres fracasados con talento.
La genialidad tampoco lo hará; hay muchos genios sin recompensa; es casi un proverbio.
La educación no: el mundo está lleno de negligentes educados.
La persistencia y la determinación son omnipotentes".
Calvin Coolidge
Presidente # 30 de los Estados Unidos de Norteamérica

ANTI CAPITAL
LA NECEDAD

"La diferencia entre la necedad y la perseverancia son los resultados"

La necedad se podría definir como la conducta que adopta una persona para imponer sus ideas y convicciones sobre cualquier otra opinión o propuesta; un individuo necio, no está en la capacidad de escuchar razones, imagina dentro de su cabeza un mundo completamente diferente a lo que puede ser en realidad, crea representaciones de su persona y del entorno perfecto según sus creencias y convicciones, muy rara vez permite comentarios de terceros con respecto a sus procedimientos y forma de pensar, y aunque permitan alguna sugerencia, de cualquier manera no será tomada en cuenta.
El necio tiene un mundo que gira alrededor de él; su verdad es la única que funciona y todos tendrán que alinearse a sus deseos.

¿Pero por qué alguien adopta esta forma de ser? ¿Por qué alguien se vuelve necio? Si un bebé supuestamente viene en blanco a este mundo ¿por qué alguien toma esa línea de comportamiento?

Pueden ser muchos factores pero creo que principalmente puede provenir de una conducta aprendida, porque los padres le permitieron hacer lo que deseaba desde que era niño, fijando en su mente la creencia de que él puede hacer todo lo que sea su voluntad.

La sobreprotección aquí se convierte en complacencia, dejando hacer al pequeño cualquier cosa que se le pueda ocurrir.

Debido a ello, este individuo no tiene la capacidad de saber si sus convicciones son las correctas o no, es algo que no tiene siquiera un espacio al diálogo o a la discusión; simplemente se dicta una orden y se tiene que llevar a cabo sí o sí; es un capricho que tiene que cumplirse, de lo contrario esta persona puede entrar en un conflicto.

Como es una conducta aprendida desde muy pequeño, entonces es muy difícil librarse de esta programación. Para esta persona el cumplimiento de sus órdenes es parte de su vida y así ha funcionado el mundo desde siempre, por lo tanto no puede concebir la idea de que esto tal vez no sea realidad; siempre se han cumplido sus caprichos.

Como dije antes los padres sobreprotegen a su pequeño brindándole todo cuanto desee, esto le produce al niño una deficiencia, una falta de habilidad para interactuar con los demás. En una sociedad tenemos que aprender a convivir con otras personas, ellos dan, nosotros recibimos y viceversa.

A veces debes dar órdenes y a mayoría de las veces tienes que seguirlas.

Sí desde pequeño a una persona no le enseñan esta dinámica, entonces está condenado a tener dificultades continuamente con todas las personas que tenga que relacionarse durante su vida.

No cuenta con la estabilidad, le falta una herramienta básica para la convivencia social, por tanto estará condenado a permanecer en un lugar solitario, donde él es el amo y señor dictando y ordenando todo lo que se debe de hacer, cómo se debe de hacer y cuándo, sin que haya espacio para el diálogo, porque esta persona estará en la creencia de que lo que él piensa y dice es lo correcto.

Ya hemos visto con anterioridad qué es lo que sucede cuando una persona no está abierta al diálogo y no tiene más información de lo que su propia cabeza genera; no tiene la posibilidad de acceder a nuevas ideas que puedan nutrir su mente y hacerla crecer, solamente se encuentra inmerso en su monólogo interno con sus propias creencias y escasa información mental.

La necedad es una mezcla entre soberbia, línea de pensamiento y ego, en el que esa persona se enfoca en una sola opción (la suya), queriendo obtener solamente los resultados que él o ella desea sin tener la humildad de recibir información distinta, ni la inteligencia para modificar su opinión, viviendo la estupidez de mantenerse en una posición sin moverse de ahí.

Es mantener la línea de pensamiento, sin fluir ni ser flexible, la necedad viene de sentimientos mezquinos de auto satisfacción, control y egoísmo sin tener en cuenta ningún aspecto externo.

La diferencia entre necedad y perseverancia está en su naturaleza misma.

La perseverancia proviene de los anhelos, los objetivos y la visión; es hacer algo con un objetivo en mente, pero siendo lo suficientemente inteligente y flexible como para observar el entorno y adaptarse, escuchar a otras personas y tomar la parte útil de sus opiniones o modificar el trayecto para poder alcanzar dicha meta.

La constancia viene de sentimientos nobles; la autorrealización, la satisfacción y la felicidad; se puede compartir aunque no es necesario, es el deseo de lograr algo más grande de lo que se tiene ahora.

La necedad no acepta otras opiniones; es inflexible y egoísta, es estúpida porque no acepta información ni métodos externos.

La perseverancia es flexible, busca cumplir objetivos más grandes y es inteligente, porque usa cualquier medio o información para llegar a eso.

FRACASO: CAPITAL O ANTI CAPITAL

Napoleón Hill nos narra en su libro "Piense y hágase rico" una pequeña historia con una gran enseñanza; esta lección tiene que ver con la perseverancia para conseguir algo o rendirse y dejar de intentarlo; él nos comenta que una de las causas más comunes del fracaso es el abandono.

El tío de una persona llamada R. V. Darby fue uno de los tantos que viajaron al oeste de los Estados Unidos en la famosa fiebre del oro, con la intención de hacerse rico.
Trabajó por unos meses hasta encontrar una veta del metal, pero necesitaba maquinaria para hacer el trabajo más productivo.
Con parientes y amigos reunió el dinero, compraron la maquinaria y regresaron a trabajar en la mina.
Extrajeron el primer carro de mineral y cuando lo llevaron a fundir se dieron cuenta de que tenían una de las minas más ricas de Colorado, ¡estaban muy entusiasmados!, pero al seguir excavando no había más oro.
Siguieron perforando pero no encontraron nada.
Después de un tiempo y sin resultados, al ver que sus esperanzas se esfumaron decidieron finalmente abandonar el proyecto y vendieron la maquinaria a un chatarrero por unos cuantos cientos de dólares, derrotados tomaron el tren de vuelta a su hogar.

Este chatarrero no sabía absolutamente nada de minas, por tal motivo llamó a un ingeniero para que revisara la mina y diera un veredicto.

El ingeniero entonces le explicó a chatarrero que lo que habían encontrado era una veta falsa, según sus cálculos el oro debería de estar ¡a un metro de dónde habían dejado de cavar! y precisamente fue en ese lugar donde el chatarrero encontró el oro.
Este hombre se volvió millonario porque supo buscar a la persona indicada para asesorarlo; un experto que le dijera qué hacer porque no tenía los conocimientos ni la experiencia para saberlo.

Al enterarse de esto, Darby se dio cuenta del enorme error que había cometido por no continuar y los millones de dólares que le había costado desistir, fue entonces que se prometió a sí mismo nunca más detenerse a un metro del oro.

Después empezó a vender seguros de vida recordando la inmensa fortuna que había perdido por haber desistido, entonces se decía a sí mismo.

"NUNCA ME DETENDRÉ PORQUE ME DIGAN NO"
"ME DETUVE A UN METRO DEL ORO,
PERO NUNCA ME DETENDRÉ PORQUE ME DIGAN "NO" CUANDO YO TRATE DE VENDERLES UN SEGURO".

Con ésta gran lección y filosofía de vida Darby se convirtió en uno de los pocos hombres que vendían un millón de dólares al año en seguros, está tenacidad la desarrolló al recordar a cada momento su mina de oro perdida.

Este fracaso lo transformó en el ardiente deseo de recuperar eso que perdió y esto fue el motivo para convertirse en un vendedor extraordinario.

Otro ejemplo es el del boxeador norteamericano Floyd Mayweather Jr. Quién fue uno de los mejores de la historia, pero que curiosamente en los inicios de su carrera no pudo ganar la medalla de oro en Atlanta 1996, a pesar de que hizo un boxeo superior al de su rival y lo dominó arriba del ring; este gran fracaso detonó en su interior "la búsqueda del oro" continuamente y cada rival que enfrentó desde ese momento hasta el final de su carrera fue vencido por ese gran fracaso y no haber logrado el sueño dorado de todo deportista olímpico.

Este sueño incumplido y la frustración fueron tan grandes que lo llevaron a superar Incluso el récord perfecto del más grande boxeador de todos los tiempos Rocky Marciano.

Desde mi punto de vista el fracaso es la manera en que la vida nos presenta una gran oportunidad de aprender y tomar ese conocimiento para sobresalir en algo en lo que aparentemente no somos buenos.

Cómo he dicho anteriormente, la maestría solamente se logra a través de los tropiezos, un bebé no se levanta y empieza a caminar de manera perfecta así como así.

Tiene que pasar por un proceso de aprendizaje, en el que debe caer y levantarse muchas veces, con esto hará los ajustes necesarios en su cerebro y desarrollará la técnica para poder caminar de manera perfecta.

Sin embargo en otras ocasiones el fracaso puede hundir a una persona en una depresión, enfocando su mente en la pérdida de aquello que tenía y que por alguna razón la vida "le arrebató" para dárselo a alguien más.

En efecto, podemos ver como en los dos ejemplos anteriores la vida "arrebató el oro" literalmente a estas dos personas, ese es un hecho innegable.

Aquí tuvieron dos opciones; la primera y más común sería sentarse a llorar su pérdida, maldecir su mala suerte y recordar continuamente cómo fue que el destino se empeñó en jugarles una broma macabra.

La segunda fue la opción que tomaron para crecer; ellos buscaron en otro lado la gloria que les fue negada entonces y de esa manera lograr un éxito más grande y duradero, impulsado por un ardiente deseo de obtener eso que les fue negado.

No dejaron nada a la suerte; tomaron el destino en sus manos y se premiaron a sí mismos con su propio oro, recordando continuamente su fracaso y el motivo que los hizo fracasar.

Aquí vemos como el fracaso es un anti capital que hunde a la mayoría de las personas porque eligen ver el lado dramático, la pelota negra; sin embargo para algunos pocos que eligen tomar la pelota blanca, esto se convierte en el fuego que arde dentro de su corazón y que los lleva a realizar cosas extraordinarias para reclamar lo que es suyo por derecho propio.

Cada vez que tengas un fracaso y sientas el deseo de abandonar, recuerda que en algún momento de tu vida tuviste la determinación y constancia para poder lograr el éxito y caminar sobre tus dos pies; si no puedes caminar, entonces tuviste la determinación y constancia para comprender un idioma, escucharlo, hablarlo o leerlo.
La única diferencia es que cuando eras un bebé no tenías basura en la cabeza, no había imposibles.

ANTI CAPITAL #2
LA ESTUPIDEZ

El tiempo es el capital más importante que existe, pero no depende de nosotros; la constancia es el segundo capital más importante y esta, a diferencia del tiempo sí depende de nosotros por completo, ya que es una decisión propia si continuamos haciendo algo o desistimos de ello.

Y como estos son los capitales más importantes que existen, he reflexionado y analizado cientos de situaciones, conversaciones, clientes, argumentos, lecciones de vida, incluso muertes y he llegado a la conclusión de que el segundo anti capital más nocivo es la estupidez, aunque en algunos casos podría llegar a ser peor que el miedo.

¿Porque sostengo que la estupidez podría llegar a ser el peor de todos los anti capitales?

Los seres humanos cometemos muchos errores a lo largo de nuestra vida, esto no significa de ninguna manera que seamos estúpidos, sino que hemos cometido un error por falta de conocimiento, experiencia o habilidad; como he dicho anteriormente y lo sostengo, cometer errores es muy importante y es la única manera que conozco para desarrollar la maestría en cualquier área.

Sin embargo, la estupidez y el error son diferentes en su naturaleza, porque la estupidez es hacer algo que no es correcto con plena conciencia y conocimiento de que no se debe hacer, tomar una decisión aun cuando las consecuencias que pueda tener sean graves o desagradables para nosotros o alguien más.

La estupidez acompaña al ser humano desde siempre y nuestra vida está llena de actos estúpidos, la mayoría sin consecuencias, pero cuando alguno de ellos sale mal, entonces los resultados pueden ser incómodos, tristes, graves o incluso fatales.

La gran mayoría de las personas que conduce un automóvil han tenido un choque, esto es un evento casi "natural", sin embargo el 90% de los accidentes automovilísticos son causados por descuido humano, en realidad un evento desafortunado producido por el azar es muy raro; casi todos los accidentes son producto de la estupidez.

Conducir un auto a gran velocidad es muy placentero, sin embargo puede traer consecuencias desagradables.

Realizar un trabajo de alto riesgo sin el equipo de seguridad adecuado puede desencadenar una situación grave en un instante.

Comer en exceso, fumar, manejar en estado de ebriedad, buscar pelea con alguien, tener un amante, hacer cosas arriesgadas sin el entrenamiento, los conocimientos, habilidad o experiencia necesarios, son muchas de las cosas que afectan y disminuyen directamente al capital más importante qué tenemos que es el tiempo.

¿Porque digo esto? Voy a expresarlo con un par de ejemplos.

Empecemos con una situación muy simple; alguien lleva prisa, maneja velozmente y de una manera arriesgada, la intención de este individuo es llegar más rápido a un sitio determinado, sin embargo manejar con exceso de velocidad es un acto estúpido que lo hace chocar; aunque el percance no tiene mayores consecuencias, si retrasa en gran medida su hora de llegada.
Aquí vemos como un acto estúpido repercute directamente en el tiempo de trayecto.

Analicemos otro ejemplo; supongamos que alguien le gusta realizar actos arriesgados y publicarlos en sus redes sociales para que sus amigos y seguidores lo admiren y con ello ganar más "likes".

Son conocidos los bloggers que han perdido la vida por tomarse una selfie en un lugar o situación arriesgados, basta con buscar "selfie antes de morir" en Google y te darás cuenta de todas las personas que han pasado por esta situación.
Esto termina con todas las expectativas, anhelos y potencial de lo que pudo haber sido una vida altamente productiva a cambio de un efímero y estúpido momento de gloria, consumiendo todo el tiempo de

vida que esa persona hubiera podido tener en unos cuantos segundos.

Del mismo modo sucede con las personas que son altamente agresivas; no es raro saber que alguien fue asesinado por una riña callejera.

Cuando una persona decide tener una relación además de su pareja habitual, esto lo puede llevar a invertir más tiempo, más dinero y potencialmente perder aquello que vale la pena por unos momentos de placer que se perderán rápidamente en el tiempo.

No necesito entrar en detalles acerca de todos los trámites, dinero y dolores de cabeza que cuesta llevar a cabo un divorcio y la pensión alimenticia.

Para aquellos que no tengan un matrimonio, el dolor de perder a alguien realmente valioso por una estupidez, puede dejar huellas que tardarán muchos años en sanar.

Tener sexo con muchas personas implica un riesgo enorme por sí mismo; debemos recordar que una persona promedio tiene relaciones sexuales con 10 compañeros diferentes, (parejas aceptadas por entrevistados según encuestas oficiales) esto si no practica la promiscuidad.
Si tomamos estos datos como ciertos y hacemos cuentas, en una vida sexual reservada habremos tenido contacto sexual indirecto con alrededor de 100

personas por lo menos, esto si cada uno de ellos han tenido como máximo 10 parejas sexuales lo que personalmente encuentro muy difícil para algunos.

Esto sin mencionar a las personas que acostumbran tener sexo sin protección; en tal caso el riesgo de contraer alguna enfermedad aumenta considerablemente.

Hay que recordar que una persona que acostumbra tener sexo "al natural" porque "siente más" o porque "quiere sentir a la persona sin barreras" lo hará de manera recurrente con sus parejas, exponiéndose a sí mismo a todo lo que hayan experimentado cada uno de los compañeros de cama con sus respectivas parejas sexuales.

Esto es como jugar a la ruleta rusa con bacterias, virus, parásitos y hongos, pues basta con una sola ocasión, con unos momentos que se haga esto para tener contacto sexual indirectamente y sin protección con decenas de desconocidos, con costumbres diversas potencialmente portadores de alguna enfermedad.

En el caso del VIH debemos recordar que solamente el 50% de la población infectada sabe que está contagiada, el otro 50% sigue transmitiendo activamente el virus.

Pero además del VIH existen otras enfermedades potencialmente mortales como son:

- Clamidia (es la enfermedad bacteriológica más común).
- Herpes genital.
- Gonorrea.
- Sífilis.
- Virus del Papiloma Humano (VPH).
- Tricomoniasis.
- Hepatitis B.

Así que el riesgo de contraer una infección es demasiado grande, y es muy irresponsable pensar que no pasará nada, que por el hecho de "conocer" supuestamente a esa persona confías en que está sana, si es un amigo o amiga, compañero de trabajo, amigo de un amigo, conocido o vecino, piensas que es una persona "decente".

La verdad es que no sabes que pasa dentro de su cuerpo, recuerda que solamente la ves por fuera y únicamente la apariencia que te presenta cuando está contigo; en realidad no sabes nada de él o ella, desconoces costumbres y prácticas riesgosas que pueda tener o las personas con las que tiene sexo.

Si contraes alguna enfermedad, en el mejor de los casos te consumirá tiempo y dinero, pero en el peor de los escenarios podrá acabar con tu vida, y contagiar a tu pareja habitual arrastrándola contigo a una situación grave sin que esta persona tenga culpa de nada.

Recuerda que cuando una persona contrae una enfermedad grave de transmisión sexual, no hay marcha atrás.

Conducir en estado de ebriedad

El conducir en estado de ebriedad puede llevar a alguien a muchas situaciones indeseables, en el mejor de los casos solamente habrá un choque, trayendo consecuencias incómodas, recuerda que el seguro que pagas por tu automóvil queda automáticamente inhabilitado si el conductor se encuentra bajo la influencia del alcohol, lo cual significa que se deslinda de toda responsabilidad material o legal en que pueda incurrir la persona que maneja y los gastos corren completamente por cuenta del conductor o propietario del vehículo.

En los peores escenarios podrá acabar con la vida de alguien más o con la propia; si desafortunadamente alguien se cruza por su camino, esta persona podrá afectar a las vidas de otros, llevándolos a situaciones que nunca esperaron vivir, teniendo consecuencias inciertas.

Si alguien muere por su estupidez, este individuo será encarcelado y marcado por la sociedad de por vida, además de provocar un daño irreparable en otra familia.

Son muchos los niveles a los que afecta la estupidez y los resultados pueden ir desde perder un poco de tiempo hasta terminar con la vida propia o ajena. Al igual que la constancia, la estupidez depende enteramente de nosotros y es una decisión propia que tendrá consecuencias; probablemente en muchas ocasiones no llegue a nada, pero si se continúa haciendo esto, la regla dice que algún día, en algún momento llegará y será el precio que debamos pagar por realizar un acto estúpido.

¿Pero qué nos impulsa a realizar un acto estúpido?
¿Si sabemos que algo no se debe hacer, porque lo hacemos de todos modos?
¿Por qué tenemos una tendencia casi irresistible a hacer lo que nos prohíben?
¿Por qué a veces mantenemos una relación con alguien que no nos conviene?

Este es un tema muy complejo y podría escribir todo un compendio con decenas de volúmenes que tuviera como título "la estupidez humana".

Sin embargo, trataré de ser breve y he llegado a concluir que las principales causas para la estupidez humana son muchas, pero principalmente podemos encontrar:

- Egoísmo.
- Dominación.
- Exploración / curiosidad.
- Experiencia personal.
- Autosatisfacción.
- Recompensa inmediata.
- Pertenecer a un grupo.

Egoísmo

Cuando llevamos a cabo un acto estúpido estamos enfocados únicamente en nosotros mismos, no percibimos la gravedad del asunto, la importancia o las posibles consecuencias que puedan derivarse de este acto; únicamente pensamos en nuestra persona sin tener en cuenta a los demás..

Dominación

Los seres humanos tenemos una necesidad imperiosa de dominar a otros individuos, situaciones o cosas; esto se hace por un instinto de supervivencia ya que el macho alfa o dominante era el que aseguraba la continuidad de su linaje y había una constante lucha para ocupar este puesto.

También existen las hembras alfa, quienes son dominantes, en la naturaleza son las primeras que se pueden aparear asegurando con ello su propia descendencia sobre las demás hembras

Esto se mantiene vigente hoy en día casi en cualquier persona, ya que siempre habrá un reto que conquistar para demostrar nuestra propia valía como individuos; esto también determina en buena medida el deseo de llevar a cabo actos estúpidos solamente para obtener reafirmación personal.

Del punto anterior se desprende la dominación ante un grupo determinado de individuos; no es raro ver que los jóvenes machos de la especie humana realicen actos estúpidos para demostrar quién es más valiente y poderse colocar en una posición más alta que sus compañeros. Esto es un acto inconsciente para lograr la supremacía dentro del grupo y con ello asegurar la propia descendencia.

Al final del día seguimos siendo cavernícolas - animales y muchos de nuestros actos están moldeados por miles de años de repetición que aseguraron la supervivencia de nuestros ancestros.

Exploración y curiosidad

Cuando alguien dice que no podemos hacer algo, entonces se dispara una necesidad casi irresistible de investigar cuál es el motivo por el que esa situación, acto o persona está prohibida.

Difícilmente alguien va a tomar algo como válido a menos que lo experimente por sí mismo, los seres humanos somos exploradores por naturaleza; esto nos permitió por miles de años acumular conocimiento y experiencia útiles para la supervivencia.

Necesitamos experimentar en carne propia todo aquello que parezca fuera de nuestro alcance, para evaluar de acuerdo a nuestros propios valores y creencias si esta prohibición está justificada o no.
Una vez verificada la experiencia se le otorga una calificación:

- Verdadero o falso
- Positivo o negativo
- Bueno o malo
- Bonito o feo
- Placentero o desagradable
- Extraordinario o normal
- Valió la pena o no, etcétera.

Experiencia personal

Los seres humanos somos criaturas que aprendemos con la experiencia propia; nuestra naturaleza humana está diseñada para eso; gracias a esta característica el conocimiento fue acumulado por miles de generaciones para asegurar la supervivencia de la especie, de tal modo que estamos frente a un programa biológico muy fuerte de experimentación y evaluación del mundo que nos rodea.

Esto lo podemos comprobar de una manera muy simple, cuando a un niño pequeño Se le indica que no debe tocar una flama porque se puede quemar, el niño no comprenderá el concepto hasta que haya experimentado una quemadura por fuego.

Entonces podemos concluir que llevar a cabo un acto estúpido también está influenciado por la necesidad de corroborar en la propia experiencia lo que se sabe prohibido o incorrecto.

Autosatisfacción
Buscamos continuamente sensaciones placenteras que nos hagan sentir bien por lo menos durante unos momentos, nuestros cerebros secretan sustancias que nos dan satisfacción y felicidad como son:

- Adrenalina.
- Dopamina.
- Serotonina.
- Oxitocina.
- Endorfina.

Adrenalina o epinefrina:
Nos hace sentir un estado de euforia para después entrar en uno de placentera relajación.
Se dispara en situaciones donde hay peligro y su función principal es la supervivencia activando al cuerpo para pelear o salir huyendo.

Llevar a cabo actos estúpidos o arriesgados sin duda activa la secreción este neurotransmisor y en algunas ocasiones puede ser uno de los motivos por los cuales los seres humanos tendemos a hacer cosas que pueden atentar contra nuestro bienestar.
Creo que es una razón muy fuerte que impulsa a la gente a tener sexo en lugares públicos por la adrenalina que se produce al saber que pueden ser descubiertos.

Dopamina:
La hormona del placer está encargada de producir sensaciones agradables y de relajación.
Esta tiene una relación directa con la personalidad del individuo determinando si es más extrovertido o introvertido, más cobarde o valiente, o más seguro o inseguro, tímido o sociable.
El placer de haber realizado algo "fuera de la ley" activa la producción de ésta hormona creando una sensación muy agradable.

Serotonina:
Es la responsable de mantener en control nuestro estado de ánimo, regula el comportamiento social, el apetito y la digestión, el sueño, la memoria y la conducta sexual de una persona.
Cometer actos osados hace que nuestro organismo tenga cambios en la producción de esta hormona.

Oxitocina
Aunque este neurotransmisor está más relacionado con el proceso del parto y el sentimiento del amor, también es responsable de la agresión y el miedo, suprimiendo la respuesta de parálisis ante una amenaza.

Esta sustancia activa los centros de recompensa generando placer, se produce durante el orgasmo (activa las contracciones genitales) y se cree que sirve para formar vínculos de pareja.

Está íntimamente relacionada con los lazos humanos (monogamia, fidelidad) está presente en las relaciones sociales y permite la cohesión entre grupos sociales.
Por todo esto se ha denominado a la oxitocina como:

- "La hormona del amor"
- "El pegamento social"
- "La hormona de los vínculos"

En muchas ocasiones el deseo de sentirnos aceptados dentro de un círculo social nos lleva a realizar cosas poco inteligentes.

En esta misma línea, muchas personas, buscando sentirse "amadas", "deseables", "vistas" o importantes para alguien, pueden llevar a cabo actos estúpidos, tratando de mantener la atención de esa otra persona, afectando a terceros, si es que él o ella tienen relaciones formales, desencadenando situaciones y consecuencias fuera de su control que terminen en cosas que nunca pensaron.

Endorfina
Este neurotransmisor es el responsable de producir sensaciones de felicidad, tranquilidad, euforia y está relacionado directamente con la creatividad.

Las personas que hacen ejercicio físico vigoroso experimentan este tipo de sensaciones, debido a que la actividad física estimula la producción de esta hormona.

Ayudan en gran medida a experimentar placer y son llamadas la hormona de la felicidad.

Crean una sensación de calma y bienestar a nivel físico y mental, haciendo que el cuerpo las perciba como una agradable recompensa.

Ayudan a fortalecer los enlaces entre las parejas tanto en el plano afectivo como en el sexual y facilita la formación de relaciones más sólidas.

La conquista de un objetivo favorece en gran medida la producción de endorfinas que nos hacen sentir esa enorme satisfacción, especialmente si dicho logro ha requerido una dedicación especial o esfuerzo importante.

Además del ejercicio físico, mantener relaciones sexuales satisfactorias es otro de los factores que genera un elevado nivel de endorfinas.
Las caricias los besos y el masaje estimulan una alta producción de esta sustancia, de tal modo que estar en contacto con una persona que resulta agradable se puede convertir muy fácilmente en una especie de adicción debido a este fenómeno.

Se dice que el amor es una droga y no está muy lejos de la verdad; la fase del enamoramiento es igual a estar constantemente bajo la influencia de una droga; las sensaciones de felicidad y satisfacción que experimentamos en esta etapa se deben a la alta producción de endorfinas, junto a otras sustancias como la dopamina y la noradrenalina.

Hemos visto como la producción de endorfinas genera un estado de felicidad y satisfacción, esta situación produce a su vez mayor secreción de endorfinas, con lo que se genera un ciclo que va en aumento,
La producción de endorfinas y las sensaciones que estas otorgan, son algo muy satisfactorio y deseado por la mayoría de las personas, llevándolos en algunos casos a buscarlas de manera activa y compulsiva, pudiendo desarrollar una adicción muy fácilmente.

El contacto constante con un elevado nivel de endorfinas puede desarrollar tolerancia, euforia, dependencia y síndrome de abstinencia como cualquier adicción.

Esta necesidad constante Por recibir la descarga de endorfinas puede orillar al individuo a tomar conductas arriesgadas y llevar a cabo actos estúpidos que pueden terminar en situaciones muy distintas por tratar de conseguir su objetivo.

Recompensa inmediata

Como dije anteriormente, en muchas ocasiones realizar actos estúpidos se debe principalmente a la falta de conciencia y la búsqueda de la satisfacción inmediata, si las personas pudiéramos controlar el deseo de obtener este tipo de recompensa y reflexionamos en los posibles escenarios, seguramente no cometeríamos tantas tonterías.

Decisiones viscerales o precipitadas

El tomar una decisión en un momento de desequilibrio emocional generalmente lleva a un resultado indeseado, cuando estamos muy enojados o tristes los pensamientos no son claros y la razón está nublada por el momento dramático que estamos pasando, la ira puede llevar a actos de venganza con consecuencias que nunca hubiéramos imaginado.

Una tristeza profunda ha llevado a muchas personas a tomar decisiones extremas como terminar con su vida.

Tomar una decisión sin evaluar todas las opciones y las consecuencias puede traer resultados indeseados que no tengan remedio.

Tomar una decisión o hacer algo por consejo de alguien

En muchas ocasiones hacemos cosas estúpidas gracias al consejo de un tercero, que ve las cosas desde una perspectiva distinta, hay que considerar que cada persona tiene una dinámica diferente y mientras que para alguien puede no haber ningún tipo de consecuencia, para otra persona puede significar perder todo lo que tiene.
Por ejemplo una muchacha soltera y sin compromisos que aconseja a una amiga casada tener una aventura con alguien de la oficina; para la primera pudiera ser solo un momento agradable que no afecte a nadie, sin embargo para la mujer casada puede significar el término de su vida matrimonial si su esposo descubre sus aventuras.
El aconsejar a alguien para correr una motocicleta a gran velocidad puede tener consecuencias distintas para un padre de familia que para un muchacho soltero.
No hacer caso de procedimientos puede ser un consejo muy peligroso si la persona que los da no tiene conocimientos o relación con el tema, esto puede traer consecuencias fatales.
Escuchar consejos estúpidos de otras personas nos puede llevar a hacer cosas y vivir consecuencias que

nunca hubiéramos deseado y por las que nunca hubiéramos pasado por nosotros mismos.

Así que debemos ser muy cuidadosos con los consejos que tomamos y les hacemos caso.

La recomendación aquí es detenerse a pensar y evaluar los beneficios y consecuencias que podría traer un acto arriesgado o estúpido.

Aquí hemos visto cómo diferentes factores llevan a las personas a realizar actos estúpidos, sin embargo aunque existan elementos orgánicos que explican tales conductas, se debe mantener la cabeza fría y pensar detenidamente las consecuencias de lo que tengamos planeado hacer. Hay que recordar que en algún momento las cosas pueden salir mal y esto únicamente tendrá repercusiones adversas sobre el capital más importante que existe; el tiempo en primera instancia, pero los alcances de un acto estúpido pueden ser muy grandes y las consecuencias muy graves para muchas personas.

Una de las muestras más grandes de la estupidez humana es el RMS Titanic que costó la vida a cientos de personas en una sola noche.

Pensar que "no va a ocurrir nada"

Muchas personas hacen cosas estúpidas pensando en que no va a haber consecuencias, esto es una de las maneras más estúpidas de proceder y se puede aplicar desde subir a un lugar arriesgado, tener una relación paralela o prohibida, hacer cosas ilegales, consumir sustancias que atenten contra tu propia salud, no seguir las indicaciones de un experto o dejar de tomar medicamentos para un determinado padecimiento clínico porque no hay síntomas y miles de otras cosas más.

Si vas a hacer algo estúpido piensa las consecuencias que puede traer antes de hacerlo.

*"CUANDO UN ACTO ESTÚPIDO TIENE CONSECUENCIAS,
NO HAY MARCHA ATRÁS...
EN LA VIDA REAL NO HAY Ctrl+Z"*
                                              Bruno Caballero

VAMOS A RESUMIR CUALES SON LOS CAPITALES QUE DEBES CULTIVAR, LOS INGREDIENTES QUE DEBES AGREGAR A TU PERSONA Y A TU PROYECTO, Y CUÁLES SON LOS ANTI CAPITALES QUE DEBES TRATAR DE CONTOLAR, DISMINUIR EN LA MAYOR MEDIDA POSIBLE Y LUEGO ELIMINAR.

ESTA ES LA LISTA DE LAS FORTALEZAS QUE YA TIENES O QUE PUEDES DESARROLLAR SIN QUE TE CUESTE UN CENTAVO, ESTOS TE PUEDEN LLEVAR AL ESTILO DE VIDA QUE SUEÑAS Y SOLAMENTE DEPENDE DE TÍ CULTIVARLOS.

- CAPITAL #1 EL TIEMPO
- CAPITAL #2 PERSEVERANCIA / PERSISTENCIA / CONSTANCIA / INSISTENCIA
- CAPITAL #3 EL CONOCIMIENTO
- CAPITAL LOS PENSAMIENTOS
- CAPITAL EL MOVIMIENTO / LA ACCIÓN
- CAPITAL TENER UN ÍDOLO
- CAPITAL DESEO
- CAPITAL OBJETIVO
- CAPITAL TALENTO
- CAPITAL CREATIVIDAD
- CAPITAL DINERO
- CAPITAL CREER EN TI MISMO

ESTOS SON LOS ASPECTOS QUE PUEDEN HUNDIRTE O PUEDES SACAR PROVECHO DE ELLOS, DEPENDE DE LO QUE ELIJAS.

- **INFORMACIÓN** ¿CAPITAL O ANTI CAPITAL?
- **TUS AMIGOS** ¿CAPITAL O ANTI CAPITAL?
- **RECONOCIMIENTO** CAPITAL / ANTICAPITAL
- ESTRATEGIAS PARA SABOTEARTE / ESTRATEGIAS PARA GANAR
- **CRISIS** CAPITAL O ANTICAPITAL
- **FRACASO** CAPITAL O ANTI CAPITAL

ESTA ES LA LISTA DE LOS ANTI CAPITALES QUE TE MANTIENEN EN LA POSICIÓN EN DONDE TE ENCUENTRAS, TE HAN HUNDIDO POR AÑOS Y AHORA QUE LOS CONOCES TIENES LA OPCIÓN DE CONTROLARLOS O DESHACERTE DE ELLOS PARA SIEMPRE.

- ANTI CAPITAL #1 EL MIEDO
- ANTI CAPITAL #2 LA ESTUPIDEZ
- ANTI CAPITAL LÍNEA DE PENSAMIENTO
- ANTI CAPITAL INCOHERENCIA
- EL RECONOCIMIENTO COMO ANTI CAPITAL
- ANTI CAPITAL LA SOBERBIA (EL EGO Y EL SABIO)
- ANTI CAPITAL VISIÓN DE TALLER
- ANTI CAPITAL DERROTISMO PRETEXTISMO
- ANTI CAPITAL FATALISMO
- ANTI CAPITAL NO MOVERSE
- ANTI CAPITAL LA INDECISIÓN
- ANTI CAPITAL LA PEREZA
- ANTI CAPITAL LAS DUDAS
- ANTI CAPITAL LA RIGIDEZ,
- ANTI CAPITAL LA VERGÜENZA
- ANTI CAPITAL ZONA SEGURA
- ANTI CAPITAL CONFORMISMO (ADAPTARSE LENTAMENTE A LA MEDIOCRIDAD)
- ANTI CAPITAL PROCRASTINAR
- ANTI CAPITAL LA SOBREPROTECCIÓN
- ANTI CAPITAL TUS VICIOS
- ANTI CAPITAL EL PERFECCIONISMO
- ANTI CAPITAL RUIDO MENTAL
- ANTI CAPITAL LA NECEDAD

CAPITAL
CREER EN TI MISMO

*"DEBES CREER QUE **YA ERES**
Pensar, hablar y actuar
como si ya fueras eso que quieres".*
Bruno Caballero

Recuerda que el universo manifiesta en el mundo real lo que ocupa la mayor parte de tu pensamiento.

Cuida tus pensamientos, pues ellos están fabricando tu realidad.

Piensa en ti mismo como si ya fueras la persona que quisieras ser, recuerda que nadie puede ver tus pensamientos, están dentro de tu cabeza, así que está bien si quieres verte a ti mismo como un gran artista, un gran deportista, un gran chef, líder social, fotógrafo, inventor, comediante, bailarín, contador de historias, escritor, locutor, blogger, empresario, viajero, etc.

Cualquier cosa está permitida, recuerda quitar el freno a tus propios sueños y suprimir de tu mente los anti capitales.

- Actúa como si fueras esa persona.
- Vístete como ella.
- Habla como hablaría ella.

"Métete en su piel" y piensa que ya tienes lo que necesitas para serlo, porque en tu interior TU ERES esa persona que imaginas; así que la puedes "materializar", la puedes traer desde el interior de tu mente al mundo real, en una palabra TÚ PUEDES CREAR A ESA PERSONA.

Hay una teoría en la que existen varias representaciones de nosotros mismos, las cuales "viven" en realidades o dimensiones distintas y según la física cuántica, las posibilidades son infinitas; así que por medio de tus pensamientos, tú tienes la capacidad de materializar la "versión de ti mismo" que desees.

Un muchacho llamado Anthony J. Mahavoric usó este simple pero extremadamente poderoso capital hace algunas décadas, repitiendo en su mente constantemente lo que quería llegar a ser, visualizando, sintiendo y viviendo en su mente la vida que quería vivir y como lo quería hacer; gracias a esto, mucho esfuerzo, inspiración y coraje creó un personaje mundialmente conocido, su nombre es Tony Robbins.

Lo único que debes hacer es pensar, ser y hacer en coherencia con tus deseos; es MUY simple, pero de ninguna manera quiero decir que sea sencillo, de hecho es la labor más difícil del mundo:

En mi próximo libro inicio con este tema, que desde mi punto de vista es la labor más importante que un ser humano debe completar antes de morir.

SER TÚ MISMO.

Espero que las ideas que te presenté en este libro sean de utilidad para mejorar tu vida; son el resultado de muchos años de fracasos y observación Imparcial de mi persona y del entorno que me rodea; hay mucho más qué decir, pero por el momento es suficiente.

Analiza cuáles son tus puntos débiles y cuáles son tus fortalezas,
Fija un objetivo para tu vida y empieza a dirigir tus velas y el timón para alcanzar esa meta; esto es lo más importante, en el camino vas a corregir tus errores, pero empieza hoy, recuerda que cuando acabe este día nunca más volverá.

Desde aquí te envío un abrazo muy cálido, sabes que siempre podrás regresar a leer mis palabras cuándo te sientas perdido; ahí estaré para repetir lo que necesites escuchar, siempre encontrarás significado nuevo en ellas porque tú habrás cambiado y resonarán distinto de acuerdo a tus nuevas ideas, deseos y proyectos futuros.

Gracias por leerme y permitir que dejara una parte de mí en tu vida.

Bendiciones en donde quiera que estés.

Bruno.

Tu Sherpa.

Te espero en mi página web

Si tienes algún comentario, no dudes en escribir; continuamente se está cargando contenido nuevo y se lanzarán e-books con los temas más solicitados.

http://www.brunocaballero.net/comentarios/

Si deseas suscribirte mi lista de correos para recibir promociones, información de lanzamientos, talleres, cursos y conferencias, puedes suscribirte aquí.

http://www.brunocaballero.net/suscribete/

Frases inspiradoras, historias con mensajes profundos para compartir en mis redes sociales:

Facebook
https://www.facebook.com/brunoecaballero/

Instagram
https://www.instagram.com/brunoccaballero/

Twitter
https://twitter.com/brunoCcaballero

www.ingramcontent.com/pod-product-compliance
Lightning Source LLC
Chambersburg PA
CBHW030605220526
45463CB00004B/1166